本書是教育部人文社會科學研究一般項目『基於漢字職用理論的段玉裁訓注的古今字研究』（項目號：17YJC740056）的結項成果。

"古今字"學術史叢書

李運富　主編

段玉裁《説文解字注》『古今字』研究

劉　琳———著

社會科學文獻出版社

SOCIAL SCIENCES ACADEMIC PRESS (CHINA)

劉琳，北京師範大學文學博士，二〇〇七年於陝西師範大學國際漢學院任教至今。碩士生導師，研究方向爲漢語言文字學、漢語國際教育。參與國家社會科學基金項目『歷代訓注古今字彙纂及數據庫建設』等，主持『基於漢字職用理論的段玉裁訓注的古今字研究』等教育部社會科學基金項目、陝西省社會科學基金項目、雙語課程建設等多項科研項目，參與編著《古漢語字詞典》《十三經辭典・春秋左傳卷》《漢語基礎知識研讀》等工具書及教材，發表專業論文《〈說文解字注〉古今字字際關係例釋》等多篇。

追求"古今字"學術史之"真"

——"'古今字'學術史叢書"總序

李運富

　　漢語之源久遠難考，漢字歷史已逾五千年 ①，而漢字記録漢語形成可考的字詞關係，目前還祇能從殷商甲骨文説起。隨着時代等因素的變化，漢語字詞的對應關係也不斷發生變化，這往往成爲解讀文獻的障礙。裘錫圭先生曾指出："文字的用法，也就是人們用哪個字來代表哪個詞的習慣，古今有不少變化。如果某種古代的用字方法已被遺忘，但在某種或某些傳世古書裏還保存着，就會給閱讀古書的人造成麻煩。"② 出於解讀文獻的需要，漢代學者便已發明"古今字"這個訓釋術語用來溝通詞語用字的古今差異，相沿至今，從而産生大量指認和考證古今字詞關係變化的材料和論述，形成學術史上關注"字用"現象的一道亮麗風景。從清代開始，部分學者逐漸誤解"古今字"的"用字"内涵，以今律古，强人就己，按照後人的"造字"觀念理解古人，遂將古人提出的"古今字"混同於現代人提出的"分化字"。我們認

---

① 王暉：《漢字正式形成於距今 5500~5000 年之間》，《中國社會科學報》2019 年 7 月 22 日，第 4 版。

② 裘錫圭：《考古發現的秦漢文字資料對於校讀古籍的重要性》，《中國社會科學》1980 年第 5 期；收入《中國出土古文獻十講》，復旦大學出版社，2004，第 128~129 頁。

爲這種誤解不符合學術史研究的“求真”原則①，不利於現代學術的正常發展，也有礙於歷代“古今字”訓注材料在當代發揮它應有的價值，所以我們申請了國家社科基金重大項目——“‘古今字’資料庫建設及相關專題研究”②，擬在彙編歷代學者注釋或列舉過的“古今字”字組材料及相關論述的基礎上，嘗試還原“古今字”學術史的實際面貌，進而探討“古今字”的學理和價值。項目名中的“資料”主要指古今學者研究古今字的論著（“古今字”字組材料已另有項目完成，《古代注列“古今字”輯考》單獨出版），“相關專題研究”主要指斷代的“古今字”研究和專家專書的“古今字”研究。本叢書發表的是該重大項目“相關專題研究”方面的成果，包括按時代劃分的 4 種“‘古今字’學術史”專著和按專家專書劃分的 5 種“‘古今字’學術史”專著。現就“古今字”的研究問題做一引言式的概述，權作該叢書之總序。

一　現代人對“古今字”的基本認識

20 世紀以來，研究或涉及“古今字”材料的論著（含教材）在 800 種以上，單篇論文有 300 多篇，内容大都屬概念爭論和字例分析，至今没有對歷代注明和列舉的古今字材料進行全面彙總，也没有對歷代學者有關古今字的學術觀點進行系統梳理，致使現代人在論述“古今字”問題時，或誤解歷史，或無顧歷史，把本來屬於不同時代用字不同的異字同用現象混淆於孳乳造字形成的文字增繁現象。可以説，現代“古今字”的研究還留有許多問題和不足，主要表現在以下幾個方面。

---

① 李運富：《漢語學術史研究的基本原則》，《湖北師範學院學報》（哲學社會科學版）2010年第 4 期。
② 2013 年 11 月正式批准立項，項目編號爲“13&ZD129”。

（一）在理論研究方面，對古今字性質認識不一

"古今字"是中國傳統語言文字學領域的重要概念。20世紀以來，學界對其性質呈現兩種分歧明顯的理解。

一種以王力①、賈延柱②、洪成玉③等學者爲代表，認爲古今字是爲了區別記錄功能而以原來的某個多功能字爲基礎分化出新字的現象，原來的母字叫古字，後來分化的新字叫今字，合稱古今字。由於王力先生主編的《古代漢語》教材被全國高校普遍采用，這種觀點影響極大，被學界普遍接受。賈延柱把這種觀點表述爲："古今字是字形問題，有造字相承的關係。產生在前的稱古字，產生在後的稱今字。在造字時間上，古今字有先後之分，古今之別。古今字除了'時'這種關係外，還有一個重要的特點，就是古字義項多，而今字祇有古字多種意義中的一個，今字或分擔古字的引申義，或取代古字的本義。"④他們傾向於將"古今字"看作漢字孳乳的造字問題，認爲"古今字"就是"分化字"或"分別文"，這實際是今人出於誤解而做出的重新定義，其古今字概念已非原態。

另一種以裘錫圭⑤、劉又辛⑥、楊潤陸⑦等學者爲代表，主張古今字是歷時文獻中記錄同詞而先後使用了不同形體的一組字，先使用的叫古字，後使用的叫今字，合稱古今字。裘錫圭指出："一個詞的不同書寫形式，通行時間往往有前後，在前者就是在後者的古字，在後者就是在前者的今字。……說某兩個字是古今字，就是說它們是同一個

---

① 參見王力《古代漢語》（校訂重排本）第一册，中華書局，1999，第170~173頁。
② 參見賈延柱編著《常用古今字通假字字典》，遼寧人民出版社，1988，第17頁。
③ 參見洪成玉《古今字概述》，《北京師範學院學報》（社會科學版）1992年第3期。
④ 賈延柱編著《常用古今字通假字字典》，遼寧人民出版社，1988，第17頁。
⑤ 參見裘錫圭《文字學概要》（修訂本），商務印書館，2013。
⑥ 參見劉又辛《談談假借字、異體字、古今字和本字》，《西南師範大學學報》（人文社會科學版)1984年第2期。
⑦ 參見楊潤陸《論古今字》，陸宗達主編《訓詁研究》第1輯，北京師範大學出版社，1981；《論古今字的定稱與定義》，《古漢語研究》1999年第1期。

詞的通行時間有先後的兩種書寫形式。……近代講文字學的人，有時從説明文字孳乳情况的角度來使用'古今字'這個名稱，把它主要用來稱呼母字跟分化字。近年來，還有人明確主張把'古今字'這個名稱專用來指有'造字相承關係'的字。他們所説的古今字，跟古人所説的古今字，不但範圍有大小的不同，而且基本概念也是不一致的。古人講古今字是從解釋古書字義出發的。"①這種觀念和古人相仿，都認爲古今字屬於相同詞語的不同用字問題，記録同詞的古字和今字不一定存在分化關係，所以他們的"古今字"範圍較廣，應該包括分化字或者跟分化字交叉，因而不等於分化字。

（二）在古漢語教學實踐中，古今字與其他術語糾纏不清

在觀念歧異的背景下，受古今字等同於分化字觀念的連帶影響，王力將不同形體的字分爲古今字、異體字、繁簡字三類，繼而幾乎所有古代漢語教材都出現辨析古今字與異體字、繁簡字、同源字、假借字等字例的内容。這些術語提出的背景迥異，角度不同，涉及的材料難免交叉，無法區别，正如我們不能把幾個人對立區分爲同學關係、同鄉關係、親戚關係一樣。由於角度和判定標準的不同，概念與概念之間其實是不會混同的，衹是針對具體材料發生交叉，可以做出不同的歸屬。針對記録相同詞語的同組字，着眼於字形與音義關係，可以看作異體字關係，也可以看作本字與借字關係；而着眼於用字時代的先後，本字先用、通假字後起，或者使用有先有後的一組異體字，都可以認爲是古今字關係。學界往往將材料的多屬等同於概念的交叉，於是强行對立進行辨析。對此，劉又辛曾指出古今字問題成因的複雜

---

① 裘錫圭:《文字學概要》（修訂本），商務印書館，2013，第256~259頁。

性，呼籲不可將古今字與同源字、異體字、假借字等概念相對立①；王寧②、蔣紹愚③主張用別的術語表示漢字中的分化現象，從而避免跟“古今字”糾纏。但實際上，由於歷史問題沒有正本清源，大家不明就裏，祇好順從慣性，忙於辨析區別而難以自拔。

（三）在學術史研究中，以今律古，對傳統古今字研究的評價多與事實不符

歷代文獻中的古今字訓詁材料數量豐富、分布極廣，目前尚無全面彙總歷時古今字材料並展開研究的成果。對個別學者的“古今字”進行舉例式研究的倒是不少，但總體上由於掌握材料不全，又先入爲主地受古今字就是分化字的現代學術觀念影響，常常出現不符合歷史事實的論斷和評價。有人認爲“古今字”的所指範圍是逐步擴大的，這其實是現代學者因對材料掌握不充分而產生的錯覺，我們系統梳理發現，直到清代徐灝，古人的古今字觀念並沒有多大變化；有人認爲段玉裁有時把“古今字”的“古字”稱爲假借字或把“今字”稱爲俗字是判斷失誤，批評段玉裁對古今字的認識不清、概念混亂，其實這祇是段玉裁從不同的角度表述同組材料而已，使用不同術語的目的不盡相同，古今字着眼於用字的先後，假借字、俗字等更多着眼於字形的來源或屬性；有人認爲王筠把“古今字”稱爲“分別文”“累增字”，因而促進了“古今字”的科學研究，其實在王筠的著作中這幾個術語是並存的，角度不同，無法相互取代，祇是現代人將王筠的古今字與分別文混同起來，纔强説王筠對古今字有了新的看法；還有人認爲鄭玄是最早研究“古今字”的學者，

① 參見劉又辛《談談假借字、異體字、古今字和本字》,《西南師範大學學報》(人文社會科學版) 1984 年第 2 期。

② 王寧等編著《古代漢語通論》, 北京師範大學出版社, 1996, 第 49 頁。

③ 蔣紹愚:《古漢語詞彙綱要》, 商務印書館, 2005, 第 209 頁。

其實鄭玄的説法大都來自鄭衆，衹是比鄭衆多舉了些例子而已。凡此種種，都是没有充分占有材料因而缺乏全面比較的結果，經不起歷史事實的檢驗。

可見，“古今字”的研究並不像我們想象的那麽簡單，要説清楚這些問題，必須考察歷史上“古今字”的真實面貌，還原古人的本意，所以有必要全面測查“古今字”的學術歷程和實際材料，衹有從事實出發，纔能弄清楚古人的“古今字”究竟是什麽，也纔能搞明白現代學者對“古今字”發生誤解的根源。

二 “古今字”的歷史面貌

（一）古人眼中的“古今字”

“古今字”是個學術史概念，應在歷史語境中理解它的含義和作用。最早提出這個問題的是古代訓詁家，他們在注釋中用“古今字”説明不同時代用不同字符表達同一詞項（文獻中的音義結合體單位）的用字現象。除了典型的“古今字”表述，還有許多包含古今用字關係的其他表述方式。有的將“古”“今”對舉，如“某古字，某今字”等；有的單説“古”或“今”，如“古（今）作（爲）某”“古（今）某字”“古（今）文（字）某”等。無論怎麽表述，其中都包含“古”或“今”的時間概念。最初提出“古今字”相關名稱的是漢代學者鄭衆和鄭玄。

（1）【諸侯之繅斿九就。】鄭司農云：“‘繅’當爲‘藻’。‘繅’，古字也，‘藻’，今字也，同物同音。”（漢·鄭玄注《周禮·夏官》）

（2）【凡國之大事，治其禮儀以佐宗伯。】故書"儀"爲"義"。鄭司農云："'義'讀爲'儀'。古者書'儀'但爲'義'，今時所謂'義'爲'誼'。"（漢·鄭玄注《周禮·春官》）

（3）【君天下曰天子，朝諸侯、分職授政任功曰予一人。】《覲禮》曰："伯父實來，余一人嘉之。"余、予古今字。（漢·鄭玄注《禮記·曲禮》）

鄭衆是東漢早期人物，他雖未明確使用"古今字"這個術語，但已用"古字""今字"溝通詞語用字的時代差異，且對古今字的內涵做出基本界定。① 如例（1）闡述記錄｛五彩絲繩｝義的詞語古今分別使用"繅"和"藻"字，更重要的是指出古今字具有"同物同音"的性質，即"同義同音"卻使用了不同的字形記錄。例（2）具體分析｛儀態｝義詞語歷史上分別用古字"義"、今字"儀"記錄，表示｛意義｝的詞語曾用古字"誼"、今字"義"記錄。東漢晚期的鄭玄則明確開始使用"古今字"的術語溝通詞語用字的古今差異，例（3）記錄｛自稱代詞｝的"余"和"予"字構成"古今字"關係（研究發現"予""余"實際使用的古今關係是不斷變化的②）。可見他們提出或使用"古今字"概念與文字分化無關，不屬於造字的問題，完全是針對文獻解讀溝通詞語古今用字差異而言的。

我們通過對大量實際材料的調查，發現從漢代到清代的學者對"古今字"性質的認識基本上保持着一致性，都是在訓詁注釋的範疇內溝通歷時同詞異字現象。清代是中國傳統語言文字學研究的巔峰，而段玉裁的成就更是超拔前人。段玉裁對"古今字"的相關問題有着深刻的認識，是學術史上第一位對古今字進行理論闡釋的學者。其著作

① 參見李運富《早期有關"古今字"的表述用語及材料辨析》，《勵耘學刊（語言卷）》總第6輯，學苑出版社，2008。

② 參見李運富《"余予古今字"考辨》，《古漢語研究》2008年第4期。

中有大量關於"古今字"的精闢論述，如：

（4）【今，是時也。】古今人用字不同，謂之古今字。（清·段玉裁《説文解字注·亼部》）

（5）【余，語之舒也。】余予古今字。凡言古今字者，主謂同音，而古用彼今用此，異字。若《禮經》古文用余一人，《禮記》用予一人。（清·段玉裁《説文解字注·八部》）

（6）【誼，人所宜也。】凡讀經傳者，不可不知古今字。古今無定時，周爲古則漢爲今，漢爲古則晉宋爲今，隨時異用者謂之古今字。（清·段玉裁《説文解字注·言部》）

（7）【婬，厶逸也。】婬之字今多以淫代之，淫行而婬廢矣。（清·段玉裁《説文解字注·女部》）

段玉裁首次對"古今字"進行定義，如上舉例（4）認爲"古今人用字不同，謂之古今字"，例（5）提出"凡言古今字者，主謂同音，而古用彼今用此，異字"。從這些不同表述中可以看出，段玉裁眼中的"古今字"也是立足於詞語用字角度的。他對"古今字"研究的理論貢獻還表現在提出"古今無定時"，如例（6）認爲"古今字"的"古"和"今"並非絶對的時間概念，而是相對的，古今可以轉換，隨時異用；而"凡讀經傳者，不可不知古今字"則更説明"古今字"是釋讀文獻的訓詁學問題。此外，他的貢獻還表現在獨創"某行某廢"的訓詁體式，揭示詞語古今用字演變的結果，如例（7），這無疑也與造字相承無關。

段玉裁在《經韵樓集》卷十一中又説："凡鄭言古今字者，非如《説文解字》謂古文、籀、篆之别，謂古今所用字不同。"其"謂古今所用字不同"固然不錯，但斷言"非如《説文解字》謂古文、籀、篆之别"則可能過於拘泥。因爲對於什麽是"用字不同"，如果對"字"

的看法古今有異，那對具體材料的判斷就難免不同。現代構形學告訴我們，漢字的不同形體有的是異構關係，有的是異寫關係。[①]所謂“用字不同”通常是指具有異構關係的不同字位或者不同字種，衹是寫法不同的異寫字一般不看作用了不同的字，因而構不成“古今字”關係。但古人没有明確的異寫、異構概念，他們衹看字形差異，字形差異不同的字，就有可能被認定爲“古今字”，所以“古文籀篆之别”也可以屬於“古今所用字不同”。例如：

（8）卜，灼剥龜也，象灸龜之形。一曰象龜兆之從横也。𠁦，古文卜。（漢·許慎《説文解字·卜部》）

（9）外，遠也。卜尚平旦，今夕卜，於事外矣。𡬍，古文外。（漢·許慎《説文解字·夕部》）

按許慎的標注，我們可以認爲，在｛占卜｝詞項上，“𠁦”爲古文，則“卜”爲今字，“𠁦、卜”構成“古今字”關係；在｛外面｝詞項上，“𡬍”是古文，“外”爲今字，則“𡬍、外”也構成“古今字”關係。但其實“𠁦”與“卜”的差别衹是寫法不同（對古文字的隸定或轉寫方式不同），構形上都是“象龜兆之從横也”，並非兩個不同的字位。又如：

（10）旁，溥也。从二，闕；方聲。旁，古文㫄。旁，亦古文㫄。旁，籀文。（漢·許慎《説文解字·上部》）

（11）【㫄旁旁穷雱㝑】《説文》“溥也”。《爾雅》“二達謂之岐旁”。隸作旁。古作旁、穷。籀作雱。或作㝑。（宋·丁度《集韵》卷三）

按，在許慎看來，秦漢時期使用的小篆字形“旁”，在“古文”時

① 王寧：《漢字構形學講座》，上海教育出版社，2002。

代的文獻裏寫作"頯頯",在籀文材料裏寫作"頯",都屬於前代不同的用字。其中有的結構不同,有的祇是寫法不同,由於形體上有差異,都可以看作不同的字。那麼,所謂"古文""籀文"可能不是純字體概念,而主要指字形的來源和出處,所以後世如《集韵》之類往往將《説文》的古文形體轉寫爲當代通行的字形。如把古文"頯"與"頯"分別轉寫成楷體字形"夽"與"夵",這並不表明"夽"與"夵"這種字形在文獻中實際用過。之所以把轉寫後失去了"古文"書寫風格的字形仍然稱爲"古作某",可能因爲古人所説的"古文"原來就不是着眼於字體風格的。當然,對這些由古代的某種古文字形轉寫而來的後出字形,由於文獻裏不一定實際使用過,如果要作爲用字現象來分析,最好回到古文字形的時代按古文原形的功能分析,轉寫字形祇能看作古文原形的代號而已。

我們説許慎的"古文"未必是一個純字體概念,更大程度上是指古代文獻中的用字,大概相當於"古代文字",具體所指時代和文獻隨相對概念而異,但都是指字形的來源而不是指書寫風格。關於這個問題我已指導桂柳玥寫過一篇碩士學位論文,題爲《〈説文〉"古文"所指及相關"古文"研究》。通過全面考察《説文·叙》中10處"古文"所指和《説文》正文中出現的幾百個"古文"的含義,我們認爲,《説文解字》中的"古文"應泛指秦代小篆和秦隸産生之前除大篆之外的古代文獻用字,它强調的是文字材料在來源和時代上的差異以及字形結構的不同,未必有統一的書寫風格。其中"古文以爲某"的説解體例,正是用來説明古文書籍的用字現象的,即某個字形在古代文獻中用來記錄另一個詞,也就是當成另一個字用。正如段玉裁在"中"下注曰:

> 凡云古文以爲某字者,此明六書之叚借。以,用也。本非某字,古文用之爲某字也。如古文以洒爲灑埽字,以正爲《詩》大雅

字，以丂爲巧字，以臤爲賢字，……皆因古時字少，依聲託事。至於古文以中爲艸字，……以臭爲澤字，此則非屬依聲，或因形近相借。無容後人效尤者也。①

也正如陸宗達先生所説：

　　許慎所謂“古文”，就是漢代所發掘出的古文經典中的字體。但實際上《説文》所説的“古文”，不僅僅限於古文經典，春秋時代秦篆以外群書故籍所使用的文字，都叫“古文”。……此外，許慎還引據很多秦以前的其他古籍，如《逸周書》《山海經》《春秋國語》《老子》《孟子》《楚辭》《司馬法》等等，都可以根據上面所説的道理來推斷爲“古文”。據《説文解字·叙》，許慎還收集了當時出土的鼎彝銘文的字體，也稱爲古文。②

　　陸先生所説的“字體”應該理解爲字形，許慎注列的“古文”“籀文”等與“小篆”不同，主要不是書寫風格類別的對立，而是字形結構和使用功能的差異，是文獻來源的時代不同。這樣理解許慎的“古文”，纔可以跟司馬遷《史記》所説的“古文”③、鄭玄等注釋家注列的“古文”④以及後世字書如《廣韵》中所謂的“古文”統一起來。它們都是指古代文獻中的用字現象，祇是具體來源不同而已。所以我們把這類指稱古代文獻中用過的“古文”當作“古今字”的“古字”，也都納入注列“古今字”的材料提取範圍。

　　總之，古人的“古今字”是個訓詁學概念，屬於文獻用字問題，

---

① （漢）許慎撰、（清）段玉裁注《説文解字注》，上海古籍出版社，2011，第21頁。

② 陸宗達：《説文解字通論》，中華書局，2015，第23頁。

③ 王國維：《〈史記〉所謂古文説》，《觀堂集林》，中華書局，1961，第307~312頁。

④ 參見李玉平《試析鄭玄〈周禮注〉中的“古文”與“故書”》，《古籍整理研究學刊》2005年第5期。

跟造字和文字分化無關。凡是不同時代的文獻記録同一詞項而使用了不同的字，不管是結構不同的字位字種，還是同一字位字種的不同字形，都可以叫"古今字"。其要點有三：一是"同物同音"，即文獻中功能相同，記録的是相同詞語；二是"文字不同"，前後使用不同的字形記録；三是使用時代有先後。概括起來説，古今字是指不同時代記録同一詞項所用的不同字，而不同的字是指兩個或兩個以上的一組字，所以古今字是字組概念而不是個體概念。

（二）"古今字"與"分化字""分別文"的關係

既然"古今字"在傳統語言文字學的發展歷程中一直屬於訓詁學領域的問題，是文獻用字問題，那麼現代學者將其等同於"分化字"和"分別文"，或者認爲"古今字"包含"分化字""分別文"，將其看成文字孳乳的造字問題，無疑都是不符合學術史原貌的。這裏既有對古人學説的無意識誤解，也有故意追求某種學理而强人就己的非學術史研究方法，所以需要從學理和方法上辨明原委，纔能真正消除誤解。

1. 分化字、分別文不是"古今字"

今人把"古今字"等同於"分化字"，或者認爲"古今字"包含"分化字"，顯然不合古人的實際，更重要的是在學理上也無法講通。所謂"分化字"，一般是指原來具有多項功能的字被分化爲各自承擔原來部分功能的幾個字的文字現象。例如"采"字原來曾記録｛采摘｝｛彩色｝｛理睬｝等多個詞項，"采"字記詞職能過於繁重，於是以"采"作爲聲符分別新增義符，另造新字，分擔各項職能。如增"手"旁造"採"記録｛采摘｝、增"彡"旁新造"彩"專記｛彩色｝、增"目"旁新造"睬"記録｛理睬｝等，將"采"稱爲"母字"，將"採、彩、睬"看作由母字孳乳出的分化字。值得注意的是，"分化"通常指由舊事物滋生出新事物的過程，所以"分化"是就"字"而言，增多的祇是記錄詞語的字形，記詞職能仍是原有的，並未出現新的增項，不宜使用職能“分化”的表述。分化字産生以後，祇是將原有記詞職能進行了重新分工調整，將原來一個字的職能分擔給幾個字。職能分工不祇有字形分化孳乳新字一途，還可以有其他方法，如改換義符、異體分工、借字分擔等，所以字形分化不等於職能分工，更不等於古今字。

那麼分化字是否能够等於“古今字”的概念呢？答案是否定的，我們可以舉出如下理由。首先，“分化字”單指一方，要跟“母字”相對纔成爲指一組字的概念；而“古今字”是包含古字和今字的組概念，“分化字”和“古今字”這兩個概念根本不對稱。其次，“母字”與“分化字”在功能上是總分關係或包含與被包含關係，並不對等，母字一個字承擔多項職能，而分化字祇是承擔原來母字的一項功能，它的功能要比母字少，分化字與母字的功能不對等，所以分化字和母字記錄的不是同一個詞；而“古今字”的“古字”和“今字”是同一關係，音義相同。最後，文字分化是漢字字種的孳乳發展現象，屬於“造字”問題；古今字是不同時代詞語用字的不同，屬於“用字”問題。可見“古今字”和“分化字”是不同的現象，性質存在明顯差異。

今人之所以會把“古今字”看成“分化字”，應該與誤解清代王筠的“分別文”有關。他們以爲王筠的“分別文”就是“古今字”，而“分別文”也可以叫“分化字”，所以“古今字”就是“分化字”。其實這三個概念各不相同，不能混淆，王筠的分別文不等於古今字，分別文也不等於分化字，分化字自然也就不等於古今字。

我們先看王筠提出“分別文”的學術背景和研究意圖。① “分別文、累增字”是王筠在研究《説文》異部重文時提出的，他在《説文釋例》卷八對“分別文、累增字”做過界定：

---

① 參見李運富、蔣志遠《論王筠“分別文、累增字”的學術背景與研究意圖》，《勵耘學刊（語言卷）》總第 16 輯，學苑出版社，2013。

分别文、累增字（此亦異部重文，以其由一字遞增也，别輯之）：字有不須偏旁而義已足者，則其偏旁爲後人遞加也。其加偏旁而義遂異者，是爲分别文。……其加偏旁而義仍不異者，是謂累增字。①

可見王筠提出"分别文、累增字"的學術背景與"古今字"無關，主要是爲研究"重文"現象。《説文》"重文"是指功能基本相同的用字，以異體字居多，但不限於異體字。"分别文"如下文例（1）"然"字包含"然₁"（燃燒）、"然₂"（應答之詞）、"然₃"（代詞）等多個同形詞項，增"口"旁造"嘫"將"然₂"從形體上跟意義不同的"然₁""然₃"分别開，所以稱爲"分别文"；而"嘫""然"記録詞項"然₂"屬同功能字，所以屬"重文"現象。"累增字"如下文例（2）"复"字本義指"返回"，後遞增義符"彳"作"復"，二者屬同音同義的異體字關係，也屬於重文。

（1）"嘫"下云"語聲也"，蓋即然否之然。《火部》："然，燒也。"借爲應詞，又加口爲别耳。《脈經》凡應答之詞，皆以然字代曰字，嘫下祇云然聲。（清·王筠《説文釋例》卷八）

（2）《夊部》复下云："行故道也。"《彳部》復下云："往來也。"夫往而復來，則所行者必故道也。《玉篇》曰："复，今作復。"案：從夊，義已足矣。又加彳，微複也。復下祇云复聲。（清·王筠《説文釋例》卷八）

王筠説"分别文""累增字""此亦異部重文"，祇是由於這兩種重文都是"遞增"偏旁造出新字而形成的，所以"别輯"出來另立一

---

① （清）王筠：《説文釋例》，中華書局，1987，第173頁。

卷。新字的記詞功能若與母字的某些義項不同就是"分別文",没有不同則是"累增字"。這一發明的實質,是把在《説文》中處於平面静態的一部分"異部重文"從造字的角度進行動態分析,以揭示部分"異部重文"産生的原因,並非字際關係新的分類。這些"重文"以增旁造字的方式産生,遂使"分別文""累增字"可以延伸爲專門探討造字孳乳問題的漢字學理論,它跟形體構造和字種增益密切相關,而跟漢字的使用屬於不同的學術層面,所以跟"古今字"没有必然聯繫。

我們説"古今字"不等於"分別文""累增字",還可以從下面幾點來説明:第一,"古今字"指稱的字例可以没有"增偏旁"的形體關係。第二,"分別文""累增字"祇能指稱造字時間在後的字,而"古今字"的"古""今"無定時,所以用字的古今關係跟造字的時間順序有時並不一致。第三,"古今字"的古字和今字"同物同音",判斷的標準是在文獻中音義相同,即記録同一詞項。累增字是"加偏旁而義仍不異者",而"分別文"是"加偏旁而義遂異者",就是説稱爲"分別文"是因爲它跟原字的意義不再相同(有的音也不同)而記録了另一個詞項。第四,王筠著作中"古今字"與"分別文、累增字"是兩套共存異用的術語。使用"古今字"術語時,着眼於文獻用字不同而功能相同,常常跟注釋性用語配合,目的是用熟悉的今字解釋不太熟悉的古字;而使用"分別文""累增字"則着眼於文字孳乳關係,目的是説明某個字是以某個字爲基礎産生的,故常有"後作""後起"之類的用語配合。①

所以我們認爲"分別文"與"古今字"性質不同,判斷標準不同,不能相互取代。其實,"分別文"不僅不是"古今字",也不等同於"分化字",因爲分化母字職能的手段多種多樣,不限於"增偏旁",增

---

① 參見李運富、蔣志遠《從"分別文""累增字"與"古今字"的關係看後人對這些術語的誤解》,《蘇州大學學報》(哲學社會科學版)2013 年第 3 期。

旁分化衹是漢字分化的手段之一，漢字還可以通過改換偏旁、異體分工、借字分化、另造新字等方式來達到分化原字職能的目的。這幾組概念之間的區別如下表所示。

字組概念	概念性質	記詞職能
古字—今字	文獻用字	功能同一
被分别字—分别文	孳乳造字	功能相異
母字—分化字	增形分工	功能合分

“古今字”“分别文”“分化字”不僅提出的學術背景與研究意圖各不相同，而且“古今字”是“古字”和“今字”的合稱，屬於字組概念；而“分别文”“分化字”却都是單指一方，要分別與“被分别字”“母字”並舉纔能構成組概念。它們的性質也存在根本不同，古今字是訓詁家就文獻用字的歷時差異而言的，主要爲破解文獻釋讀的障礙，用一個熟悉的今字去解釋陌生的古字；分别文是王筠就孳乳造字提出的概念，強調的是增旁造字的方法；母字和分化字則是當代學者從漢字職能的分工角度提出的，它強調字形的分化和增多，由一個字變成幾個字，目的在於分擔母字的功能。此外，它們的記詞職能也各不相同，古今字要求同音同義，記詞職能必須相同；分别文的功能必須與被分别字相異；而分化字所記詞項是母字原來多項職能中的一項。

“古今字”既然可以在不同時代替換使用，則音義相同，是針對某一詞項而言的，即古字與今字的對應範圍是記錄同一個詞項的字。離開這個詞項，在不同的音義之間，則無所謂古字和今字。因此所謂“職能分化”，所謂“今字衹承擔古字的某一個職務”，所謂“分擔古字的本義，或引申義，或假借義”等説法都是錯誤的，因爲這樣説的時候，這個“古字”跟“今字”記錄的已經不再是“同詞”

關係了。

2.“古今字”的“古字”和“今字”可從別的角度另加説明

記録同一詞項的“古今字”之間存在多種複雜關係，有的古今字是異體字關係，有的是本字與借字的關係，有的是借字與本字的關係，有的是借字與借字的關係，有的是源本字與分化本字的關係，等等。這些字際關係可以從不同角度説明某組古今字的成因，却不是跟“古今字”處於同一系統的並列概念，因而拿“古今字”跟“分化字”“分別文”“異體字”“通假字”等相提並論並進行辨析是没有意義的，不過可以用不同概念對“古今字”的“古字”和“今字”從別的角度加以説明。或説明來源，或説明屬性；有的祇説明“古字”或“今字”，有的兩者都説明，從而形成另一種對應關係。如用“分別文”説明“古今字”中“今字”的來源，表面上“分別文”跟“古字”或“古文”相對，實際上是省略了“今字”的名號而直接説明這個今字是怎麽來的。這樣的“分別文”“累增字”祇對“今字”起説明作用，不能作爲組概念取代“古今字”或作爲“古今字”包含的類。例如：

（3）《節南山》“維石巖巖”，《傳》：“積石貌。”《釋文》：“巖本或作嚴。”案：嚴者古字，巖則後作之分別文。（清·王筠《毛詩重言》中篇）

王筠説“嚴者古字，巖則後作之分別文”，意謂在山崖義上“嚴$_1$”是古字，“巖”是今字。今字“巖”是爲了區別“嚴$_2$”的｛嚴厲｝義而產生的一個“分別文”，也就是由“嚴$_2$”詞項的分別文“巖”充當了“嚴$_1$”這個“古字”的“今字”。可見這裏的“古今字”是針對｛山崖｝詞項而言的，“分別文”是針對｛嚴厲｝詞項而言的，它們不在同一個術語體系中。

還可以用“俗字”“專字”“借字”甚至後來纔有的“分化字”等

説明"今字"的屬性，有時也説明某個"古字"是"假借字""通借字""借字"等。這種對"古字"或"今字"屬性説明的用語並非混同"古今字"，也不跟"古今字"關係矛盾，因爲彼此角度不同。例如：

（4）《玉篇》："爛，火焰也。"焰即爛之俗字，此以俗字釋古字法也。（清・王筠《説文釋例》卷七）

（5）【作，起也，从人，乍聲。】鐘鼎文以"乍"爲"作"，然則"乍"是上古通借字，"作"是中古分別字。（清・王筠《説文解字句讀》第八上）

例（4）記録詞語｛火焰｝，"爛"和"焰"構成古今字關係，今字的來源是俗字，此處用俗字解釋古字，俗字説明的是今字的性質，並非與古字構成組概念。例（5）記録｛興起｝義先使用古字"乍"，後用今字"作"，二者構成古今字關係；而又説"乍"是通借字，"作"是"分別字"，目的在於從另外的層面説明古字和今字的性質，並不影響"乍—作"是一組古今字的判斷。

這種既從用字時代上擺出"古今字"關係，又儘量從其他角度説明其中"古字"和"今字"的來源或屬性的做法，漢唐訓詁家已發其端，段玉裁、王筠等清代學者做得更多，超過前人。這些用來説明"古字"和"今字"屬性的術語跟"古今字"不在同一個系統，没有並列比較或辨析的邏輯基礎。

但現代許多學者常常批評段玉裁、王筠等人把"古今字"説成"通假字""俗字"等，認爲他們判斷失誤因而造成矛盾，這是今人把"古今字"跟"通假字""異體字"等對立起來辨析的結果，實際不懂古人是從其他角度對古今字用字來源或屬性的説明。正如"夫妻"關係可以再解釋各自的身份或籍貫一樣，古人對"古今字"關係的進一步説明並非將有關概念並列對立。

利用"古今字"材料來研究文字孳乳分化現象應該是可以的，但必須明確這衹是材料的共用，不能據此認爲古人的"古今字"概念就是指文字孳乳分化的造字問題，更不能以今律古、强人就己，用今人重新界定的概念去妄議古人。在研究文字分化現象時，最好不要使用"古今字"這個具有訓詁意義的概念，以免引起誤解歧義，導致相關概念的混亂。

三 "古今字"學術史材料的處理

學術史上的"古今字"不等於文獻中實際存在的古今字，而是指歷代學者注釋過、論述過或列舉過的"古今字"，需要區別時可稱爲"注列'古今字'"，或者用加引號的"古今字"。"古今字"學術史研究必須建立在"注列'古今字'"材料基礎上，古人沒有注列過的古今字不在本叢書的考察範圍之內。

"注列'古今字'"材料需要從歷代的隨文釋義類注疏、纂集類訓詁專書、考釋類訓詁劄記、研究論文和相關教材中提取。我們采用的基本方法是用"古"和"今"作爲關鍵字進行檢索，但遇到的困難有：第一，大量的古籍没有電子版，需要人工通讀，逐一查檢；第二，檢索得到的有關材料大都是没有標點的，而且很多屬於現代人的轉錄，存在文字訛誤，所以需要對獲得的材料核實原版原文，並在讀懂弄通的基礎上進行標點；第三，校勘無誤的真實材料也不一定都是有效的，其中許多甚至絕大部分含有"古"或"今"的語料並非討論古今用字不同問題，需要人工排除；第四，對於經過甄別提取出來的近萬條材料，也需要考察彼此之間的關係，經過繫聯、去重、歸類、排序等，纔能形成便於查檢利用的資料集。其中的任何一項工作都十分棘手，不僅需要查找、比對、校勘的耐心，更需要文字學、訓詁學、文獻學等方面的學力和識斷。

（一）檢索材料的核實、校勘和標點

"注列'古今字'"的材料大都來自"中國基本古籍庫""瀚堂典藏"和"四庫全書"等電子數據庫，部分來自對古籍紙本或電子圖版的手工查找，都有具體版本依據。通用古籍數據庫中的電子文本存在許多錯訛和標點不當（有的沒有標點）問題，需要核對原版和校正標點。項目組成員手工搜集到材料後自己的移錄或轉錄也容易造成錯訛，更是需要後來的反復校勘。核查原書原圖、校對文字和準確標點的工作非常繁重，但十分必要。如果錄入時發生文字訛誤或標點不當，就可能造成對注列原文理解的困難。例如：

（1）【屮隹楊及桺】古文柳。（明·馮惟訥《古詩紀·古逸第八》）

按，瀚堂典藏數據庫將【 】中的"及桺"錄作"及柳"，據原書圖版發現爲誤錄，需勘正，所以"柳—柳"不是古今字，"桺—柳"纔是古今字。

（2）【罪釁】忻近反。杜注《左傳》云："釁，瑕隙也，罪也。"賈注《國語》："兆也。"《説文》作爨，從爨（七亂反）省。爨字象祭器。酉，古酒字也。分，聲也。今俗作釁，略也。《經》作釁，謬也。（唐·慧琳《一切經音義》卷十二）

按，瀚堂典藏數據庫將"今俗作釁"錄爲"今俗作釁"，與原書圖版不符，需勘正，則構成古今字的是"爨—釁"，而不是"爨—釁"。

（3）【敕勑勅】《説文》：誠也。臿地曰敕。从（支）[攴]束聲。古从力。或作勑。本音賚，世以爲敕字，行之久矣。（宋·丁度等《集韵》卷十）

按，以上文字在項目組提供的初稿中録文爲：“[宋]丁度等《集韵》卷十：〖敕勑勅〗《説文·言部》：誠也。兩地曰敕。从支束聲。古从力。”這段録文經核查原書，發現存在嚴重問題。一是《集韵》原文引《説文》没有“某部”，應忠實原文體例無需增補“某部”。而且録者的增補也補錯了，要補的話應該是“支部”而不是“言部”。二是原文“臿地曰敕”被誤録成“兩地曰敕”，完全不詞。三是原文的“从支”當爲“从攴”之誤，録文應予校正。四是字頭有“勅”字，而録文没有相應内容。其實原文還有“或作勑。本音賚，世以爲敕字，行之久矣”，録文不當删省。

如果不是電子文本或手工轉録産生的錯訛，而是圖書版本原有的錯訛，更可能導致“古今字”字組判斷的失真，在理據充分的情況下應該校勘，必要時可加校勘説明，以避免出現錯誤的古今字關係。例如：

（4）【疕】古文。陟尼反。今作肢。皮厚也。（遼·行均《龍龕手鑑》入聲卷四·疒部）

按，《説文·肉部》：“肢，牛百葉也。从肉，弦省聲。”與“疕”的音義不符。考《龍龕手鑑》入聲卷四肉部：【胝胝胁胑】四俗。【胝胝】二正。丁尼反。皮厚也。六。”可見《龍龕手鑑》“疕”字下“今作肢”的“肢”應爲“胝”字誤刻，當勘正爲“（肢）[胝]”。胝同胝，猶疕同胝。這樣，構成古今字關係的是“胝—疕”而不是“肢—疕”。

（5）【舊垗】下音奥。《説文》云"古文奥字也"。《文字典説》云"土窑也"。又趙、姚二音。《説文》："窰也，燒瓦竈也。"傳作姚，非也。（唐·慧琳《一切經音義》卷九十三）

按，慧琳《音義》引《説文》"古文奥字也"當爲"墺"字之誤。《説文·土部》："墺，四方土可居也。从土奥聲。墺，古文墺。"音奥之垗當爲墺字隸定，當看作"墺"的古文，與音趙之垗（訓土窑也）、音姚之垗（窰字異構）爲同形關係。"舊垗"之"垗"既"音奥"，則應爲"墺"的古字（楷寫），取"四方土可居"義。後面却引《文字典説》訓"土窑也"，則當音趙。慧琳這條材料音義錯亂，按"墺—垗"作爲一組古今字的話，原文當勘正爲："下音奥。《説文》云'古文（奥）[墺]字也'。又趙、姚二音。《文字典説》云：'土窑也。'《説文》：'窰，燒瓦竈也。'"

（二）"古今字"材料的鑒別

注列"古今字"散見於歷代的古籍注釋和語文工具書中，除了典型的"某某古今字"表述，還有許多包含古今用字關係的其他表述方式，如"某古字，某今字""古（今）作（爲）某""古（今）某字""古（今）文（字）某"等，其中都包含時間名詞"古"或"今"，所以搜集材料時可以用"古""今"作爲檢索詞，但不是所有含"古""今"的材料都是反映用字現象的"古今字"，所以需要爬梳並逐一鑒別，排除大量的非用字性質的"古""今"材料，纔能提取出真正的"古今字"字組來加以研究。

1. 與"古今字"表述類似的文獻正文，不是注列"古今字"

古書中的正文通常用大字粗文刻印，與注釋語有明顯區别，即使不看形式，就語意内容而言也是容易辨析的。例如：

（1）由余片言，秦人是憚。日磾效忠，飛聲有漢。桓桓撫軍，古賢作冠。來牧幽都，濟厥塗炭。（晉·盧諶《贈劉琨詩》）

其中的"古賢作冠"不是注釋語，不是"古代的賢字寫作冠字"的意思，因而不是"古今字"材料。此類非注釋語中的"古""今"材料首先被剔除出去。

2. 指稱不同時代的版本異文，目的不在説明用字關係的，不算注列"古今字"

古人常用"古本""今本"指稱版本異文，比較容易分辨。如果用"古文""今文"來指稱，就要特別注意了。"版本概念的'古文''今文'既不同於字形概念的'古文''今文'，也不同於字符使用關係的'古今字'，它們彼此之間祇有異同的關係，没有源流關係。"[①]指稱版本異文的"古文""今文"往往與有校勘意味的"作"或者"爲"組合運用，具體有"古（今）文（或）作某""古（今）文（或）爲某""古（今）文皆（作）爲某"等形式；也有直接用"今作某"或"古作某"的，不含"文"和"字"。例如：

（2）【設黍於腊北，其西稷。設涪於醬北。御布對席，贊啓會，卻于敦南，對敦於北。】啓，發也。今文啓作開。古文卻爲綌。（漢·鄭玄注、唐·賈公彥疏《儀禮注疏》卷五）

（3）【若殺，則特豚，載合升，離肺實於鼎，設扃鼏。】今文扃爲鉉，古文鼏爲密。（漢·鄭玄注、唐·賈公彥疏《儀禮注疏》卷三）

（4）【夫坤，妥然示人簡矣。】妥，今作隤。（明·姚士粦輯《陸氏易解》）

---

① 李運富:《早期有關"古今字"的表述用語及材料辨析》,《勵耘學刊(語言卷)》總第 6 輯, 學苑出版社，2008。

例（2）（3）的鄭注，意思是《儀禮》中的"贊啓會""卻于敦南""設肩鼏"在他見到的某個"今文"或者"古文"版本中分別寫作"贊開會""綌于敦南""設鉉鼏""設肩密"。例（4）"妥，今作隋"，是説這句話《周易》古本作"妥"而今本作"隋"。這種版本校勘性質的"古""今"意在説明同一位置的字詞古今版本不同，不一定是同一詞語不同時代的用字不同，即使恰好也屬於用字不同，其實也並不是注家特意要注明的，就是説注家的目的在於説明版本差異而不在於用字差異。當版本異文跟用字差異重合時，收録爲"古今字組"也是可以的，如上文"卻"與"綌"、"鼏"與"密"；但不是用字差異的異文就應該排除，不能算"古今字"，如上文"啓"與"開"、"肩"與"鉉"。

3. 指稱詞語變化或同義詞的"古今語"，不是注列"古今字"

稱呼不同時代同一事物可能使用不同詞語，這種具有時代差異的同義詞語被稱爲"古今語"。如漢揚雄《方言》曰："秦晉之間凡物壯大謂之嘏，或曰夏。秦晉之間凡人之大謂之奘，或謂之壯。燕之北鄙齊楚之郊或曰京，或曰將。皆古今語也。"下面的注釋材料也屬於"古今語"而不是"古今字"。

（5）【凡祭祀，飾其牛牲，設其福衡，置其繺，共其水稾。】鄭司農云："福衡，所以福持牛也。繺，著牛鼻繩，所以牽牛者。今時謂之雉，與古者名同。"（漢·鄭玄注、唐·賈公彥疏《周禮注疏》卷十二）

（6）【絳緹絓紬絲絮綿】絳，赤色也。古謂之纁。（唐·顔師古《急就篇》注）

（7）【服文采。】青赤爲文，色絲爲采。傅奕云：采是古文繡字。（明·焦竑《老子翼》卷五）

按，例（5）（6）有"謂之"作標記，很容易判斷是指古今稱謂不同，非古今用字不同。例（7）"采"的本義爲"採取"，也借用指"彩色絲織品"，後來寫作"綵"。清朱駿聲《説文通訓定聲》："采，字亦作綵。""繡"，《説文》訓"五采備也"，則本義指"經繪畫而使五彩具備"，也指"有彩色花紋的絲織品"，後來寫作"綉"。唐傅奕説"采是古文繡字"，實際意思應指在古代"采（綵）"是跟現代的"繡"同義的詞。它們讀音不同，當然不是"古今字"。

4. 指稱字符職能變化的"古""今"材料，不是注列"古今字"

一個字初創時職能是單一的，而在以後長期的使用中職能會發生變化。古人訓注中遇到這種職能變化而需要説明時，也往往使用"古"或"今"來表述。例如：

（8）【雩】案《字林》"越俱反"。今借爲芌，音于句反。（唐·陸德明《經典釋文》卷二十九）

（9）【飯】扶晚反。《禮記》："飯黍毋以箸。"……又曰："文王一飯，亦一飯。"野王案，《説文》"飯，食也"，謂食飯也……今亦以爲餅字。（梁·顧野王《原本〈玉篇〉殘卷》卷九）

例（8）原文出自《爾雅·釋天》"螮蝀謂之雩。螮蝀，虹也"，郭璞注："俗名謂'美人虹'，江東呼'雩'。"可知《爾雅》之"雩"記錄的詞義是{彩虹}。而《經典釋文》指出"今借爲芌"，即"雩"這個字形在"今"時被借用來記錄和"芌"字相當的意義。因此這則訓條反映了"雩"在後代開始承擔假借義{芌}，其記錄職能增加了。例（9）顧野王指出"文王一飯，亦一飯"中的"飯"字與《説文》訓釋一致，都表動作義{吃飯}，而"今亦以爲餅字"，則説明"飯"在"今"時還記錄本由"餅"字記錄的名詞義{飯食}。可見這兩則訓釋雖然都包含"今"，但它們反映的是"雩""飯"在"今"時

25

的職能變化，而不是針對某個詞義的歷時用字變化，因而不屬於"古今字"問題。

5. 指稱字形或構件的構造功能的"古""今"材料，不算注列"古今字"

古人分析漢字結構時，往往指出某個形體或構件的功能相當於某個"古文"或"今文"的意義，這樣的"古文""今文"不是指同詞的古今用字差異，不屬於"古今字"關係。如：

> （10）【大】天大，地大，人亦大焉。象人形，古文人也。凡大之屬皆從大。臣鍇按，《老子》"天大，地大，王亦大也"，古文亦以此爲人字也。（南唐·徐鍇《説文解字繫傳》卷二十）
>
> （11）【不可攫】烏虢反。《考聲》云"以手攫取也"。從手，蒦聲。《經》文單作蒦亦通。從萑，音完。從又，古文手字。（唐·慧琳《一切經音義》卷七十五）

例（10）説"大"是"古文人"，"古文亦以此爲人字"，意思是"大"在古文字的構形中表示"人"，即"大"字造意爲伸展肢體之人形。清王筠《説文釋例》："此謂天地之大，無由象之以作字，故象人之形以作大字，非謂大字即是人也。"例（11）"從又，古文手字"是説"又"在構字時表示"手"的意義，不是説{手}這個詞古代用"又"而後代用"手"。可見這裏的"古文"是指古文字構造中的形體功能，不是指古文獻中實際使用的字。

6. 指稱字形局部變化的"古""今"材料，不是注列"古今字"

某個字的形體古代寫作什麼樣，後來變成什麼樣，注列者也可能用"古作某""今作某"來説明，這樣的材料意在説明形體書寫的某些變化，不是指同詞所用字種的不同。如：

（12）【亘】求宣也。又姓。从二从囘，囘音回，今作日。與互字不同，互从二从舟，舟今作月。凡宣垣字从亘。（明·樂韶鳳《洪武正韵》卷四）

（13）【壽】是酉切。《説文》作𠷎，“久也。从老省，𠔽聲”。𠔽音疇。隸作壽。上从毛从人，今作𡕀。俗上从士，誤。（元·李文仲《字鑑》卷三）

例（12）“今作日”是説古文字“亘”的中間部分原來寫作“囘”，而後來訛變寫作了“日”。“舟今作月”是説“互”字中原來的“舟”形現在訛變成了“月”形。例（13）“上从毛从人”是指小篆字形的上部，而“今作𡕀”是指隸變以後的寫法。這些“古”“今”跟上條的“古文”相似，也是就文字形體而言，不是就文獻用字而言。

7. 祇有單方面的“古”或“今”，不構成對舉字組的材料，不算注列“古今字”

這時“古”或“今”祇指某個時代的字，不是指不同時代的某組字。如下例（14）的“古字韋、圍、違三字義通”，即泛指古時候的用字，不是跟某個“今字”相對而言的；例（15）“男、南古字通用”也不是“古”“今”對舉，而是泛指古代這兩個字通用。這些字組都不構成“古今字”。

（14）【十韋，十圍也。】《漢書·成帝紀》：“大風拔甘泉中大木十韋以上。”師古曰：“韋與圍同。”又《墨子·貴義篇》“圍心”即“違心”。蓋古字韋、圍、違三字義通。（清·吴玉搢《別雅》卷一）

（15）【南，艸木至南方，有枝任也。】按，古南、男二字相假借。（清·段玉裁《説文解字注》卷六）

【二百里男邦，《史記》云任國〔漢諱邦改爲國〕。】棟案：《白虎通》引《書》云“侯甸任衛作國伯”，今《酒誥》作男，古男與

南通，皆訓爲任……王肅《家語》亦載子産語，云：男、南古字通用。（清·惠棟《九經古義·尚書古義上》）

8.不屬於認識問題，而是文字訛變、校勘不精所引起的文字關係錯亂，致使古人誤注誤列的，不算注列"古今字"

例如：

（16）【癹】舊注："古文班字。"按：班，通作頒、般。《集韵》或作辬、斑。或作辬，《説文》本作辬。《易·賁卦》陸氏釋文：賁，古斑字。今改作癹，非。（明·張自烈《正字通》卷七）

按，"癹"本爲"發"字古文，方月切。"月、丹"形近，明刻本《篇海》誤作"方丹切"，《詳校篇海》承《篇海》之誤而補作"音班"，《正字通》又承《詳校篇海》"音班"而定爲"古文班字"，屬誤判。①

（17）【厰】徒到切。古文盗。[宋·陳彭年等《大廣益會玉篇》（澤存堂本）卷二十二）]

按，《説文·㳄部》："㳄，歠也。从㳄厂聲。讀若移。"或作欼（《玉篇·㳄部》："盗，徒到切。逃也。《説文》：'私利物也。'欼，弋之切，歠也。"），訛作厰（《五音集韵》卷十一）、厰（上元本與《康熙字典》引《玉篇》）、厰（澤存堂本）。"欼"訛作"厰"，廣益者誤與上字（盗）認同，遂收録於厂部之末。上元本、和刻本與元刻本但言古文，並無"盗"字。頗疑"盗"字乃明清人所加。②

---

① 參見楊寶忠《疑難字三考》，中華書局，2018，第370頁。
② 參見楊寶忠《疑難字三考》，中華書局，2018，第11~12頁。

（三）“古今字”字組的分合

“古今字”是不同時代記録同一詞項（在字典中也可能表現爲同一詞位）的不同用字或不同字形。“詞項”指負載一個義項的詞形，屬於音義結合體。故區分不同的“古今字”字組應以表達的音義爲標準，即根據“古字”“今字”所記録的讀音和意義來確定字組的分合。

1. 同音同義的“古字”和“今字”合成一組“古今字”

隨文釋義材料中的“古今字”往往是單音單義的，比較容易處理。但大型字典辭書中提及的“古今字”可能具有多音多義。讀音相同且意義相關的詞項可以歸納爲一個詞位，屬於一個詞位的不同詞項的“古今字”可以合併爲一組處理，即一組“古今字”的音義可以包括幾個相關的義項，多個相關義項通常是可以分别具有古今對應關係的。如：

（1）【生】所京切。産也，進也，起也，出也。【生】古文。（宋·陳彭年等《大廣益會玉篇》卷二十九）

按，生、生乃小篆楷化而異者。儘管有“産也，進也，起也，出也”多個義項，但這些義項具有内在關聯，屬於同一個詞位的不同義項，就詞位而言是音義相同的，所以“生—生”算是一組古今字。

讀音相同當以古音爲準，以大型工具書如《漢語大字典》等爲據。如果某組字在工具書裏並無相同的注音，而古人確實看作“古今字”，那也可以從實際用法出發，“音隨義定”，使它們讀音相同從而確定爲古今字組。例如“哉—才”，字書中未見有相同的注音，但在表{才始}義上被古人多次標注爲“古今字”，那説明它們應該有相同相近的讀音，“哉”本來也是從“才”得聲的，故可根據“才”的“才始”義讀“cái”的事實，把“哉”也認定爲有 cái 的讀音，這樣“哉—才”作爲一組“古今字”纔能成立。

同音同義的一組"古今字"也可以包含多個異寫字形。就是説，在音義相同的條件下，如果某個"今"字對應多個"古"字，或者某個"古"字對應多個"今"字，或者"古字""今字"各有多個字形，那麼多個"古字"和多個"今字"可以合併爲一組，各取一個字形爲代表標志字組，其餘字形可跟在代表字的後面，以保存字形。例如：

（2）【僻辟薜偍】邪也。或省。亦作薜。古作偍。（宋·丁度等《集韵》卷十）

【辟僻】《爾雅》"邪辟也"。【偍偍】並上同，古文。（金·韓道昭《五音集韵》卷十五）

【僻】《説文》辟也。从人，辟聲。邪也。……《集韵》古作偍。（元·熊忠《古今韵會舉要》卷二十八）

按，這組古今字的"今字"是"僻"，或省寫爲"辟"，還可以借用"薜"，這三個都是邪僻義的今字，而"偍、偍、偍"則都屬於"僻"的"古字"，所以可以組合爲"偍 偍 偍—僻 辟 薜"或"偍（偍偍）—僻（辟薜）"的字組模式。

（3）【克】古作𩁹𩁹，即"可"字之變文。克與可同義，但轉其聲耳。（清·黄生《字詁》）

按，黄生認爲𩁹𩁹都是"可"的變文，則"可"與"克"構成古今字關係。這裏雖然出現了兩個古文字形，但没有結構變化，屬於異寫，可當一個字看待，故可以在"可"後面同時列出"𩁹𩁹"兩個字形，從而形成"可𩁹𩁹—克"或"可（𩁹𩁹）—克"的古今字字組形式。

這種一對多、多對一或多對多的古今字組，在列舉具體材料時，如果材料來源不同，字形也不同，也可以在多對的字組下再分別列出單對的字組。

2. 意義無關和讀音不同的"古今字"應分別爲不同的字組

如果一組"古今字"形體相同，但在不同語境中表示不同的音義，這種情況在字典辭書中通常是合在一起的，但注列時是針對不同音義的，爲了反映注列者的真實認識，應該把這種"古今字"分別作爲不同的字組來對待，形式上可用"古$_1$—今$_1$"和"古$_2$—今$_2$"來表示不同的字組。例如：

（4）【勝賸】識蒸切。《說文》："任也。"古作賸。又並詩證切，克也。（宋·司馬光《類篇》卷十三）

按，"勝"字楚系簡帛文字作𤕦（郭·老乙.15）、𤕦（郭·成.9），從力，烝（古文乘）聲，當即賸字所本。《類篇》注列爲古今字而有平去兩讀，意義也不同，這就可以分爲兩組：

賸$_1$—勝$_1$:（shēng）能够承受，禁得起。

賸$_2$—勝$_2$:（shèng）戰勝。

即使音義相同，但同一字或爲古字，或爲今字，並且對應的字不同時，也應該分列不同的字組。如：

（5）【楅盛】上霞巖反。《考聲》云：木匜也。……或作械，亦作楠，古字也。（唐·慧琳《一切經音義》卷十）

【寶械】音咸。《廣雅》：匧謂之械。形如小匱子，從木，咸聲。經文作函，古字。（唐·慧琳《一切經音義》卷二十九）

其中的"械"相對於"楅"是古字，相對於"函"是今字，於是分爲兩組：械—楅、函—械。

經過前面的校勘、鑒別和分合處理，我們共搜集到"注列'古今字'"近萬組，編輯成《古代注列"古今字"輯考》，作爲"古今字"學術史研究的基本材料。

四 "古今字"學術史的研究

在全面搜集、整理、彙纂了歷代"古今字"材料後，"古今字"學術史的研究纔能有所依憑，纔能分析出真相。

（一）學術史研究的基本原則——求真

我們曾提出學術研究的基本原則是"學史求真，學理求通"。①這需要首先具有"學理""學史"相區別的觀念。就古今不同的用字現象而言，如果從用字事實出發，考察甲字和乙字是否在不同時代記錄了同一個詞，記錄同一個詞的甲字和乙字是怎麼來的，彼此具有哪些屬性關係，這些關係在歷史上有没有發展變化，對漢字系統和漢語系統有没有影響，等等，這些都屬於學理研究。如果從學者認知出發，考察有哪些學者關注了歷時的同詞異字現象，他們是怎麼標注這些現象的，指出過哪些字例，有過哪些論述，形成了哪些成果，這些成果解決了什麼問題，對學術產生了什麼影響，在現代有無價值，等等，這些屬於學史研究。

"'古今字'學術史叢書"研究的"古今字"當然是"學史"性的，是前人通過標注、論述、列舉等方式認知的"古今字"，我們把它們簡稱爲"注列'古今字'"。這種"古今字"有的符合事實和學理，有

---

① 李運富：《漢語學術史研究的基本原則》，《湖北師範學院學報》（哲學社會科學版）2010年第4期。

的衹是一家之言，甚至是不符合事實和學理的錯誤認知，因而"注列'古今字'"不等於文獻中實際存在的古今字，也不等於今人理解的古今字。爲了區別，我們給學史性的"注列'古今字'"加引號，表示這是帶有古人主觀認識的，衹能評價，不能纂改；文獻中客觀存在的古今字和今人理解的古今字不加引號，可以根據學理和自己的認識指認。區分學史的"古今字"和學理的古今字，纔能針對學史的"古今字"做實事求是的研究，纔能真正理解前人的"古今字"觀念和學術發展的過程。

站在學術史的立場，研究"注列'古今字'"，必須堅持"求真"原則，包括求真有、求真意和求真評。①

所謂"求真有"，就是前人確實認定過某某是"古今字"，也就是我們搜集的"注列'古今字'"材料必須真實可靠。上面關於"注列'古今字'"材料的處理就是確保"真有"的措施。此不贅述。

所謂"求真意"，就是準確理解古人有關材料的原意，避免以今律古，強人就己。要做到這一點不太容易。首先，不宜拘泥於某些表述的字面意思，而要儘量結合材料實例來理解。例如許慎把"古文"跟"籀文""大篆""小篆"等概念並提，後人大都理解爲着重書寫風格的"字體"。但我們看許慎使用這些概念時，所舉的字例都是在形體和結構上有差異的，基本不是同一字形的不同書寫風格問題，而且《説文》裏所説的"體"（"改易殊體"）也基本是就形體而言，後來的"或體""俗體""獨體""合體""繁體""簡體"等就是繼承形體含義的，所以從實際材料和使用目的看，與其把"古文"等理解爲後世的"字體"概念，不如看作古人指稱字形來源的材料概念更爲真實。其次，不宜囿於局部片面，而要全面綜合考察某個人的學術思想。例如有人認爲清代學者王筠提出的"分別文""累增字"是要把前人説的"古今

---

① 參見李運富《漢語學術史研究的基本原則》,《湖北師範學院學報》(哲學社會科學版) 2010 年第 4 期。

字"限定在有"造字增偏旁"的孳乳字範圍。其實在王筠的著作中，這幾個術語是跟"古今字"並行的。"古今字"指稱用字現象，"分別文"指稱造字現象，彼此内涵不同，用"分別文"取代"古今字"並非王筠本意，而是後人强加給王筠的。最後，準確理解古人原意有時還得結合學術大背景。例如前文提到的《説文》"古文"，一方面可以就許慎論許慎，另一方面也可以聯繫同時代的司馬遷、鄭玄等學者的"古文"，甚至漢代的"今古文經學"來理解許慎的"古文"。任何學術問題都有産生的時代背景，任何學術思想也都會受到時代學術大背景的影響，注意到這一點，纔能避免泛時誤解和隨意解釋。理解"古今字"也有學術背景問題。"古今字"最初由漢代學者提出，一直是訓詁家的注釋用語，指出不同時代記録同一詞項而分別使用了不同的字符，意在用易知的字（通常是"今字"）解讀難懂的字（通常是"古字"）。因此，"古今字"的性質屬用字問題，而非造字問題。就用字而言，既包括用不同的字種記録同一個詞項或詞音①，也包括用同一字種的不同字形來記録同一個詞項或詞音。但 20 世紀以來，大多數學者把"古今字"看作造字現象，認爲"有造字相承的關係"，在造字時間上有先後之分，還有就是古字義項多，而今字祇有古字多種意義中的一個。這種認識忽略了"古今字"的訓詁目的和解讀經書的學術背景，自然難以符合古人的初衷。

所謂"求真評"，就是對古人學術思想和學術成果的評價要符合實際，不拔高，不貶低，客觀公允。對"古今字"學史的評價，也要從學術事實出發，在特定的歷史背景和學術環境中，在準確理解古人原意的基礎上，客觀指出其學術史意義和現代價值。如段玉裁有時會把"古今字"的古字稱爲"假借字"或把今字稱爲"俗字"等，有人從概念對立出發，批評段氏混淆失誤，認爲段玉裁既説某某是"古今

---

① 關於詞項、詞音、詞位等概念請參見李運富《論漢字職用的考察與描寫》，《上海師範大學學報》（哲學社會科學版）2017 年第 1 期。

字”，又説某是“假借字”，某是“俗字”，自相矛盾。其實段玉裁是從不同角度來分析同組材料而已，説它們是“古今字”乃着眼於用字時代的先後，説某字是“假借字”或“俗字”則是進一步説明這個字的來源或屬性；這些概念所處層面不同，解釋目的不同，根本就不矛盾。又如現代學者在評述“古今字”學術史時，常常拔高王筠的“分別文”“累增字”。如洪成玉説：“王筠没有囿於漢人關於古今字的見解，也没有因襲段玉裁的説法。他在分析了古字和今字的關係以後，提出了分別文的説法。……王筠所説的分別字，就是古今字，此外，他還從造字角度提出了累增字這一術語，累增字其實也是古今字。”①李淑萍也因爲“分別文”“累增字”而評價“王筠在古今字研究上的貢獻應當肩負着‘概念轉向’的地位”②。其實“分別文”“累增字”是王筠發現的兩種形成原因比較特殊的“異部重文”，和“古今字”在學術來源上就不相同。所以在王筠的著作中，“古今字”跟“分別文、累增字”是兩套共存而有明顯區别的術語，不是可以相互取代的同一性術語。客觀地説，王筠的“古今字”觀念和漢人及段玉裁的是一致的，並未因“分別文”“累增字”術語的發明而改變。

（二）“古今字”學術史的分期研究

前人的“古今字”觀念當然也是會發展變化的，特别是就總體而言，所以纔有“古今字”學術史。要想還原歷史面貌，正確認識“古今字”學術的歷史作用和現實價值，不能滿足於對零散材料的辨析和概念印象上的爭辯，必須全面利用“注列‘古今字’”資料庫材料，系統歸納各家的古今字觀念及其傳承脈絡，遵照古人原意

① 參見洪成玉《古今字概述》，《北京師範學院學報》（社會科學版）1992 年第 3 期。
② 參見李淑萍《清儒古今字觀念之傳承與嬗變——以段玉裁、王筠、徐灝爲探討對象》，《文與哲》2007 年第 11 期。

考察該問題的産生和發展過程，如此纔能正本清源地描寫古今字學術史，修正學界長期以來因舉例方式而産生的對古今字術語以及前人古今字觀念的有關偏見。因此，縱向的"古今字"學術通史是必須建立的。

通史是連貫的，但往往需要分期分階段來描述，而某一時期或某一階段是共時的、橫向的，所以通史可以表現爲若干斷代史。根據不同時代的"古今字"研究特色，我們把"古今字"學術通史劃分爲四個階段：唐以前"古今字"研究、宋元明"古今字"研究、清代"古今字"研究、近現代"古今字"研究。大致説來，唐代以前的"古今字"，主要目的在於解讀文獻，一般由某個"今字"溝通某個"古字"，以便解讀使用該"古字"的文獻。宋代以後，隨着大型字書的編撰，彙聚"古今字"字形的材料增多，往往出現一個"今字"對應多個"古字"或者相反的情況。這種多組"古今字"的繫聯，目的顯然不是針對某種具體文獻的，而是帶有搜集材料供人查找的工具書性質，既可以爲更廣泛的文獻解讀服務，也可以爲描寫文字現象、總結用字規律的研究工作服務。到了清代，"古今字"研究進入理論探討階段，段玉裁、徐灝等都有一些論述，特別是段玉裁，對"古今字"的概念、性質、範疇等多有界定，同時擴展至用字現象和用字規律的研究，涉及對大量古今字"某行某廢"的分析。徐灝曾試圖給"古今字"分類，認爲"古今字"包括"載籍古今本"和"造字相承增偏旁"兩類，實際上是把段玉裁所論述的"古今字"和王筠所提出的"分別文""累增字"簡單相加，屬於誤解王筠原意而導致的不合學史也不合邏輯的一種理論框架。進入現代，"古今字"研究走向歧途。既有誤解古人原意的，也有替換古人概念的，主要癥結在於把"學史"研究混同爲"學理"研究，用現代人的學理思想去解讀和要求古人的學史事實。比如現代人把"古今字"誤解爲"分化字"，實際上就是從學理上認爲"古今字"應該是"分化字"，所以把用字性質的"古今字"改造成造字性質的"分化字"。這種思想的源頭可能跟清代徐灝有關。徐灝不僅誤解王筠的"分別文""累增字"並混同段玉裁的"載籍古今本",還在舉例分析時基本上祇涉及"分別文""累增字",以致後人進一步誤解"古今字"祇有"分別文"和"累增字",非增偏旁造出新字的其他古今不同用字不算"古今字",而"分別文""累增字"又被後人看作"分化字",於是"古今字"就完全被"分化字"同義替換了。現代人對"古今字"的誤解既有因襲也有發揮,致使現代的"古今字"很多時候已不再是古代的"古今字",特別是將"古今字"推入"異體字""通假字""同源字"等不同系統概念辨析的泥潭,使得現代的"古今字"研究紛繁複雜,亟須疏清源流,撥亂反正。

根據以上思路,我們對"古今字"學術通史的研究,共產生 4 種斷代史研究專著。它們是蔣志遠《唐以前"古今字"學術史研究》、張燕《宋元明"古今字"學術史研究》、鍾韵《清代"古今字"學術史研究》、温敏《近現代"古今字"學術史研究》。這 4 部"古今字"斷代學術史專著首次對古今學者的古今字研究史進行全面梳理和總結,以兩千多年的歷史視野對"古今字"學術傳承脈絡進行溯源探流,全景式展現古今字研究如何從訓詁學領域演變到文字學領域的整個過程,澄清了今人的許多錯誤認識,引發對系列相關概念的重新定位。

(三)"古今字"學術史的專題研究

"古今字"學術通史的研究是粗綫條的、總括式的。其中會碰到許多材料辨析、具體問題的討論和代表性專家專著的詳細評介,這些內容如果都放到通史和斷代史中展開,可能使"古今字"學術通史變得繁雜枝蔓。因此,我們把一些需要重點研究和詳細評介的代表性專家和專著單獨提出來作爲"專題",同時平列地納入"'古今字'學術史叢書",以便從某些特殊角度和視點來反映"古今字"學術史。這些專題性專著有:蘇天運《張揖〈古今字詁〉輯佚與研究》;張青松、關玲《顏師古"古今字"研究》;張志麗《韓道昭〈五音集韵〉"古今字"研究》;劉琳《段玉裁〈説文解字注〉"古今字"研究》;蔣志遠《王筠"古今字"研究》。這 5 種著作除了全面搜集考辨特定學者和有關著作的"古今字"材料外,重點評析相關學者在"古今字"學術史上的特點和貢獻,以及跟別的學者的關係。

作爲專題性研究,項目組成員還正式發表了 40 餘篇相關論文。其中標題中含有"古今字"關鍵詞的就有:

李運富《早期有關"古今字"的表述用語及材料辨析》,《勵耘學刊(語言卷)》總第 6 輯,學苑出版社,2008。

李運富《"余予古今字"考辨》,《古漢語研究》2008 年第 4 期。

李運富、蔣志遠《論王筠"分別文、累增字"的學術背景與研究意圖》,《勵耘學刊(語言卷)》總第 16 輯,學苑出版社,2013。

李運富、蔣志遠《從"分別文""累增字"與"古今字"的關係看後人對這些術語的誤解》,《蘇州大學學報》(哲學社會科學版)2013 年第 3 期。

蘇天運《〈古今字詁〉文獻性質研究》,《學術交流》2013 年第 5 期。

關玲《顏師古和鄭玄、段玉裁的古今字觀念比較》,《漢字學微刊》2017 年 8 月 3 日。

李玉平《論"古今字"觀念的産生時代》,《天津大學學報》(社會科學版)2015 年第 5 期。

蔣志遠《魏晉南北朝"古今字"訓詁論略》,《勵耘語言學刊》2015 年第 2 期。

鍾韵《〈段注〉"古今字"的字用學思想淺析》,《勵耘語言學刊》2015 年第 2 期。

温敏《黄侃的“古今字”和“後出字”》,《勵耘語言學刊》2016 年第 2 期。

李運富《“古今字”研究需釐清概念》,《中國社會科學報》2017 年 9 月 5 日第 3 版。

俞紹宏《古今字考辨叢札》,《漢字漢語研究》2018 年第 3 期。

李運富《異時用字的變化與“古今字”研究》,《中國社會科學報》2019 年 1 月 15 日第 5 版。

温敏《“古今字”的現代研究價值探析》,《中國文字學報》,商務印書館,2019。

張青松《顔師古〈漢書注〉古今字研究與辭書編纂》,《阜陽師範大學學報》(社會科學版)2020 年第 3 期。

李運富、温敏《古代注列“古今字”的材料鑒別與學術價值》,《西南交通大學學報》(社會科學版)2020 年第 5 期。

張青松《古今字研究應該重視出土文獻——以顔師古〈漢書注〉古今字研究爲例》,《漢字漢語研究》2021 年第 1 期;人大複印報刊資料《語言文字學》2021 年第 8 期全文轉載。

張青松、關玲《顔師古〈漢書注〉“古今字”字際關係略論》,《阜陽師範大學學報》2022 年第 5 期。

這些論文雖然沒有作爲獨立表現形式收録於叢書中,但其作爲專題研究的材料和觀點是融匯在了叢書的著作裏的。

五 “古今字”研究的學術價值

“古今字”是古代訓詁家注釋説明不同時代記録同一詞項而使用了不同字符或字形的現象。這種現象涉及漢字的演變、語言的演變和字詞關係的變化，所以我們搜集甄別歷代注列“古今字”材料，其價值應該是多方面的。既可以考察“古今字”在訓詁學領域的意義，也可以考察其給文字學、語言學帶來的影響；既可以從理論角度探討“古今字”的學術史，也可以從材料角度探討“古今字”的現實利用。

（一）注列“古今字”的學術史價值

“古今字”概念自漢代提出，一直沿用至今，但人們對“古今字”性質的認識並不一致。特別是 20 世紀以來，各種現代思想被強塞進歷史長河，致使歷史面貌越來越模糊。要改變這種研究狀況，唯有正本清源，先拋開現有的一切成見，從搜集第一手材料開始，重新梳理“古今字”提出、應用、變化、誤解的過程，這樣纔能重現歷史上“古今字”的真實面貌，還原古人的本意。古人的本意在學理上並不一定都正確，但我們對它的展示和理解必須正確，否則就不是學術的歷史。不容易理解的地方寧可多做推測，全面考慮，也不要無視、簡單否定或用現代人的思想替代。例如《説文》“尗，豆也”，段玉裁注：“尗豆古今語，亦古今字，此以漢時語釋古語也。《戰國策》‘韓地五穀所生，非麥而豆。民之所食，大抵豆飯藿羹’，《史記》豆作菽。”從學理上看，説“尗—菽”爲“古今字”理所當然，可“尗”與“豆”既然是“古今語”，就不應該“亦古今字”，因爲古今語是指義同而音不同的兩個詞，而古今字記錄的必須是音義全同的一個詞，它們屬於對立關係。但段玉裁明明説“尗豆古今語，亦古今字”，你就不能不承認他有把同一組字既看作“古今語”又看作“古今字”的事實，而且這種事實還不是孤立的。如《説文·邑部》：“郃，炎帝之後，姜姓所封，周棄外家國。从邑，台聲。右扶風犛縣是也。”段注：“見《地理志》。周人作郃，漢人作犛，古今語小異，故古今字不同。”

又《説文·穴部》:"竇,空也。"段注:"空孔,古今語。"《説文·穴部》:"窾,空也。"段注:"空孔,古今字。"對這種學術歷史的事實,我們不能忽略掩蓋,更不能篡改更換,祇能解釋和批評。最簡單的辦法當然是按照現代人的觀念直接否定段玉裁,説他"自相矛盾",是錯誤的,但這並沒有解釋段玉裁爲什麼認爲"古今語"和"古今字"可以共存,這麼明顯的"自相矛盾"他會看不出來嗎?那就祇能認爲他有時把某組字既看作"古今語"又看作"古今字"是有他的某種道理的。先看有關的一條材料。《説文》"荳,豆屬",段注:"許言尗,豆也。象豆生之形也。荅,小豆也。萁,豆莖也。藿,尗之少也。䅶,配鹽幽尗也。然則尗與古食肉器同名,故荳、豋二字入豆部。按豆即尗,一語之轉。周人之文皆言尗,少言豆者。惟《戰國策》張儀云韓地五穀所生,非麥而豆。《史記》作菽。吳氏師道云:古語祇稱菽,漢以後方呼豆。若然,則荳、豋字蓋出漢制乎。"這裏包含尗豆的音義關係及其變化原因,大致能解釋段玉裁爲什麼説"尗豆古今語,亦古今字"。就音而言,"尗與古食肉器(豆$_1$)同名",故可借"豆"記録"尗(豆$_2$)"。就義而言,"豆$_2$即尗",都是指菽。但"周人之文皆言尗,少言豆$_2$者","古語祇稱菽(尗),漢以後方呼豆$_2$"。可見"尗(菽)"與"豆$_2$"在漢代可能同音同義,而歷時看雖然同詞但並不同音,由周人之"尗"音變爲漢後之"豆$_2$"音,乃屬"一語之轉"。"一語之轉"本質上是"一語"的"音轉"。雖然讀音略有變化,用字不同,但從淵源關係上講,段玉裁認爲轉前與轉後是"一語"(同一個詞)。這裏的同詞,是基於語言發展特別是語音的方俗和古今變轉而進行的歷時認同。大概正是因爲這樣的特殊性,着眼於古今讀音的變化,段玉裁認爲"尗豆古今語",而着眼於古今仍屬一詞,段玉裁認爲尗豆"亦古今字"。"豆"無論就音(語)言還是就字言,都晚於"尗",因而二者具有"古今"關係。以此檢驗"邙—巏""空—孔"兩組,也符合歷時性"一語之轉"而用字不同的情況,即段所謂

"古今語小異，故古今字不同"。① 如果我們對段玉裁的這些表述文字的理解不誤，那就得重新認識段玉裁的"古今字"觀念，即在段玉裁看來，"古今字"雖然"主謂同音"，但對於"一語之轉"而讀音略有變化的"古今語"的不同用字，也可以將它們算作"古今字"。可見段玉裁一方面把"古籀篆隸"字體方面的古今差異排除在"古今字"之外，同時又把"一語之轉"的古今語納入"古今字"，這兩點跟他以前的學者是不同的，而對以後的學者如朱駿聲卻是有影響的。如果不從第一手材料出發，不站在古人的角度想問題，就難以發現段玉裁"古今字"思想的特殊性。所以研究"注列'古今字'"首先是建立真實"古今字"學術史的需要，這方面的價值在前述"古今字"學術史研究中也有充分體現，不再贅述。

（二）注列"古今字"的訓詁學價值

"古今字"原本是訓詁家提出用來幫助讀者解讀文獻的注釋術語，通過對這些材料的全面清理，可以溝通文獻中的字際關係和字詞關係，從而正確理解每個漢字在文獻中的實際功能。這不僅有利於準確解讀文獻字詞含義，而且對現代字典辭書的編撰和修訂也有重要參考價值。"古今字"作爲訓詁用語主要有兩個作用：一是用"今字"訓"古字"，從功能上達到古今溝通的目的；二是以"今"帶"古"，類聚同功能所用字，從認讀上達到增廣見聞的目的。

正是由於漢語言文字隨着時代在不斷發展變化，文獻中出現大量歷時同詞異字現象，成爲釋讀文獻、溝通文意的障礙，注釋家這纔發明"古今字"的訓詁體式，從東漢鄭眾始創至今近兩千年沿用不絕。

---

① 對段玉裁"一語之轉"的"古今語"和"古今字"關係的理解，中山大學吳吉煌、天津師範大學李玉平、遼寧師範大學王虎、合肥師範學院張道升、湖南師範大學蔣志遠及鄭州大學張青松參與了討論，互有啓發，特此致謝。

古人對"古今字"的注列和分析，往往溝通了字詞關係，指明了某字是某詞的古字，用人所共知的今字解釋生僻的古字，因而也可以成爲今天我們釋讀文獻、疏通詞義文意的重要借鑒。例如：

（1）【故人不耐無樂，樂不耐無形，形而不爲道，不耐無亂。】形，聲音動靜也。耐，古書能字也。後世變之，此獨存焉。（漢·鄭玄注、唐·孫穎達疏《禮記正義》卷三十九）

（2）【適足以曳君自損也。】晉灼曰："曳，古貶字也。"（唐·李善注《文選》卷八）

例（1）指明"耐"是"能"的古字，二者構成古今字關係，文獻傳抄刊刻過程中，古字"耐"多數被改成今字"能"，衹有《禮記》保留古代的用字習慣，倘若没有訓釋者的溝通，我們便很難建立借字"耐"字與{能够}之間的關聯。例（2）中，讀者見到"曳"很難捕捉字形所指的音義，李善引用晉灼的注釋認爲"曳"是"貶"的古字，意思就很清晰準確了，詞語用字的古今差異不溝通，句子根本就無法講通。

"古今字"的訓詁價值還表現在通過以今字類聚幾組古字，將相同詞語的不同時代用字繫聯到一起，起到增廣讀者見聞的功效，爲其他文獻的釋讀提供參考。例如：

（3）【及】逮也。从又、从人。乁，古文及，秦刻石及如此。弓，亦古文及。遽，亦古文及。（漢·許慎《説文解字》卷三）

（4）【勇喆】古文嘉，《字書》作喆，今作哲，同。知列反。《爾雅》："哲，智也。"《尚書》："知人則哲。"（唐·慧琳《一切經音義》卷四十三）

例（3）除訓釋詞義外，繫聯了相關的三組古今字："八—及""弓—及""遝—及"，這種繫聯工作已經不僅僅是在解釋詞義，主要用意更是爲讀者類聚詞義｛追上｝的古今用字習慣，增廣讀者見聞，爲今後文獻閱讀溝通相關字詞關係積纍素材，所以它的最終目的仍是爲解讀文獻提供便利。例（4）溝通"喆"與"哲"的古今異體關係，其義已明，但訓釋者仍繫聯出古字"嚞"，也是出於增廣見聞的目的，以便讀者遇到"嚞"字時好聯繫到"哲"來釋讀。

對"古今字"的訓詁功能，古人多有揭示，如王筠著作中的下列材料：

《蒼頡篇》："啁，嘲也。"……以嘲釋啁，乃以今字釋古字之法，漢人多有之。（《説文解字句讀》卷二上）

《漢書·儒林傳》："魯徐生善爲頌。"此頌貌之本義也。借爲雅頌。《詩序》曰："頌者，美盛德之形容。"以容説頌，以今字解古字也。（《説文解字句讀》卷九上）

【厠，清也。】《廣韵》引作"圊也"，此以今字代古字，使人易曉也。（《説文解字句讀》卷九下）

《毛傳》："戚，滅也。"……案毛以今字釋古字。（《説文解字句讀》卷十上）

"爄，火燦車網絶也。"燦一引作燥，亦通。網一引作輞，則以今字改之，取易曉也。（《説文解字句讀》卷十上）

《荀子·臣道》："邊境之臣處，則疆垂不喪。"注："垂與陲同。"按，此以今字釋古字也。（《説文釋例》卷十三）

"戬"下云"㸬也"……説解中以今字説古字亦時有之。（《説文釋例》卷十六）

"髟"下云"長髮猋猋"，《玉篇》"長髮髟髟也"，兩書皆是，不可互改也。許君用猋者，發明假借；……顧氏用髟者，直解之

也，正如《史記》《漢書》之同文者，此用古字，彼用今字，對勘之而自明。（《説文釋例》卷十八）

上述各例皆注明爲“古今字”，講的都是文獻用字和典籍解讀（釋義）問題，目的在於“以今字釋古字”，“使人易曉也”。

（三）注列“古今字”的文字學價值

漢字學具有形體、結構、職用三個平面，漢字職用學是其中重要的一個平面。漢字職用學主要研究漢字的職能和實際用法，需要通過對不同文字材料的系統考察，描寫用字現象，總結用字特點，解釋用字成因，揭示用字規律，反映用字歷史。雖然“古今字”是從訓詁的實用角度提出的，但它描述的正好是文獻用字的時代差異，反映的實質正好是字詞關係的變化，所以“古今字”與“字用學”天然契合；而且注列“古今字”是古人針對他們親見的文獻實際用字的説明，往往保存了古籍用字的原貌，比起今人依據可能屢經改竄的傳世文獻來考察文獻用字情況，可能更爲可靠。因此，歷代注列的“古今字”材料是“字用學”考察用字現象和探討用字理論不可多得的資源庫。

1. 利用注列“古今字”考察字詞關係和字際關係

字用學對用字現象的考察有兩個角度，一是從字符出發，考察漢字的記錄職能，即某個字記錄了哪些詞；二是從語符出發，考察語符的用字情況，即某一語符用了哪些字記錄。無論哪個角度，實際上都是考察字詞關係。漢語的字詞關係不是一一對應的，也不是一成不變的。注列“古今字”材料爲我們提供了許多這方面的典型實例。如：

（1）【何，儋也。从人，可聲。】臣鉉等曰：儋何即負何也。

借爲誰何之何，今俗別作擔荷，非是。（宋·徐鉉校定《説文解字》卷八）

（2）【呧，苛也。】苛者，訶之假借字。漢人多用荷爲訶，亦用苛爲訶。（清·段玉裁《説文解字注》卷二）

【苛人受錢。】按訶責字……俗作呵，古多以苛字、荷字代之。（清·段玉裁《説文解字·叙》注）

（3）【勝敻】識蒸切。《説文》："任也。"古作敻。又並詩證切，克也。（宋·司馬光《類篇》卷十三）

例（1）中"何"記録｛擔荷｝和｛疑問詞何｝，前者屬本來用法，後者是借用，這屬於一字多用，或者同字異詞。從詞語用字角度看，記録｛擔荷｝義古用"何"，今借"荷"字記録，這屬於多字同用，或者同詞異字。例（2）中"苛"的本用表示｛小草｝，而借用記録｛訶責｝義；"荷"本用表示｛荷花｝，也借用記録｛訶責｝。這都是一字多用。而記録｛訶責｝義的詞項，却可以先後使用"荷""苛""訶""呵"等，真實反映了古籍中的多字同用現象。例（3）注列的古今字字組中，敻是古字，勝爲今字，但有平去兩讀，應該分爲兩組：敻₁—勝₁（shēng），能够承受，禁得起；敻₂—勝₂（shèng），戰勝。勝，楚系簡帛文字作𦜶（郭.老乙.15）、𦜰（郭.成.9），從力，敻（古文乘）聲，當即敻字所本。這也是同字異詞現象。

多字同用（同詞異字）時，包含不同的字際關係。字際關係是漢字職用學的重要内容，注列"古今字"爲研究同職用字際關係提供了豐富的素材。如：

【犇—奔】（本字—本字）《漢書·禮樂志》："樂官師瞽抱其器而犇散，或適諸侯，或入河海。"顔師古注："犇，古奔字。"在表｛奔跑｝詞項時，古代用"犇"字，後來用"奔"字，形成古今字。這組"古今字"是因造字方法不同而形成的異體字，反映了異體本字關係。《説文》：“奔，走也。從夭，賁省聲。與走同意，俱从夭。”“奔”的本義即｛奔跑｝，《詩經·小雅·小弁》：“鹿斯之奔，維足伎伎。”“犇”字不見於《說文》，從三牛會意，構意爲群牛奔跑，本義也是｛奔跑｝。《荀子·大略》：“故吉行五十，犇喪百里，賵贈及事，禮之大也。”

【牙—芽】（借字—本字）《說文解字·竹部》：“管，如簴，六孔。十二月之音。物開地牙，故謂之管。”段玉裁注：“物開地牙四字有脫誤，當作物貫地而牙。貫、管同音，牙、芽古今字。古書多云十一月物萌，十二月物牙，正月物見也。”就是説，在表達｛萌芽｝詞項上，古代用“牙”，後代用“芽”，形成古今字。“牙”的本義是｛大牙｝，假借爲｛萌芽｝義，後來以“牙”爲聲符，以“艸”爲義符取意草木萌芽，造出“芽”字專門記錄｛萌芽｝義。所以，“牙”和“芽”反映了假借字和後補本字的關係。

【霸—魄】（本字—借字）《漢書·律曆志》引《尚書·武成》：“惟一月壬辰，旁死霸。”顏師古注：“霸，古魄字，同。”句中的“霸”表｛月初月光｝。顏注指出，在這個意義上“霸”是古字，“魄”是今字。《說文解字·月部》：“霸，月始生霸然也。承大月，二日；承小月，三日。從月，䨣聲。《周書》曰：哉生霸。”從構形和《尚書》用例看，｛月初月光｝是“霸”字本義。“魄”在《說文》中訓作“陰神也。從鬼，白聲”，本義爲｛陰神｝，《左傳·昭公七年》“人生始化爲魄”的“魄”是其本用。而“魄”和“霸”古音相同，所以“魄”可借用爲“霸”。因而在｛月初月光｝義上，今字“魄”是古字“霸”的通假字。

【率—帥】（借字—借字）《說文解字·㫃部》“旗”段注：“《樂師》注曰：故書帥爲率。然則許作率都者故書，鄭作帥都者今書也。《聘禮》注曰：古文帥皆作率。”又《率部》“率，捕鳥畢也。”段注：“畢者，田网也。所以捕鳥。亦名率。按此篆本義不行。凡衛訓將衛也，達訓先導也，皆不用本字而用率，又或用帥。”又《辵部》“達，先道

47

也"段注:"道,今之導字。達,經典假率字爲之。……大鄭以漢人帥領字通用帥,與周時用率不同故也。此所謂古今字。"《巾部》"帥,佩巾也"段注:"率導、將帥字在許書作達、作衛,而不作帥與率。"《行部》"衛,將衛也"段注:"衛也,今本作衛也。誤。……衛,導也,循也。今之率字。率行而衛廢矣。率者,捕鳥畢也。將帥字古祇作將衛。帥行而衛又廢矣。帥者,佩巾也。衛與辵部達音義同。"段注是説,就{率領}這個詞項而言,"率"爲秦代以前使用的古字,"帥"爲漢代以後使用的今字。但這組古字和今字都是借字,因爲"率"的本義訓{捕鳥網},記錄{率領}義是假借用法;"帥"的本義是{佩巾},記錄{率領}義也是假借用法。"衛""達"的本義訓{先導},當是{率領}義的本字。

2. 利用注列"古今字"考察用字歷史

如果把同一字詞的注列"古今字"材料按照時代串聯起來,往往可以清晰地梳理某個字的職能演變情况或某個詞的用字歷史面貌,這是研究漢字職用史的基礎工作。如詞語{地}的歷時用字可從注列"古今字"材料中找到如下綫索。

《説文·土部》:"地,元氣初分……墬,籀文地从隊。"可見先秦籀文時代記錄{地}多用"墬"字,漢代通行的今字應該是"地",所以《説文》纔會注出它的古字(籀文)"墬"。考西漢《楊量買山刻石》作█,西晉《臨辟雍碑》作█[1],都是"地"字而形體稍有不同,説明"地"字前承秦代,至漢魏六朝已經是社會習用字。但注列"古今字"材料反映,漢代文獻中仍然有用古字"墬"的,《漢書》中就多見。

(1)【參天墬而施化,豈云人事之厚薄哉。】師古曰:"墬,古地字。"(唐·顔師古《漢書注》卷一百)

---

① 毛遠明:《漢魏六朝碑刻異體字字典》,中華書局,2014,第160頁。

（2）【《周官》：“天墬之祀。”】師古曰：“墬，古地字也。”（唐·顏師古《漢書注》卷二十五）

漢代文人有崇古的個人用字習慣，故當時文獻有用古文字的現象並不奇怪，所以王觀國《學林·古文》説：“司馬遷、班固作史，亦或用古文字。……墬，乃古文地也。”《汗簡》卷下收録有《碧落》文的三個“地”字古文“墬墬墬”，其中“墬”可能是聲符“象”的省變形式，屬於形體訛變造成的古字。

到了唐代，{地}的用字發生重大變化，這在注列“古今字”材料中也有所體現。如唐代出現的武周新字，其中記録{地}的系列會意字就被此後的學者作爲“古字”注列：

（3）【委埊】古地字也，則天后所制字也。（唐·慧琳《一切經音義》卷五十四）

（4）【埊墬】二。古文，音地。（遼·行均《龍龕手鑑》卷一·山部第五）

（5）【墬墬埊】三。古文，音地。【坔墬】二。古文地字。【墬】古文地字。（遼·行均《龍龕手鑑》卷二·土部第五）

（6）【地墬】題利切，下地，重濁陰爲地。【墬墬墬埊】古文。（朝鮮本《龍龕手鑑》上卷第四·土部第五）

（7）【不如盡歸中山之新地。】元作埊，武后時字耳。今並從古。此謂中山之新地（元作扶柳）。正曰：姚云：竇苹《唐史釋音》云：“埊，〔古〕地字。見《戰國策》。”今策中間作埊，安知非自武后時傳寫相承，如臣作惡之類？然古文乃作坔。又《鶡冠子》《亢倉子》皆有埊字，恐有自來。愚按鄭氏《書略》：“籀文地作坔。”武后蓋有所本。意本書坔，而後轉從埊歟？後多此字，以義通，不復出。（宋·鮑彪原注、元·吳師道補正《戰國策校注·

趙卷第六》)

《龍龕手鑑》中指認的"古字"包括形聲"墬"類字和武后時期"坔"類字。"坔""埊""圶""坴"都屬會意字,是基本部件"山""水""土"的不同組合形式,構形理據清晰。"嶅""陸"屬形聲系列古字,意符爲"山""土""阜","豕聲"爲"象聲"的聲旁簡省字。{地}的用字還有更複雜的情況:

(8)【陸墬】二。古文地字。(遼·行均《龍龕手鑑》卷二·阜部第十一)

(9)【墬】同防。舊本阜部陸注:"古文防。"此重出,分爲二,誤。《古文奇字》朱謀㙔曰:"墬爲大篆地字。"又云:"古地字。"本作墬,故旦上二字从墬。俗作坔。按籀文地篆作墬。今闕墬不載,以墬爲墬,變墬爲古文地,亦非。(明·張自烈《正字通》卷二·土部)

【陸】同防。《説文》"防"重文作陸。舊注"古防字",《古文奇字》以陸爲古地字,並非。舊本土部墬重出。(明·張自烈《正字通》卷十一·阜部)

釋行均、朱謀㙔都指認"墬(陸)"爲"古地字",而張自烈認爲"防"有重文作"陸",並非"地"字。《説文·𨸏部》:"防,隁也。從𨸏方聲。陸,防或從土。"今考《汗簡》也曾收録的古文字形,我們認爲可能是"象"聲符輪廓的省變形式,與"方"字近似,和"防"重文"陸"屬於偶然同形。注家還提到"墬"也能記録{地},如:

(10)【地】徒二切。釋土地。又天地。《漢》"參天墬而施化",注:"古地字。"(宋·歐陽德、郭守正《增修校正押韻釋疑》卷四)

（11）【墬】直類反。落也。又古文音地。（遼·行均《龍龕手鑑》卷二·土部第五）

“墬”被指認爲古字，所引《漢書》用例應該是音近而訛寫的字形。宋張有《復古編》：“【墬墬】墬从土隊，直類切。陊也。下古地字。”“墬”記録{墬落}和“墬”記録{地}意義完全不同，由於形近音近，容易誤寫誤用。這種由於字形錯訛或由於形體演變而形成的古文跟用字的古文性質是不同的。

綜上可見，武后政權被推翻後，新造會意字由於和當時形聲造字的主導方式不合①，故被廢棄，社會習用字最終又重新回歸“地”。經過歷時纍積，記録{地}的字符有了形聲和會意兩個“古字”系列：形聲字類如“墬、陞、墢、陸”，會意字類如“坔、埊、坔、坔”等。其中許多字形是訛寫變異的結果，並非都是不同的字種。

注列“古今字”材料，可以和文獻實際用字互證，包括出土文獻。如《説文》説“地”的籀文作“墬”，出土先秦文字確實多見“墬”字，限於篇幅，例略。

可見，注列“古今字”不僅可以爲閲讀古書掃除障礙，而且可以勾勒詞語異時用字變化的綫索，反映不同時代的用字背景和用字習慣，以及字符形體的演變情況，因而對研究漢字發展史很有價值。

3. 利用注列“古今字”分析用字變化原因和規律

記録某個詞項已有“古字”，爲何要另用“今字”？換用今字又該換用什麽樣的今字？這都是漢字職用學需要解決的問題。歷代注列“古今字”材料有的已經藴含這方面的分析，例如王筠常常指出某組“古今字”的古字是“借字”，而今字是後作“分別文”，那就是説，之

---

① 據齊元濤考察，“形聲字是隋唐五代楷書的主導構形方式，此時的會意字主要是歷史字形的傳承，造新字的能量不高”。參見《武周新字的構形學考察》，《陝西師範大學學報》(哲學社會科學版) 2005 年第 6 期。

所以要用這個今字取代那個古字，是因爲那個古字有本義、借義，閱讀時不太容易辨析，所以後作並換用了具有"分别"作用的今字。從諸如此類的注列"古今字"材料中，我們可以揭示古今用字變化的大致動因和選字的基本規則。

首先，我們發現今字的理據性總體來説要比古字强，這説明用字的理據性是推動今字取代古字的動力之一。例如：

（1）夋，當爲豭之古文。（黄侃《説文同文·夊部》）

（2）囙者，古文席字。《説文》席之古文作囬。（王國維《定本觀堂集林·釋殽》）

例（1）古文"夋"爲象形字。《説文》："夋 ，豕也。从夊，下象其足。"後由於形體演變，象形表義的理據已經不顯，遂以形聲結構的今字"豭"代之。例（2）的"囙"作爲古字也是象形性的，隨着形體演變，形貌弱化，遂采用了理據更清晰的形聲字"席"（從巾石聲）。這説明構形理據清晰的今字更容易被選擇以取代古字。

同理，有些今字增加或改换表義構件，其實也是爲了理據更明顯或更切合。如：

（3）《木部》："欘，斫也。"段注："《釋宫》曰：'欘謂之杖。'……弋、杙古今字。"（清·段玉裁《説文解字注·木部》）

（4）醬，鹽也。从肉、从酉，酒以和醬也。爿聲。牆，古文。（《説文解字·酉部》）

（5）【怯】去業切。多畏也。今作怯。（宋·陳彭年等《大廣益會玉篇》卷二十三）

例（3）的古字"弋"爲象形字。宋陳彭年等《大廣益會玉篇》、元熊忠《古今韵會舉要》都曾指認"弋、杙"是古今字。《説文·厂部》:"弋,橜也。象折木衺鋭著形。从厂,象物挂之也。"從字形看,金文作"㚤",小篆作Ⅸ,都已看不出象形意味,遂增"木"旁,構成形聲字。原來的象形字降格爲表音構件。例(4)"酭—醬"古今字中,古字"酭"本已"从酉",今字又增"月(肉)"旁,則"酒以和醬"的信息更完整。例(5)的古字"狂"從"犬",不管是表{怯}的主體還是原因都嫌迂曲拘泥;今字"怯"從心,更能體現畏怯的心理範疇。

其次,如果理據或其他條件差不多,通常是書寫便利者占優,所以某些"古今字"的今字會比古字更簡便。例如:

(6)【䉄】音巨,黑黍也。今作秬。(宋·陳彭年等《大廣益會玉篇》卷十五)

古字"䉄"從㘩,矩聲。《説文·㘩部》:"㘩,……从凵,凵,器也;中象米;匕所以扱之。"理據清晰,但構件多,筆畫繁,使用時書寫不便利,所以今字選用同樣是形聲字但筆畫簡單的"秬"。其他如"籭—麴""蠭—蜂""齩—咬"都屬於今字選擇的字形簡單的情況。

再次,根據字詞關係調整需要而換用區別度大的今字可能也是一個選項。因爲漢字使用時不能祇管某個特定的字詞,還得關注相關的字詞,避免所用字跟其他字在形體上或職用上混同或失衡。例如:

(7)【骴節】又作垸,同。胡灌反。《通俗文》:"燒骨以桼曰垸。"《蒼頡訓詁》:"垸,以桼和之。"……桼,古漆字。(唐·慧琳《一切經音義》卷七十三)

古字"桼"其實是記録{漆汁}義的本字,筆畫也不多,可後來{漆汁}義却捨本字"桼"而借用{水名}的"漆",除了職用的區別性調整恐怕很難做出其他合理解釋。因爲秦漢以後,"桼"被大量借用表數詞{七},使用頻率高,文獻中"桼"是記録{七}還是{漆}容易模糊;而表示{水名}的"漆"使用頻率很低,爲了平衡職用以增强"桼"的表詞清晰度,就借用頻率較低的同音字"漆"來記録"桼"原來承擔的{漆汁}義。經過這樣的調整,"桼"專門記録使用頻率高的數詞義{七},"漆"則記録使用頻率都較低的{水名}義和{漆汁}義,直到後來又用"柒"取代"桼",這大概也是因爲"桼"跟"黍"在形體上區分度較小。

（8）【厭,筓也。】段注:《竹部》曰:"筓者,迫也。"此義今人字作壓,乃古今字之殊。《土部》壓訓壞也,窀也。無筓義。……按厭之本義筓也,合也。與"壓"義尚近,於"猒,飽也"義則遠。而各書皆假厭爲猒足、猒憎字。猒足、猒憎失其正字,而厭之本義罕知之矣。（清·段玉裁《説文解字注》卷九）

段注指認"厭—壓"在記録{壓迫}義上的"古今字"關係,並指出今字行用的原因是由借字導致的職能轉移:{滿足、厭憎}等義失其本字"猒",多借用"厭"記録,故{壓迫}義又轉借"壓"字記録,形成"猒—厭""厭—壓"字詞關係的系列調整。

最後,錯訛也是造成用字變化的原因之一,但這不應該是主觀追求的結果,而往往是無意識造成的客觀存在。例如:

（9）【第】此字亦不當增。古止作弟,形誤作苐,苐又誤作第,苐復誤作第。（黄侃《説文段注小箋》五上）

"弟—弟—苐—第"客觀上形成多組"古今字"關係,但後面的今字都是由於形體訛變造成的，不是用字者主觀的構造和選用。

古今用字變化還有出於詞義變化、語音變化、個人喜惡、社會習慣等原因的，歷代注列“古今字”材料中均有表述，值得深入發掘和系統整理。

（四）注列“古今字”的語言學價值

注列“古今字”在語言學領域的價值包括語義、語音、語法三個層面。

1. 語義層面

語義跟“古今字”的關係是通過詞語來體現的。某個詞語意義發生變化，如果變化到了需要成爲一個新詞的時候，往往會用改變原來用字的手段使新詞得以顯現和固定，原來的用字和爲了分化新詞而換用的字也是形成“古今字”的途徑，因而通過“古今字”材料可以考察詞語意義的變化情況。例如：

（1）【停】止也。古作亭。（宋·毛晃等《增修互注禮部韻略》卷二）

【停】止也。从人，亭聲。特丁切。按《説文》：“亭，民所安定也。”本實字，因安定得亭止義。故“竴”訓“亭安也”。《文選》謝靈運《初去郡》詩注云：“《蒼頡篇》：‘亭，定也。’‘亭’‘停’古字通。”《釋名》：“含，合也，合口亭之也。”並古止作“亭”之證。……知同謹按：《釋名》：“停，定也，定於所在也。”知漢時已別出“停”字。《漢·高帝紀》“亭長”，小顏注“亭”謂“停留宿食之處”，此不本古説，因漢制自解名義。亦可見古“停”止作“亭”。（清·鄭珍、鄭知同《説文新附考》卷三）

“亭”本義爲供人停留休息或食宿的建築物，因其功用在供人停留，故引申出停留、停止義。當停留、停止義仍然用“亭”記録的時候，亭閣義與停止義還可以説是一詞多義，而另造分化字"停"專門記録停止義，與原來記録停止義的"亭"構成"亭—停"古今字關係，則停止義的"亭（停）"就應該被看作派生了新詞，今字"停"就是這個新詞的標志。所以通過這組"古今字"材料，我們可以了解"亭閣—停止"的派生綫索，同時根據今字"停"的出現時代推知派生詞｛停止｝産生的時代。

類似的材料很多，凡是具有職能分化作用的"今字"都可以提供詞義變化和詞語派生的綫索。具有職能分化作用的"今字"不限於形體上增換義符的"分化字"，形體上没有聯繫的新造字，甚至借用或轉用某個現成字，祇要它專門分擔了原字的某個義項，都有可能提供原字記録的詞語産生派生詞的證據，如"備—箙""畏—威""枼（葉）—頁""介（个）—箇（個）"等"古今字"。

2. 語音層面

"音同或音近"是"古今字"的基本特徵。但"古今字"的"音同音近"是建立在"記録同一詞項"的理論基礎上的，實際上由於時代差異和語音變化，古字和今字的讀音未必完全相同。甚至可以説，有些詞語正是因爲有了語音的變化，纔造成異時用字的變化。例如當語音發生古今變化時，古字如果是形聲字，其聲符標音度會漸弱，不能準確提示字音，那麽就可能會換用聲符表音性更強的字。由此"古字"與"今字"之間就會留下語音演變的印痕，所以"古今字"材料就可以爲考察歷史性語音演變軌迹提供綫索。例如：

（2）【矜，矛柄也。】《方言》曰："矛，其柄謂之矜。"……字從令聲，令聲古音在真部，故古叚矜爲憐。《毛詩·鴻雁》傳曰"矜，憐也"，言叚借也。……【從矛，令聲】各本篆作矜，解云"今聲"，今依漢石經《論語》、溧水《校官碑》、魏《受禪表》皆作矜正之。《毛詩》與天、臻、民、旬、填等字韵，讀如鄰，古音也。漢韋玄成《戒子孫詩》始韵心，晉張華《女史箴》、潘岳《哀永逝文》始入蒸韵。由是巨巾一反，僅見《方言》注、《過秦論》李注、《廣韵·十七真》，而他義則皆入蒸韵，今音之大變於古也。矛柄之字，改而爲矜，云"古作矜"。他義字亦皆作矜，从今聲，又古今字形之大變也。（清·段玉裁《説文解字注·矛部》）

段玉裁指認"矜—憐"記録｛憐憫｝、"矜—矜"記録｛矛柄｝是兩組"古今字"。其中"矜"從"令"聲，古音"讀如鄰"，故可借爲"憐"。但漢代開始與"心"相韵，晉代入蒸韵，故"从令聲，古音在真部"的"矜"字記録｛憐憫｝詞標音度不足，今字遂采用古"真部"的"憐"字。古字"矜"改用今字"憐"，反映的正是這種語音的變化。

（3）【樝】山查本作樝。今借柤字爲之，變作查，因誤爲查。（黄侃《説文段注小箋·木部》）

【沮】渣滓之渣，《説文》所無。《手部》"揟"下云"取水沮也"。沮即今之渣字，知渣古作沮。（黄侃《説文段注小箋·水部》）

黄侃指認"樝—柤—查"爲古今字關係。《説文·木部》："樝，果似梨而酢。"段注："按即今梨之肉粗味酸者也。張揖注《子虛賦》云：'樝似梨而甘。'古音在《五部》。"《説文·虍部》："盧，虎不柔不信也。从虍，且聲。讀若鄌縣。"段注："按邑部曰：鄌，沛國縣也。……然則古音本在《五部》。沛人言鄌，若昨何切。此方言之異。而盧讀同之。""樝柤"同聲符字，古音皆屬魚部。"柤"形體變爲上下結構作查，訛爲"查"，累增"木"旁作"楂"。《廣韵》"查"，側加切，假開二平麻莊，已入麻韵。"柤查"反映了上古魚部字向中古"虞魚麻"演變的過程。

（4）【胜】《説文》："犬膏臭也。从肉，生聲。一曰不熟。"徐引《禮記》："飲胜而宜熟。"今文通作腥。（元·熊忠《古今韵會舉要》卷九）

【胜，犬膏臭也。】《庖人》《内則》："秋行犢麛，膳膏腥。"杜子春云："膏腥，豕膏也。"後鄭云："膏腥，雞膏也。"……《論語》："君賜腥，必孰而薦之。"字當作胜，今經典膏胜、胜肉字通用腥爲之而胜廢矣，而腥之本義廢矣。（清·段玉裁《説文解字注》卷四）

熊忠、段玉裁都指認"胜—腥"爲"古今字"，記録｛腥氣｝義，其中"胜"爲古字，"腥"爲今字。從今字聲符的改換可以考察語音演變的過程，二字的聲符古音相近，"生""星"同是耕部平聲字，"生"爲生紐，"星"爲心紐。但《説文》反切音，"胜"爲桑徑切，而"生"爲所庚切，韵部已不太一致。《廣韵》"生"，梗開二平庚生，而"星"，梗開四平青心。今字選擇"星"作爲聲符記録｛腥氣｝，正是反映了語音的古今變化。

（5）癲，今作癲。（黄侃《説文段注小箋·疒部》）
幐，今作袋。（黄侃《説文段注小箋·巾部》）
洮，今作淘。（黄侃《説文段注小箋·水部》）

"癲—癲"古今字中古字與今字古音同。而聲符"真"，古章母，屬照三組字。"照三歸端"，"真"從上古端母舌音發展爲舌上音，記録｛癲狂｝語音上標音不太協調，故改換聲符以"顛"爲今字聲符。"幐袋""洮淘"也反映了"古無舌上音"的語音演變過程。

可見"古今字"材料，特別是其中"聲符替換"類，的確可以反映"古字"和"今字"之間的語音聯繫和演變，應該成爲漢語語音史研究的寶貴資料。“古今字”的注列是大量的，指認者時代明確，如果全面考察注列“古今字”的語音關係，輔之以文獻分時用字調查，那麼上古、中古、近古語音的發展演變應該在不同時代的“古今字”材料中都有所反映，這是值得今後深入拓展的課題。

3. 語法層面

語法屬性跟文字不是太密切，所以正常的古今用字不同往往很難反映語法問題。但如果把某些“古今字”放到實際語言中檢驗，也可能發現被掩蓋的某些語法現象。例如：

（6）【娶】七句切。取女爲娶。古亦單作取。（宋·戴侗《六書故》卷九）

“取—娶”作爲一組“古今字”是被公認的，但這組古今字有兩個問題需要考證：一是“娶”出現於何時，二是有了“娶”後娶妻語境中還用不用“取”。如果“娶”“取”同時使用，它們的功能真的完全相同?

考出土文獻，秦代前娶妻義都用“取”字，罕見用“娶”者。甲骨文已有“娶”字（菁 7.1），但用爲人名，可能跟娶妻義的“娶”屬同形字。傳世先秦文獻則“取”“娶”並用，似乎不屬於用後起的“娶”替換原先的“取”的情況，也就是跟一般所說的“古今字”此消彼長的用字差異不完全相同。這種同時並用現象當然也是可以解釋的，比如“古”字在“今”字出現後仍然習慣性沿用，或者先秦文獻本來都是用“取”而傳抄過程中不斷被後人篡改爲“娶”了。如果“取”“娶”的使用真的毫無區別，那這些解釋是能夠成立的。可我們發現，先秦文獻中“取”“娶”的用法事實上是有區別的，即在表述娶妻事件時，“取”後面一定帶表示女性的賓語（女性通稱或某個具體的女人），至少前後有女性或婚嫁方面的詞語；而“娶”可以單用，前後可以不出現女性或婚嫁方面的詞語。請看用例：

> 取妻如之何？匪媒不得。(《詩經·齊風·南山》)
>
> 取妻不取同姓，故買妾不知其姓則卜之。(《禮記·曲禮》)
>
> 余取女。(《楚帛書丙篇·四》)

這個語法限制到漢代及以後仍然保持：

> 如秦爲太子建取婦。(《史記·楚世家》)
>
> 勿取齊女，淫而迷國。(《漢書·五行志》)
>
> 爲子彭祖取魯女。(《三國志·魏志》)

《説文解字·又部》："取，捕取也。从又从耳。"引申爲没有特定對象的一般"取得、拿到"。"取"表述娶妻事件時之所以後面一定要出現女性，大概是因爲這種用法的"取"仍然是一般意義的"取得、獲得"，並没有獨立的"取女人爲妻"這類義項。這個推測從下面的例子中可以看得更清楚：

> 兄弟死，皆取其妻妻之。(《史記·匈奴列傳》)
>
> 後鈞取掖庭出女李嬈爲小妻。(《後漢書·陳敬王羨傳》)

其中的"取"衹有"取得""拿"之類的意義，結爲夫妻的意思是用"妻之""爲小妻"來表示的。如果"取"具有獨立的"取女人爲妻"義，那句中的"妻之""爲小妻"就屬多餘。可見字書詞典中給"取"設立"娶妻"義項而等同於"娶"並不符合上古語言事實。

《説文解字·女部》："娶，取婦也。从女从取，取亦聲。"段注："取彼之女爲我之婦也。""娶"字本身含有"取"的對象"女"和目的"爲婦"義，因而用"娶"字表示娶妻事件，後面可以出現女性名詞，也可以不再出現女性名詞作賓語，還可以用"於"介紹出地方或所屬人作補語。用例如：

> 鄭武公娶于申。(《左傳·隱公元年》)
>
> 椒舉娶於申公子牟。(《左傳·襄公二十六年》)
>
> 君娶於吳。(《論語·述而》)
>
> 萬章問曰：“《詩》云：‘娶妻如之何？必告父母。’信斯言也，宜莫如舜。舜之不告而娶，何也？”孟子曰：“告則不得娶。……是以不告也。”(《孟子·萬章上》)

這説明至少在先秦“取”和“娶”是有區别的兩個詞，不能互相取代，因而不具備“古今字”的條件，把它們看作“古今字”是不準確的，因爲忽略了它們語法上的差異。這種差異的消除，以及最終在娶妻意義上衹用“娶”不再用“取”，應該是在漢代以後了。

六　項目完成情況説明

“‘古今字’學術史叢書”一共9種，是國家社科基金重大項目“‘古今字’資料庫建設及相關專題研究”的主要成果，分别由蔣志遠（湖南師範大學）、張艷（湘潭大學）、鍾韵（生活·讀書·新知三聯書店）、温敏（鄭州大學）、蘇天運（齊齊哈爾大學）、張青松（貴州師範大學）、關玲（北京師範大學碩士畢業）、張志麗（天津師範大學碩士畢業）、劉琳（陝西師範大學）等人承擔和完成。作爲學術史叢書研究基礎的是“古今字”資料庫的建設和《古代注列“古今字”輯考》的編撰，實際上就是材料的搜集與整理。材料的搜集與整理工作實際上在項目批准之前就開始了，前後經歷逾十年，參與的人員衆多。具體操作流程大致是：

第一階段，制訂體例，確定實施方法，試做樣條，分工布置。主要參與人員有李運富、蔣志遠、鍾韵等。

第二階段，從歷代古籍注釋、小學專書（字詞典）、學術筆記等著作中搜集原始材料，録入電腦，形成電子資料。按書籍分工，參與人員多爲在校碩士研究生和博士研究生，也有博士後、訪問學者和校外人員，如陳安琪、何余華、黃甜甜、姜雯潔、蔣志遠、李娟、劉瓊、牛振、時玲玲、韋良玉、溫敏、武媛媛、徐多懿、張浩、張燕、張喆、鍾韵、周易（按音序，下同）等。

第三階段，核實原書（影印圖片），校對文字，標點原文，按"古今字"性質排除非古今字，標注"古今字"字際關係，撰寫"説明"，建立參數完整的"古今字"數據庫。按"古今字"的"今字"音節分工，參與人員主要是在校博士研究生和校外高校教師，有高淑燕、何余華、黃甜甜、蔣志遠、李建清、李娟、李玉平、劉琳、牛振、蘇天運、王海平、王虎、溫敏、吳國昇、吳吉煌、張道升、張青松、張素鳳、張喆、鍾韵等。

第四階段，初步統稿，針對問題集中討論，重點核對和修改。按"今字"音節分工，參與人員有何余華、蔣志遠、李玉平、李運富、劉琳、牛振、蘇天運、王虎、溫敏、吳國昇、吳吉煌、張道升、張青松、張素鳳、張喆等。

第五階段，再次剪切圖片，全面復查，核實版本，校對原文，解決疑難，修改表述，調整版式，重新分合排序，統稿編目，整理參考文獻，等等。參與人員有蔡宏煒、程慧、程婕、馮曉瑞、何余華、蔣志遠、李玉平、李運富、劉正印、牛振、任健行、孫倩、王虎、王勝華、王瑜、王雲、韋良玉、溫敏、吳國昇、吳吉煌、尉侯凱、張道升、張青松、張曉玲、張陽、周天閣、朱芳等。

第六階段，統稿加工，組裝合成，列印成冊，申請結項，等等。

參與人員主要是何余華、李運富、張青松。

第七階段，最後通讀，逐條修改，提交出版稿。主要由李運富、季旭昇承擔。

第八階段，排版後的校對、修訂。主要由李運富、張青松負責。

以上主要就基礎材料的搜集、整理、彙校而言（其成果《古代注列“古今字”輯考》因性質不同未收入該叢書）。該叢書的斷代史和專題史研究則基本上是在李運富指導下，作爲博士學位論文或碩士學位論文，由各書作者獨立完成的。收入叢書時做了一定的修改，但由於各書撰寫的時間不同，面對的研究素材不同，碩博士研究生的要求不同，内容或有輕重，體例並不統一，而且爲了保持各書的相對獨立，緒論部分多有重複。凡此遺憾，頗出無奈，祈讀者諒宥。

李建廷在編撰體例、版本目録、校對等方面多有貢獻，何清、李晶在項目的統稿會上負責了接待服務工作。

謝謝所有參與項目工作的人員。

目　録

緒　論

　　"古今字"這個術語産生於訓詁盛行的漢代。現存文獻中最早使用"古今字"這一術語的是東漢經學大家鄭玄，例如：

　　《禮記·曲禮下》"予一人"，鄭注："余、予，古今字。"①

　　《禮記·禮運》："故聖人耐以天下爲一家。"鄭注："耐，古能字。"②

　　《儀禮·聘禮》："赴者未至。"鄭注："今文赴作訃。"③

　　《詩經·小雅·鹿鳴》："視民不恌。"鄭箋："視，古示字也。"④

鄭玄"囊括大典，網羅衆家"（《後漢書·鄭玄傳》），集漢代經學之大成，是中國歷史上一位偉大的注釋學家。他總結了前人的經驗，倡用"古今字"這一術語，影響深遠，爲後世學者所沿用。

　　古今字本是一個訓詁學術語，後來被引入文字學領域，對它的認識理解就一直存在分歧。正確地認識一個歷史術語應該本着"求真"的態度，從古人的原意出發來確定其本質。從漢代到段玉裁之前，雖然有大量的古今字訓詁實例，但對古今字的理論闡述極少，且零散不成體系。段玉裁的《説文解字注》在繼承漢儒有關古今字訓釋傳統的同時，對古今字這種現象進行了比較細緻的分析，明確提出了"古今人用字不同，謂之古今字"的古今字理論，同時用"古今字""古

---

① （漢）鄭玄:《禮記注》（上），王鍔點校，中華書局，2021，第46頁。
② （漢）鄭玄:《禮記注》（上），王鍔點校，中華書局，2021，第301頁。
③ （清）阮元校刻《十三經注疏·儀禮注疏》，中華書局，1980，第125頁。
④ （清）馬瑞辰:《毛詩傳箋通釋》（中），中華書局，1989，第493頁。

字""今字""古作""今作"等表述方式標明了大量的古今字，對於今人正確認識古今字、明確其内涵有着重要的意義。

第一節　清代以後古今字的研究述評

清代以後，對古今字的研究層出不窮，從用字、造字、語言、詞彙發展的角度對古字和今字各個方面的關係進行了全方位的剖析，越來越深入細緻，取得了很大的成果。現把大家集中討論的一些問題評述如下。

一　古今字的概念以及産生的原因和途徑

對於古今字的概念並没有十分統一的認識，大致有兩種觀點：一是認爲古今字是歷時的同詞異字現象，另一種則是把古今字看作文字發展過程中的孳乳現象。

（一）認爲古今字是歷時的同詞異字現象

持這種觀點的學者主要有如下幾位。

蔣禮鴻、任銘善在《古漢語通論》中認爲："字義相同，字形隨時代而不同，古代作甲，後來作乙的，叫做古今字。"[1]

張世禄、嚴修在《古代漢語教程》中認爲："某多義字的幾個意義中，有一個意義後來用另一個字來記録，原先的'多義字'與後出的'另一個字'便組成一對'古今字'。"[2]

魏清源認爲："義項的增多，勢必給人們增加理解的困難。爲了區

---

①　蔣禮鴻、任銘善：《古漢語通論》，浙江教育出版社，1984，第 28 頁。

②　張世禄、嚴修：《古代漢語教程》上册，復旦大學出版社，1991，第 74 頁。

別不同的用法，人們便造出新字來表示原來的某個意義。這樣，同樣一個意義，便先後有兩個不同的字形來表示，這就形成了古今字。"①

裘錫圭認爲："'古今字'也是跟一詞多形現象有關的一個術語。一個詞的不同書寫形式，通行時間往往有前後，在前者就是在後者的古字，在後者就是在前者的今字。"②

楊潤陸認爲，古今字所涵蓋的範圍包括漢字孳乳分化造成同詞異字，古今字義變用造成同詞異字，以及音義相同而古今異用這三種情況。文字職務分化、合併、轉移（完全轉移和部分轉移）都可以造成同詞異字。③

王寧等在《古代漢語通論》中認爲："所謂古今字，是一種縱向歷時的同詞異字現象，即記錄同一個詞（實際是詞的某一義項），不同時代社會用字有不同，前一個時代所用的字叫古字，後一個時代所用的字叫今字。""古今字的來源主要有三個，這就是：由於漢字的分化，母字與後造分化字構成的古今字；同音假借，被借字與借字構成的古今字；古今對異體字的異用構成的古今字。"④

（二）認爲古今字是文字發展過程中的孳乳現象

持這種觀點的學者以下面幾位爲代表。

洪成玉認爲，古今字是漢字在發展過程中所產生的古今異字的現象。漢字是詞符音節文字。一個漢字，既表示一個音節，又表示一個詞。詞是語言中最活躍、對社會最敏感的部分。隨着社會的發展，語言爲了滿足交際的需要，原有的詞會引申出新的詞義，新的詞也會不斷產生。詞義的引申，新詞的產生，必然會要求記錄詞的漢字也相應地發展變化。文字具有穩定性的特點。開始的時候，新的詞義或新的

---

①　魏清源：《古代漢語教程》上冊，河南大學出版社，1996，第174頁。

②　裘錫圭：《文字學概要》，商務印書館，1988，第270頁。

③　楊潤陸：《論古今字的定稱與定義》，《古漢語研究》1999年第1期，第60～64頁。

④　王寧、林銀生、周之明、秦永龍、謝紀鋒編著《古代漢語通論》，北京師範大學出版社，1996，第49～50頁。

詞，往往由原有的字兼任。隨後，爲了區别新舊詞義或新舊詞，同時也爲了減輕原有漢字的負擔，就以原字的形體爲基礎，或增加偏旁，或改變偏旁，另造一個新字。這種文字現象就稱爲古今字。①

胡安順、郭芹納認爲：“古今字從狹義上説，是對前代數詞或數義共用的通用字與後代爲了區别而另造的分化字的合稱。”②

王力主編的《古代漢語》教材並没有給古今字一個明確的定義，但從所舉例字和對例字的説明來看，是把古今字限定在分别字的範圍以内。該教材認爲，古今字的産生，是由於古字“‘兼職’多”，後起的今字衹是分擔其中一個職務。如舉“責債、舍捨”爲例説：“‘責’、‘舍’等是較古的字，‘債’、‘捨’等是比較後起的字。我們可以把‘責債’、‘舍捨’等稱爲古今字。”“‘責’、舍’所移交給‘債’、‘捨’的只是它們所擔任的幾個職務中的一個。”③

王力還把古今字和同源字聯繫起來。他説：“王筠講分别字，絫增字，徐灝講古今字。其實都是同源字。”④“還有一類很常見的同源字，那就是分别字（王筠叫做‘分别文’）。分别字歷代都有。背東西的‘背’，晚近寫作‘揹’，以區别於背脊的‘背’。……這些字我們都當作同源字看待。”⑤

殷寄明把古今字主要限定爲相承增加意符或音符的諸如“屰逆”“囗圍”一類的字。屬於同源字五類中的一種。⑥

賈延柱認爲，古今字也稱區别字（文），是漢字孳乳過程中産生的一種歷史現象。古今字的概念是：爲減輕古字多義的負擔，於是在原有形體基礎上，增加義符或更換義符、聲符而創造的區别字，這種

① 洪成玉：《古今字》，語文出版社，1995，第 1 頁。
② 胡安順、郭芹納：《古代漢語》（第三版）上册，中華書局，2014，第 325 頁。
③ 王力：《古代漢語》（校訂重排本）第一册，中華書局，1999，第 171 頁。
④ 王力：《同源字典·序》，商務印書館，1982，第 1 頁。
⑤ 王力：《同源字論》，見《同源字典》，商務印書館，1982，第 6 頁。
⑥ 殷寄明：《語源學概論》，上海教育出版社，2000，第 128 頁。

反映同一概念先後產生的字，合稱爲古今字。古今字是字形問題，有造字相承的關係。產生在前的稱古字，產生在後的稱今字。在造字時間上，古今字有先後之分、古今之別。古今字除了"時"這種關係外，還有一個極重要的特點，就是古字義項多，而今字祇是古字的多種意義中的一個，今字或分擔古字的引申義，或取代古字的本義。形成古今字的另一種情況是漢字的假借。漢語隨着時代不斷發展，新詞、新義不斷產生，但古人不另造新字，而借助原有的詞賦予新義。①

朱振家認爲，所謂古今字，也就是分化字，是把分化前一字寫多詞時期的字稱古字，把以後分化出來的記詞各有專司的字稱今字。總括起來，古今字主要有兩個來源：一是同源分化而形成的古今字；一是同音假借而形成的古今字。②

龔嘉鎮認爲："古今字是在以單音詞爲主的古漢語語詞大量增加，一字多詞負荷日重的情況下，通過文字區別律的作用而產生的。字少則假借，爲音同而益類；義多則裂變，因義混以加旁，其結果是出現了能以各別的義類特徵來區別不同語詞的大批形聲字。""那種認爲古今字就是古今同詞異字的觀點，恰是忽視了詞彙系統與文字系統在發展過程中的相互作用。"③

潘志剛認爲，今天所講的古今字，是由於古漢語中多義詞的某個義項在詞義系統發展過程中，逐漸從原詞的引申義列中分化獨立而形成新詞，或上古同音借用形成的同形詞在漢語發展中分化出新詞，在書面上爲這些新詞另造新字的現象。記錄原來的多義詞或同形詞的字就是古字，記錄分化後形成的新詞的字就是今字。古今字的本質特徵應該是詞的分化導致產生新詞。今字的產生途徑有兩條：由於詞義的

① 賈延柱：《簡論古今字與通假字》，《常用古今字通假字字典》附錄，遼寧人民出版社，1988，第481~483頁。
② 朱振家：《古代漢語》（修訂版）下册，高等教育出版社，1994，第39~40頁。
③ 龔嘉鎮：《古今字説》，《文字學論叢》（第一輯），吉林文史出版社，2001，第206、204頁。

引申而產生的今字；由於詞義的假借而產生的今字。①

大家普遍認同的是古今字通行於不同的時代，有時間先後的關係，今字的産生是爲了分擔古字的記詞職能。主要分歧在於：古今字是記録同一個詞還是不同的詞，即古字和今字是否具有同詞關係；古今字是否屬於同源字；古今字是否僅限於相承增加義符或聲符的字，是否等同於區别字（文）、分化字。

由此可見，各家對古今字内涵的認識還是有些差異的，但就古今字産生的原因和途徑問題而言則相同觀點較多。

二　古今字的類型

對古今字的分類主要從兩個角度進行：一是根據古今字的意義關係進行分類，二是根據今字和古字的字形聯繫進行分類。

（一）根據古今字的意義關係進行分類

以張世禄、嚴修在《古代漢語教程》中的分類爲例，今字有爲本義而造，爲假借義而造，爲由詞義發展産生的引申義而造這三種情況。②據此將古今字分爲三類：

第一類，如"責債"一類今字爲古字的本義而造；

第二類，如"昏婚"一類今字爲古字的引申義而造；

第三類，如"采彩"一類今字爲古字的假借義而造。

（二）根據古今字的字形聯繫進行分類

以古字和今字的字形聯繫爲標準一般分爲四類。

第一類，在古字的基礎上增加偏旁造成新字，如"昏婚""牙芽"，這是數量最多的一類。

第二類，用改變偏旁的方法來另造新字，如"説悦""赴訃"。

---

① 潘志剛：《古今字研究》，廣西師範大學碩士學位論文，2004，第9、13、14、17頁。
② 張世禄、嚴修：《古代漢語教程》上册，復旦大學出版社，1991，第74~77頁。

第三類，在假借字基礎上新增偏旁另造新字，如"牟眸"。

對第四類的劃分存在一些分歧，洪成玉將在形體上已看不出什麼共同的聯繫，但在音義和造字方法上仍然有相承關係的古今字看作第四類，如"亦腋"；而賈延柱則把由繁而簡出現的古今字作爲第四類。

這兩種分類着眼點略有差别，但實質是一樣的。對於字形没有聯繫的古今字，賈延柱認爲應該排除在古今字之外，如"鞠毬""飾拭""伯霸""鬥陡"等，因爲不據形體，很難找出古字分化的痕迹，所以應該將這類字歸爲通假字。① 由繁而簡的古今字，詞義、用法完全相同，大多數學者認爲古字的義項應該多於今字，今字衹分擔古字的個別義項，所以不同意將這一類字歸入古今字，而應該當作異體字。

三　古今字的形音義關係

對於古字和今字的形音義關係，學術界的認識比較統一，現概括如下。

第一，古今字在形體上的特點。

古字和今字有着造字相承的關係：或爲相承增加偏旁，即增加義符或聲符，或爲相承改换偏旁。對於形體迥異的古今字，有些人認爲難以找出來古字分化的痕迹，所以將之排除在古今字之外。

第二，古今字在語音上的特點。

古字和今字在語音上都是相同或相近的，或聲韵俱同，或聲同韵近，或聲近韵同。

第三，古今字在意義上的特點。

古字和今字的意義都有這樣那樣的聯繫，它們所涵蓋的意義不一定完全相同，但必有一個交點：（1）今字分擔古字的一個義項——引申

---

① 賈延柱:《簡論古今字與通假字》,《常用古今字通假字字典》附録，遼寧人民出版社，1988，第493~494頁。

義或本義;(2)今字取代古字的本義;(3)今字取代古字的假借義。

四 古今字與異體字的關係

異體字的概念有廣義狹義之别。狹義的異體字是不同地域或不同時代的人采用不同的造字方法爲記録同一個詞所造的音義全等的不同書寫符號。它們僅僅是書寫形式不同,可在任何語言環境中互相替换,而語意仍絲毫不變。龔嘉鎮提出,今字與異體字的"主要區分標準,就在於選①字與後出字(主要是加旁字)在意義和用法即記詞職能上,是完全相同還是有了分工,是記録的同一個詞還是不同的兩個詞"。②

具體而言,大家認爲異體字和古今字的主要區别有以下幾點。

(1)性質不同:古今字是詞的分化在文字上的反映,是文字爲了適應語言的發展而作出的自身調整。異體字則是文字發展史上的冗餘現象,這些不同形體的出現並未導致詞的分化演變,而是給漢字的使用增加了困難,所以在使用中不斷被淘汰。

(2)形體上的差别:古今字中的絶大多數造字相承,而異體字則是隨意改變義符、聲符、偏旁位置,或隸變、訛寫所造成的,根本不考慮有所繼承又有所區别。

(3)聲音上的差别:異體字之間聲音完全相同,古字與今字的聲音有時相同,有時衹是相近。

(4)意義上的差别:古今字的意義大多衹有部分相同,而不是完全相同。全同異體字之間意義完全相同,可以在任何語言環境中替换,不受任何條件限制;包容型異體字一字能完全包含另一字的意義;選擇型異體字則有一個或幾個意義完全相同。

---

① 原文如此,恐是"源"字之誤。
② 龔嘉鎮:《古今字説》,《文字學論叢》(第一輯),吉林文史出版社,2001,第213頁。

也有人認爲異體字和古今字並不能完全區別開，例如趙海燕認爲古字廢棄，今字完全取代古字的這類古今字與異體字現象就有交叉，屬於古今異體字。①

本書認爲，雖然進行了多方面的分析，但是在實際操作中按照這樣的標準仍然難以完全區別古今字和異體字。古今字也有今字取代古字的現象，與異體字的被淘汰非常類似。有一種由繁而簡的古今字，義項就完全相同，如"欄棟"；而包容型異體字一字能完全包含另一字的意義，選擇型異體字之間有一個或幾個音義完全相同，這與大多數古字與今字之間具有意義聯繫這一特徵相同。有些古字和今字在字形上的聯繫微乎其微或根本没有，如"亦腋"。如果把由繁而簡的古今字和字形上没有聯繫的古今字排除在古今字之外，又與事實不符，縮小了古今字的外延。

此外，有些異體字的産生也有明顯的先後之分，與古今字非常類似。"如果兩個形體不同的字記録的是同一個詞，即使産生時間有先後，但它們的音、義完全相同，我們還得承認它們是異體字。"②這樣來區分異體字和古今字，是爲了區别而區别，人爲縮小了古今字的範圍，歪曲了古人原有的古今字概念。

異體字是文字學術語，古今字是訓詁學術語，從不同的角度來衡量，必然有些字既是異體字關係又是古今字關係，對這兩個不同領域的概念的區别是完全没有必要的。

五　古今字與通假字的關係

通假字是古漢語書面語中的一種用字現象，即記録某個詞時不用爲這個詞造新的字，而用另外一個與本詞意義毫不相干的音同或音近

① 趙海燕：《段玉裁對古今字的開創性研究》，《廣西社會科學》2005 年第 9 期，第 162 頁。
② 潘志剛：《古今字研究》，廣西師範大學碩士學位論文，2004，第 27 頁。

的字。對古今字與通假字關係的研究非常多，大家認爲，古今字和通假字容易相混的一個重要原因，是兩者的語音相同或相近，意義也有間接的聯繫。概括各家意見，它們的主要差別有以下幾點。

（1）性質不同：古今字是在漢字孳乳發展過程中產生的，字形和字義都有"世系關係"，今字的意義絕不超出古義範圍。而通假字是共時異義同音字之間的一種混用現象，離開了具體語言環境，借字與本字之間就没有關係了。

（2）字形上的差別：古今字的古字和今字，存在造字相承的關係。通假字的本字和借字之間，不存在造字相承的關係。本字和借字即使有共同部分，也都是各自原有的聲符，義符不僅相去甚遠，而且也都是各自原有的。

（3）意義聯繫上的差別：古今字的意義都有這樣那樣的聯繫。通假字的本字和借字之間在意義上没有聯繫，本字和借字各有自己的意義。

（4）時間關係上的差別：古今字有先後相承的關係，是歷時的文字現象，並不同時存在。通假字中的本字和借字，必須以兩者同時存在爲前提，是共時的關係。

有些人認爲古今字和通假字是有交叉的，例如賈延柱説："古今字，特別是其中的區別字，一般有其二重性，强調文字產生的先後，便應當是古今字；强調其音同、音近，從用字方法講，這部分借音的古今字當做通假字亦未嘗不可。"[①] 趙海燕認爲，借用已有的今字記録古字的某個意義，古字並不廢棄，與今字共同存在分擔不同的文字職務，這類古今字與通假字現象有交叉。[②]

事實上，對於古今字來説，在新字尚未徹底通行的過渡階段，存

---

① 賈延柱：《簡論古今字與通假字》，《常用古今字通假字字典》附録，遼寧人民出版社，1988，第 512 頁。
② 趙海燕：《段玉裁對古今字的開創性研究》，《廣西社會科學》2005 年第 9 期，第 162 頁。

在古字與今字混用的情況。有的古字與今字之間存在一個共同使用的階段，可以互相通用，不僅在有了今字之後仍舊寫古字，甚至有倒過來的現象，以今字代古字。所以，古今字是有共時現象的。古今字有一大類別是今字爲分擔古字的假借義而造，這樣的今字就祇與古字的假借義有聯繫，而與古字的本義没有聯繫，這一點和通假字中本字和借字的意義無聯繫是一致的。若根據字形的聯繫來區别，有些古今字之間也是没有字形聯繫的。所以，根據以上標準，仍然難以徹底區别古今字和通假字。

究其根本，通假字是古漢語書面語中的一種用字現象，屬於文字學範疇，而古今字則是溝通古今不同用字的訓詁學術語，二者角度不同。一組字，從文字學角度看可能是通假字，從訓詁學角度看也可能同時是古今字，這樣的現象並不矛盾，没有必要辨析兩個不同層面的術語的異同。

六　古今字與同源字的關係

對於古今字和同源字關係的看法，主要有兩種意見。

（一）古今字基本等同於同源字

持這種觀點的人認爲古今字一般就是同源字，或屬於同源字。例如王力等所論。

王力在《同源字典》序中説：“王筠講分別字，糸增字，徐灝講古今字。其實都是同源字。”①

范進軍等認爲：“古今字都是同源字。古今字中的古字和今字，讀音相同或相近，意義又都有聯繫，今字是在古字的基礎上産生的。正因爲古今字符合同源字的條件，所以，古今字都是同源字。”②

---

① 王力：《同源字典·序》，商務印書館，1982，第1頁。
② 范進軍、曾鋼城、劉德輝：《古代漢語》上册，湖南大學出版社，2003，第112頁。

殷寄明《語源學概論》中把同源字分爲五類，其中一類就是相承增加意符或音符的古今字。①

洪成玉認爲古今字是"很常見的同源字"，但同源字不一定都是古今字。古今字和同源字還是有所區別的：（1）古今字必曾同形；（2）古今字意義相因；（3）古今字音節必單。②

（二）古今字與同源字是相關而不同的概念

這種意見認爲古今字和同源字是兩個有交叉的概念，它們既有聯繫又有區別，祇有因多義詞的分化産生的古今字纔是同源字。如以下諸位學者所論。

龔嘉鎮認爲，同源字除了和同源詞一樣，具有古音近同和語義相通兩大基本特徵外，還必須有形體上的孳乳關係。"古今字並不都是同源字。""因詞義引伸而産生的古今字都是同源字，因同音假借而産生的古今字……由於没有相同的語源，就絶不是同源字了。"③

潘志剛認爲，構成同源關係的兩個或多個同源字必須具備三個條件，缺一不可。在語音上，這些字的古音必須相同、相近或雖然不相近却具有語音轉化的可能性。在語義上，同源字所表示的詞義必須有某些表面的或隱蔽的共同義素，否則祇是同音字而不是同源字。第三個條件是兩個同源字必須代表有區別的兩個詞，同理，多個同源字必須代表有區別的多個詞。如果兩個字或多個字代表的是完全相同的一個詞，那就談不上是否同源的問題了。古今字滿足音同音近和異詞的條件，但在原詞和新詞的意義是否相通這方面，祇有因詞義引申而形成的古今字纔是同源字，因詞義假借形成的古今字在意義上毫不相關，因此不是同源字。另外，同源字因爲具備"音近義通"的特點，所以

---

① 殷寄明：《語源學概論》，上海教育出版社，2000，第 128 頁。
② 洪成玉：《古今字》，語文出版社，1995，第 152~255 頁。
③ 龔嘉鎮：《古今字説》，《文字學論叢》（第一輯），吉林文史出版社，2001，第 221 頁。

往往不拘形體；古今字則一般造字相承。①

　　王寧先生曾將同源字分爲三種類型：形體無關的同源字，同聲符的同源字，同形的同源字。②古今字祇與同聲符的同源字有交叉。

　　我們認爲，同源字是構成古今字的一種重要材料，它與古今字並不在一個層面上，不是平行的概念，如果不明確兩個概念的角度，它們之間的關係祇會錯綜複雜，糾纏不清，所以沒有必要辨析二者的區別和聯繫。

七　古今字與分化字、分別文（字）、區別字、累增字的關係

　　"分別文（字）"和"累增字"的名稱來自王筠。他説："字有不須偏旁而義已足者，則其偏旁爲後人遞加也。其加偏旁而義遂異者，是爲分別文。""其加偏旁而義仍不異者，是謂累增字。"③

　　有人認爲古今字與分別字、累增字是一樣的，例如王力説："王筠講分別字，絫增字，徐灝講古今字。其實都是同源字。"④"還有一類很常見的同源字，那就是分別字（王筠叫做分別文）。"⑤

　　有人認爲古今字祇等同於分別字（文）或分化字、區別字。例如龔嘉鎮説："從産生的原因和分化的方式來看，古今字的實質就是具有孳乳關係的分化字。"⑥趙海燕説："古今字（現在通稱爲分化字或區別字、分別字）是爲了區別詞義而産生的。"⑦

　　有人認爲累增字、分別字是古今字中的一類。例如賈延柱將古今字分爲四類，其一爲增加偏旁，分其一義（有人稱這部分古今字爲累

---

①　潘志剛:《古今字研究》，廣西師範大學碩士學位論文，2004，第28~30頁。

②　王寧:《訓詁學原理》，中國國際廣播出版社，1996，第130~132頁。

③　王筠:《説文釋例》卷八，中華書局，1987，第173頁。

④　王力:《同源字典·序》，商務印書館，1982，第1頁。

⑤　王力:《同源字論》，見《同源字典》，商務印書館，1982，第6頁。

⑥　龔嘉鎮:《古今字説》，《文字學論叢》（第一輯），吉林文史出版社，2001，第207頁。

⑦　趙海燕:《段玉裁對古今字的開創性研究》，《廣西社會科學》2005年第9期，第162頁。

增字); 其二爲按古字的假借義, 加義符以別之 (有人稱這類古今字爲分別字); 其三爲更換聲、義符以造新字; 其四爲由繁而簡, 出現古今字。在另一處, 他又把"分別字"稱爲"區別字": "古今字, 特別是其中的區別字, 一般有其二重性。"①

蔣紹愚提出不用"古今字"這一術語, 而改用"本原字"和"區別字"這兩個術語來分別指稱古字和今字。他的論證主要有兩個方面。第一, "古今字"的名稱是從時代的先後着眼, 没有表達出這一類字的特點。"區別字"是原來用同一個字記録 A 詞和 B 詞, 後來用另一個字來記録 A 詞或 B 詞, 從而把 A、B 兩詞加以區別。這樣的分類, 都以字詞的關係爲標準, 而不同類别又不至於重疊交叉。第二, 從"古今字"這個名稱本身看, 古人並不專用來指本原字和區別字。②

本書認爲, 分化字、分別字 (文)、區別字所指基本相同, 都是從文字學的角度對文字孳乳現象進行命名, 它們的着眼點在於新字對原字的區別和分擔職務的功能。累增字也是文字學概念, 部件增添前後記録的是同一個詞, 是異體字的一種。它們與訓詁學術語古今字也是不同層面的概念, 無須進行辨析和比較。

裘錫圭説: "近代講文字學的人, 有時從説明文字孳乳情況的角度來使用'古今字'這個名稱, 把它主要用來稱呼母字跟分化字。近年來, 還有人明確主張把'古今字'這個名稱專用來指有'造字相承的關係'的字。他們所説的古今字, 跟古人所説的古今字, 不但範圍有大小的不同, 而且基本概念也是不一致的。"③本書同意這一觀點, 縮小了古人的古今字範圍, 就不符合歷史上使用古今字的實際狀況, 背離了古今字的本質屬性。古今字的内涵十分豐富, 它的本質完全可以從

---

① 賈延柱:《簡論古今字與通假字》,《常用古今字通假字字典》附録, 遼寧人民出版社, 1988, 第 485~492 頁。
② 蔣紹愚:《古漢語詞彙綱要》, 北京大學出版社, 1989, 第 213~214 頁。
③ 裘錫圭:《文字學概要》, 商務印書館, 1988, 第 273 頁。

各種現象中歸納概括出來，並與鄰近的相似現象明確區分，所以，我們沒有必要也不應該去改換古今字的名稱和定義。

第二節　《説文解字注》古今字的研究概况

《説文解字注》一書體大思精，被公認爲清代研究《説文》首屈一指的權威性著作，以其獨特的價值在小學研究中占有重要地位。今人對《説文解字注》的研究是豐富而全面的，其中關於古今字的研究也已經取得了一些成果，除了一篇碩士學位論文、若干期刊論文，其餘散見於對古今字論述的專著或文章中。

專論《説文解字注》古今字的碩士學位論文是張銘（2003）的《段注古今字研究》。專論的期刊論文有康泰（1996）的《試論段玉裁對古今字的開創性研究》、黄圓（2005）的《段玉裁〈説文解字注〉中有關古今字論述的考察》、趙海燕（2005）的《段玉裁對古今字的開創性研究》、孫啓榮（2007）的《也談段玉裁的古今字觀》、班基慶（2007）的《段注古今字理論的歷史貢獻》、何占濤（2008）的《段玉裁〈説文解字注〉中的古今字淺析》、馬立春（2008）的《段玉裁〈説文解字注〉古今字類析》、劉志剛（2008）的《〈説文〉段注古今字考》、鍾韵（2015）的《〈段注〉“古今字”的字用學思想淺析》、卓婷（2015）的《段玉裁對古今字的運用及開創性意義探究》。此外亓瑶（2007）的《〈説文解字注〉行廢字研究》、張娟（2009）的《〈段注〉“通行字”與“廢棄字”研究》和楊懷源（2003、2014）的《〈段注〉廢、行字研究——試析古漢語單音節詞書寫形式的更替》，都對古今字的行廢問題做了專門的討論。張竹梅（2014）的《段注類比字在〈説文〉研究中的作用》也有對古今字的專門論述。其他對段玉裁古今字的研究散見於洪成玉

（1995）的《古今字》、賈延柱（1988）的《簡論古今字與通假字》、龔嘉鎮（2001）的《古今字説》、潘志剛（2004）的《古今字研究》、劉新春（2003）的《古今字再論》等專著或文章中。

一　對段玉裁的古今字觀念的研究

各家對段玉裁古今字觀念的認識基本一致，主要有以下幾個方面：

（1）古今字是古今用字不同。

（2）古今字的古和今，是相對而言的。古今字的關係不是固定的，而是經常更换的。

（3）古今字不是字的形體演變。

大家認爲，段玉裁的論述反映了鄭玄以來的訓詁學家關於古今字的觀點，首次給古今字下了一個較爲明確的定義，精闢地闡明了"時"的觀念，指出古今字不同於字體演變，洞察了古、今用字不同的重要現象，這些論述具有開創性及經典性的意義。此外，他還在具體實踐中提供了豐富的例證，涵蓋了古今字的各種不同情況。

對於段玉裁看待古今字的角度，大家的看法也基本一致，認爲段玉裁把古今字看作一種用字現象，屬於訓詁學範疇。龔嘉鎮指出："他並不是從漢字發展分化的角度來看待古今字的。這種古今字屬訓詁學範疇，是'隨時異用'且古今相訓的同音字。"①潘志剛認爲"他把古今字看成是一種用字現象，即'古今人用字不同'"②。賈延柱也説："可見前人所説的古今字是針對文字的使用而言，而不是針對造字，即文字產生的先後而言。前人研究古今字多屬於訓詁範圍，而不屬於文字學範疇。"③

---

① 龔嘉鎮：《古今字説》，《文字學論叢》（第一輯），吉林文史出版社，2001，第195頁。

② 潘志剛：《古今字研究》，廣西師範大學碩士學位論文，2004，第6頁。

③ 賈延柱：《簡論古今字與通假字》，《常用古今字通假字字典》附録，遼寧人民出版社，1988，第485頁。

對於段玉裁是否認爲古今字没有造字相承的關係，則有不同的
看法。

對於段玉裁古今字理論所存在的一些矛盾和不足，各家也有所
涉及。

洪成玉認爲，第一，"古今人"非止一人，甲可能先用這個字，乙
可能先用那個字，如果古今字本身不存在古今的差别，單憑"古今人
用字不同"確定古今字，至少是説不清楚；第二，段玉裁曾幾次表明，
古文、籀文和小篆、隸書之間不存在古今字的關係，而在具體注釋中
却説它們存在古今關係。①

賈延柱認爲，段玉裁"没有闡明古今字的字形相承關係，没有觸
及到古今字産生的途徑，也没有提出一個掌握古今字的明確標準，僅
歸結爲古今人用字相異是不够的。"②

黄圓、趙海燕、張銘對《説文解字注》古今字的專文研究比較具
體細緻，介紹如下。

黄圓的文章③把《説文解字注》的古今字按體例分成了四類:(1)直
接使用"古今字"術語的（共 101 例）;(2)對舉古字、今字使用情況
的（共 93 例）;(3)以今字釋古字的（共 43 例）;(4)以古字釋今字
的（共 15 例）。之後討論了古今字的界説與特點:(1)古今字是文獻中
的歷時用字現象;(2)古與今的辯證認識;(3)古字與今字的形音義關
係。又討論了古今字與一些語文現象的關係:(1)古今字與古今語的關
係;(2)古今字與古文（籀文）今文（篆隸）的關係;(3)古今字與正
俗字的關係;(4)古今字與假借字的關係;(5)古今字與字的古今義的
關係;(6)古今字與造字相承的關係。

① 洪成玉:《古今字》，語文出版社，1995，第 10~11 頁。
② 賈延柱:《簡論古今字與通假字》，《常用古今字通假字字典》附録，遼寧人民出版社，
　1988，第 484~485 頁。
③ 黄圓:《段玉裁〈説文解字注〉中有關古今字論述的考察》，《安順師範高等專科學校學報》
　2005 年第 2 期，第 12~16 頁。

黄文對《説文解字注》中的古今字材料有所取捨，所以其材料數量與我們的統計有較大差異，比如祇用了"古"或"今"作注釋的條目多數未收入。此外黄文所論問題全面却紛雜，有些是從段玉裁的觀念出發，有些針對的却是今人的觀念。

趙海燕的文章 ① 先梳理了段玉裁之前的古今字研究，繼而歸納了段玉裁的古今字理論。除了上文所論的古今字是古今用字不同、古今字的古和今是相對而言的、古今字不是字的形體演變這三點，作者還總結出另外兩點。（1）古字與今字之間的意義關係是"古字少而義晐，今字多而義别"。（2）古字與今字之間的對應關係——古今字之間絶大多數是一一對應的關係，也有一些特殊情况：第一，某字既爲前者之古字，又爲後者之今字；第二，一個古字對應幾個今字；第三，幾個古字對應一個今字。

我們認爲"古字少而義晐，今字多而義别"不是段玉裁對古今字意義關係的論述，這裏的古字和今字並不是具有意義對應關係的古今字，而是泛指的古字和今字，相當於説古時候的字、現在的字，這句話是對詞義發展和文字孳乳規律的認識。古今字之間的對應關係也不應該被看作段玉裁自己的理論認識。

作者將所有古今字條例（作者統計有 628 對）分析爲七種類型：

（1）某個意義，古用彼字，今用另造之新字表示。古字廢棄，其意義由今字擔任。

（2）某個意義，古用彼字，今借用已有的字表示。古字廢棄，其意義由今字擔任。

（3）某個意義，古用彼字，今用另造之新字表示。古字並不廢棄，而是和今字共同存在，分擔不同的文字職務。又分三種情况：第一，今字分擔古字的本義；第二，今字分擔古字的某項引申義；第三，今

---

① 趙海燕：《段玉裁對古今字的開創性研究》，《廣西社會科學》2005 年第 9 期，第 160~162 頁。

字分擔古字原來承擔的假借義。

（4）某個意義，古用彼字，今借用已有的字表示。古字並不廢棄，而是和今字共同存在，分擔不同的文字職務。又分三種情況：第一，今字分擔古字的本義；第二，今字分擔古字的某項引申義；第三，今字分擔古字原來承擔的假借義。

（5）由於字體演變而産生的古今字。

（6）一個字形古今意義的變化。如"磬"："蓋硜本古文磬字，後以爲堅確之意。是所謂古今字。"

（7）古今語和古今字。如"朮"字下注。

前四類古今字分類標準一致，作者以意義爲聯繫古今字的紐帶，總結了今字的産生途徑（另造新字或借用已有的字）、古字和今字的意義關係（完全取代或分擔部分）。後三類在作者看來按照段玉裁的論述實際應該排除在古今字之外，這是段玉裁的實踐與理論的矛盾之處。

作者認爲段玉裁的古今字觀念存在四個不足：（1）理論與實踐有相悖之處，如在字體演變、古今義、古今語的認識上；（2）正俗字的觀念保守；（3）古今字與異體字混淆；（4）古今字與通假字混淆。

張銘的《段注古今字研究》① 對《説文解字注》古今字的考察基於兩點明確的認識。（1）古今字是文獻中的歷時用字現象，並不是文字的形體演變。這種體現在文獻材料中的不同時代先後采用不同的字來表示相同的詞的現象，就是"古今字"。（2）"古"和"今"是相對的時間概念。作者認爲，古今字的古字和今字在一定意義上是對等的，它們的意義範圍相等，衹有在表達同一個詞或者是同一個意義時，一個古時所用的字與今時所用的字纔能稱爲古今字，而不是在表達任何意義時兩者都可以構成古今字。這一點與本書的看法基本一致。

作者分析了《説文解字注》中 199 組古今字材料，總結出古今字

---

① 　張銘：《段注古今字研究》，新疆師範大學碩士學位論文，2003。

的三個特點：古今字在時間上有先後，古今字在字音上有相同或相近的關係，古字和今字在詞義上相互關聯。

作者認爲段玉裁所論述的古今字觀，與後來學者們論述的古今字觀是不完全相同的，所持的理論觀點不盡相同，所討論的側重點也不相同。段氏所謂古今字的範圍其實包括了古今區別字、古今異體字、古用彼今用此的通假字和同源字。古今字和通假字、異體字及同源字的區別是明顯的，劃分它們的標準不一樣，但是這幾種字又是不能截然分開而是相互交錯的。

對於古今字和一些語文現象的關係，作者認爲段玉裁對古今字與古今語、古今字與古今字體的認識存在混淆。在古今字與正俗字的問題上，他認爲段氏並沒有把"俗字"劃出古今字範圍。

清代以後對古今字概念的認識、研究的内容及方法都與古今字這一術語產生之初有較大的差異。從漢代到清代，古今字一直是一個訓詁學術語，訓詁學家提出這個概念的目的是溝通古今的不同用字。它是從訓詁學角度進行的一個命名，而不是從文字學、語言學角度。今天我們仍然使用古今字這個術語，但這種使用和研究已經脱離了訓詁學術語的原意，從用字、造字、語言、詞彙發展的角度對古字和今字各個方面的關係進行了全方位的剖析，取得了很大的成果，例如古字和今字的形音義聯繫、古今字的類型、今字的產生途徑、古字和今字的存廢關係等等。自從古今字這一概念被引入文字學領域，就一直存在一些認識分歧，例如古今字的本質是不是分化字，古今字與異體字、通假字或假借字、同源字、分化字、區別字這些術語有什麼聯繫和區別，衆說紛紜，莫衷一是。

本書認爲，造成這些混亂的主要原因是這些術語來自不同的學科層面，是從不同的角度進行的分類和命名，如果不理會這一大前提，必然會造成内涵的混淆和界限的模糊，而要進行清晰的劃界工作，必須以確定古今字的本質爲前提。

古今字是一個歷史概念，今天既然使用這個名稱，就要從古人的原意出發，不能同名而異實。如果給它賦予了新的内涵，就應該相應地換一個新的名稱，以免引起古今不同概念的混淆。使用古人的術語而不尊重古人的原意，任意歪曲，隨心所欲，必然會造成術語内涵的模糊，造成不同研究層面、不同研究角度的交叉和混亂。所以，必須從古人對古今字術語的使用中來挖掘和澄清這一術語的原意，正本清源，恢復其本來面目和學科定位。

對《説文解字注》古今字的研究也同樣存在上述問題，對段玉裁的古今字觀念仍然存在一些誤解，没有明確古今字的學科定位和本質屬性，因此仍然和異體字、通假字等現象糾纏不清，辨析比較，這是本書所不認同的。此外，以往研究中所提供的《説文解字注》中古今字字例的數目，與本書的統計有較大差異，故而需要進一步整理和分析，以展現《説文解字注》古今字的全貌。本書希望通過對段玉裁《説文解字注》中古今字材料的全面整理研究，總結段玉裁的古今字觀念，明確古今字的内涵，給予它恰當的學科定位，並通過具體字例的分析，總結出古今字的構成條件，古字和今字之間的各種字際關係，以及古今字存廢的規律和原因，從而徹底擺脱古今字和通假字、同源字、異體字、分化字、區别字、累增字等術語的辨析問題，並爲今後對這一術語的使用和研究方向做出適當的指引。

第一章 《説文解字注》古今字材料的概況與界定

第一節 《説文解字注》古今字材料的概況

《説文解字注》中有大量的古今字材料，但由於段玉裁對於古今字的注釋沒有十分統一的術語，除了直接注爲"古今字"或"今古字"，還使用了紛繁多樣的表述方式，如古字和今字對舉、單用"古"字、單用"今"字、用"後世／後人"和時代來説明古今字等。

對於古今字材料的辨認和搜集是進行研究的前提，爲了全面客觀地認識段玉裁的古今字觀念，筆者以"古"和"今"爲關鍵字分别進行檢索，將得到的古今字材料按表述方式分類列舉如下。①

一　直接使用"古今字"或"今古字"注釋的

（一）用"古今字"作注釋的

《气部》"气"注："气氣古今字。"（《説文解字注》p20上）②

———————————

① 以下僅按類型舉例説明，非完全列舉。表述方式完全一致的僅舉一例。每種類型的例子以在《説文解字注》中出現的先後排序。

② 本文所引的材料除特殊説明者均來自 1988 年上海古籍出版社出版的《説文解字注》，在同一級標題下的材料按頁碼（以英文字母 p 標識）排列。下同不注。引文中，許慎所用篆字，除有必要保留者均以對應的楷化字録出。對許慎文加六角括號以與段（轉下頁）

《句部》"笱"注："偃堰，空孔皆古今字。"（p88 上）

《言部》"詟"注："詟讇古今字也，讇行而詟廢矣。"（p93 下）

《革部》"鞠"注："按鞠，居六、求六二切。《廣韵》曰：今通謂之毬子。巨鳩切。古今字也。"（p108 下）

《殳部》"段"注："後人以鍛爲段字，以段爲分段字，讀徒亂切。分段字自應作斷。葢古今字之不同如此。"（p120 上）

《刀部》"劕"注："劕搏古今字，葢隸變也。"（p182 下）

《竹部》"笮"注："《説文》無窄字，笮窄古今字也。"（p191 下）

《竹部》"箉"注："箉柅古今字，亦作簐。"（p196 上）

《丌部》"巽"注："巽爲卦名，㢲爲卦德。……㢲爲雞，㢲爲股，㢲爲木、爲風、爲長女，皆當舉卦名而不作巽，但云㢲以德爲名者，於伏羲文王爲古今字也。是可以知字有古今之理矣。"（p200 上）

《倉部》"餒"注："綏必妥聲，乃得妥綏爲古今字也。"（p222 上）

《木部》"枑"注："枑柅古今字。《廣韵》曰：枑，柅古文。"（p270 上）

《邑部》"邢"注："邢葢即㐭馘之㐭字，古今字也。"（p294 上）

《邑部》"邶"注："邶沛古今字，如郋息、鄭穰、邦末之比。"（p294 下）

《网部》"罠"注："然則緡罠古今字，一古文，一小篆也。"（p356 上）

《人部》"俟"注："廢竢而用俟，則竢俟爲古今字矣。"（p369 上）

《人部》"但"注："古但裼字如此。袒則訓衣縫解，今之綻裂字也。今之經典，凡但裼字皆改爲袒裼矣。……今人但謂爲語辭，而尟知其本義，因以袒爲其本義之字，古今字之不同類如此。"（p382 上）

《衣部》"袷"注:"袼者,交領之正字,其字从合。……交領宜作袼。而《毛詩》、《爾雅》、《方言》作衿。殆以衿袼爲古今字與。"(p390下)

《見部》"覍"注:"按《彳部》覍爲古文得,此爲小篆。義不同者,古今字之説也。在古文則同得,在小篆則訓取也。"(p408上)

《頁部》"頪"注:"頪類古今字。類本專謂犬,後乃類行而頪廢矣。"(p421下)

《广部》"废"注:"茇废實古今字也。"(p445上)

《石部》"磬"注:"葢硻本古文磬字,後以爲堅碻之意。是所謂古今字。"(p452上)

《水部》"沾"注:"沾添古今字。俗製添爲沾益字,而沾之本義廢矣。"(p526下)

《水部》"澬"注:"按《水經》言澬不言汨,諸書多言汨不言澬。……考之於今,則由江西寧都州逕湖南平江縣至湘陰縣入湘者,但有汨水,別無澬水,則澬汨之爲古今字憭然。"(p530上)

《水部》"渚"注:"《釋水》文:州洲古今字。"(p540下)

《水部》"洦"注:"《説文》作洦,隸作泊,亦古今字也。"(p544下)

《水部》"潤"注:"一説潤涗古今字。"(p550下)

《谷部》"豁"注:"按千芊爲古今字。俗用芊改千。"(p570下)

《門部》"闢"注:"張揖《古今字詁》云:闢闢古今字,舊讀闢爲開,非也。"(p588下)

《手部》"捊"注:"後人用抱爲裒裒字,葢古今字之不同如此。"(p600下)

《女部》"孌"注:"此篆在籀文爲嬌,順也。在小篆爲今之戀,慕也。……《廣韵》卅三線曰:戀,慕也。孌戀爲古今字。"(p622上)

(二)用"今古字"作注釋的

《邑部》"窡"注:"今《左傳》作窊。許所據作窡。今古字也。"

（p284 下）

《巾部》"帬"注："衿領今古字。"（p358 上）

（三）用"古今字"作注釋且點明古字或今字的

《艸部》"虈"注："按虈蕈古今字，古作虈，今作蕈作菍。"（p27 上）

《辵部》"述"注："孫炎曰：遹，古述字。葢古文多以遹爲述，故孫云爾，謂今人用述，古人用遹也。凡言古今字者視此。"（p70 下~71 上）

《又部》"叉"注："〔手足甲也。〕叉爪古今字。古作叉，今用爪。"（p115 上）

《白部》"疇（疀）"①注："壁中古文字作疀，古字也。《爾雅》：疇、孰，誰也。字作疇，今字也。許以疇爲假借字，疀爲正字，故《口部》曰疀，誰也。則又疀疇爲古今字。"（p137 上）

《皿部》"盍"注："此則易盇爲案之悟，謂盇案古今字也。……是則盇案爲古今字憭然。《左傳》作桉盛，則用今字之始。"（p212 上）

《會部》"䑞"注："〔益也。〕䑞裨古今字。今字作裨益，古字作䑞益。裨行而䑞廢矣。"（p223 下）

《亯部》"管"注："㝷厚古今字，管篤亦古今字。管與《二部》竺音義皆同，今字篤行而管竺廢矣。"（p229 下）

《邑部》"鄜"注："謂本爲鄜縣，今爲鄜縣。古今字異也。……此皆古字作鄜之證。"（p295 上）

《邑部》"鄠"注："鄠譚古今字也。許書有譚長，不以古字廢今字也。"（p299 上）

---

① 疇（疀）：第一個字形是本書所采用的上海古籍出版社 1988 年第二版《説文解字注》表欄上方的楷體字頭，第二個即括弧內的字形是《説文解字注》篆體的楷化字形。二者有時不一致。當段玉裁注釋古今字時采用了不同於表欄上方的楷體字形時，本書以括號的形式標示出來。下同不注。又，此處所屬部首是白（zì）部，非白（bái）部，參見字表。

《穴部》"突"注："〔深也。〕此以今字釋古字也。突深古今字，篆作突深，隸變作深深。《水部》深下但云水名，不言淺之反，是知古深淺字作深，深行而深廢矣。"（p344 上）

《尾部》"屈"注："今人屈伸字古作詘申，不用屈字，此古今字之異也。"（p402 上）

《厂部》"厭"注："〔笮也。〕《竹部》曰：笮者，迫也。此義今人字作壓，乃古今字之殊。"（p448 上）

《石部》"䃣"注："後鄭申其說曰：玄謂䃣古字。从石，析聲。䃣古字者，謂䃣摘爲古今字也。"（p452 上）

《豸部》"貓"注："許無貓，貓即貓。……貓貓爲古今字。許不取貓，用今字也。"（p458 下）

《心部》"愫"注："《穴部》突下曰：深也。言突深古今字，以今字釋古字也。"（p505 下）

《水部》"瀁"注："瀁者，古文爲漾水字，隸爲瀁瀁字，是亦古今字也。瀁瀁疊韻字，搖動之流也。今字作蕩漾。"（p546 下）

《水部》"淑"注："湛沈古今字，今俗云深沈是也。"（p550 上）

《水部》"渻"注："〔少減也〕。今減省之字當作渻，古今字也。"（p551 下）

《水部》"湛"注："古書浮沈字多作湛。湛沈古今字。"（p556 下）

《水部》"渴"注："〔盡也。〕渴竭古今字。古水竭字多用渴，今則用渴爲瀣字矣。"（p559 下）

《水部》"瀞"注："〔無垢薉也。〕此今之净字也。古瀞今净，是之謂古今字。古籍少見。"（p560 下）

《〈部》"〈"注："按鄭注《攷工記》曰：畎，畮也。謂甽畮古今字。畎即今之畮字也。"（p568 上）

《魚部》"鯇"注："鯇鱓古今字。今人曰鱓子，讀如混，多食之。〔从魚完聲。〕戶版切，舊音也。十四部。又胡本切。今音也。音轉而

形改爲鯶矣。"（p578 上）

《手部》"拊"注："古作拊揗，今作撫循，古今字也。"（p598 下）

《手部》"捝"注："〔解捝也。〕今人多用脱，古則用捝，是則古今字之異也。今脱行而捝廢矣。"（p604 下）

（四）用"古今字"作注釋且點明時代的

《辵部》"達"注："大鄭以漢人帥領字通用帥，與周時用率不同故也。此所謂古今字。"（p70 上）

《言部》"誼"注："按此則誼義古今字，周時作誼，漢時作義，皆今之仁義字也。其威儀字，則周時作義，漢時作儀。凡讀經傳者，不可不知古今字。古今無定時，周爲古則漢爲今，漢爲古則晉宋爲今，隨時異用者謂之古今字，非如今人所言古文籀文爲古字，小篆隸書爲今字也。"（p94 上）

《亏部》"亏"注："于於二字在周時爲古今字，故《釋詁》、毛傳以今字釋古字也。"（p204 下）

《貝部》"貝"注："變泉言錢者，周曰泉，秦曰錢，在周秦爲古今字也。……《周禮·泉府》注云：鄭司農云：故書泉或作錢，葢周人或用假借字，秦乃以爲正字。"（p279 下）

《邑部》"鄭"注："按鄭邿古今字也，邿行而鄭廢矣。……漢時字已作邿，如邰已作斄，鄭已作穰。古今字不同，故著之以言其合。……然則鄭者，許所見古字也。邿者，漢時字也。"（p284 下 ~285 上）

《邑部》"邰"注："周人作邰，漢人作斄，古今語小異，故古今字不同。"（p285 上）

《邑部》"邠"注："漢人於地名用邠不用豳。許氏原書當是豳岐本在《山部》，而後人移之，併古今字爲一字。"（p285 下）

《邑部》"扈"注："鄠即扈，如斄即邰，邿即鄭，皆古今字。姚察《史記訓纂》云：户扈鄠三字一也。按扈爲周字，鄠爲秦字。"（p286 上）

《邑部》"鄦（䜌）"注："鄦許古今字。……漢字作許，周時字作鬹。《史記·鄭世家》：鄔公惡鄭於楚。蓋周字之存者。今《春秋》經、傳不作鄔者，或後人改之，或周時已假借。未可定也。"（p290下~291上）

《邑部》"鄒"注："周時作鄒，漢時作騶者，古今字之異也。"（p296上）

《禾部》"稙"注："郭景純注《方言》曰：穉古稚字。是則晉人皆作稚，故穉稚爲古今字。"（p321上）

《見部》"視"注："古作視，漢人作示，是爲古今字。"（p407下）

《火部》"炮"注："炰與缹皆炮之或體也。……是知炰缹爲古今字。……漢人燥煑多用缹字。"（p482下）

《耳部》"聯"注："周人用聯字，漢人用連字，古今字也。《周禮》：官聯以會官治。鄭注：聯讀爲連，古書連作聯。此以今字釋古字之例。"（p591下）

《手部》"拯"注："然則《說文》作拯，《字林》作抍，在呂時爲古今字。"（p603下）

《戈部》"或"注："蓋或國在周時爲古今字。古文祇有或字。既乃復製國字。"（p631上）

（五）用"古今字"作注釋且點明假借關係的

《辵部》"連"注："然則聯連爲古今字，連輦爲古今字。假連爲聯，乃專用輦爲連。"（p73下）

《言部》"訟"注："訟頌古今字。古作訟，後人假頌皃字爲之。"（p100上）

《丶部》"主"注："按丶主古今字，主炷亦古今字。凡主人、主意字本當作丶，今假主爲丶而丶廢矣。假主爲丶，則不得不別造鐙炷字，正如假左爲ナ，不得不別造佐爲左也。"（p215上）

《見部》"覷"注："覰，古多假狙爲之。……是則覷狙古今字。"（p408上下）

《頁部》“頌”注:“古作頌皃，今作容皃，古今字之異也。……假容爲頌其來已久。以頌字專系之六詩，而頌之本義廢矣。”（p416上）

《頁部》“顯”注:“按㬎謂衆明。顯本主謂頭明飾，乃顯專行而㬎廢矣。《日部》㬎下曰：古文以爲顯字，由今字假顯爲㬎，乃謂古文假㬎爲顯也。此古今字之變遷，所必當深究也。”（p422上）

《马部》“騭”注:“按騭古叚陟爲之。《小正》：四月執陟攻駒。陟騭古今字。”（p460下）

二 古今字對舉的

這一類指的是“古（故）”“今”兩字均出現，但不出現“古今字”或“今古字”字樣的材料。

（一）用“今字/古字”作注釋的

《此部》“𦬆”注:“藏，今字也，古用臧。”（p69上）

《𠬤部》“𠬤”注:“晉灼曰：𠬤，古攀字。按今字皆用攀，則𠬤爲古字。𠬤亦小篆也。……〔撲，𠬤或从手从樊。〕樊聲也。今作攀。”（p104下）

《烏部》“舄”注:“〔䧿也。〕謂舄即䧿字。此以今字釋古字之例。古文作舄，小篆作䧿。䧿下曰：㫕也。《周禮注》曰：勛讀爲勳。皆以今字釋古字。”（p157上）

《刀部》“㓷（剹）”注:“䝯者古字，剹者今字。”（p178上）

《木部》“槀”注:“〔木枯也。〕枯槀，禾稾字古皆高在上。今字高在右。非也。……葢漢時盛行槁字，故大鄭以今字易古字，此漢人釋經之法也。”（p252上）

《木部》“杇”注:“故杇槾古字也，釫鏝今字也。”（p256上）

《日部》“睹”注:“許書有睹無曙，而《文選·魏都賦》、謝康樂《溪行》詩李注竝引作曙，古今字形異耳。許本作睹，後乃變爲曙，署

亦者聲也。《玉篇》昒昧二文間出曙字，市據切，此顧希馮以今字易古字也。後出晤字。"（p302 下）

《放部》"旐"注："翩翿翻實一字。纛俗作纛，亦即翳字，《爾雅》、毛傳皆以今字釋古字耳。"（p311 下）

《放部》"族"注："〔矢鏠也。〕今字用鏃，古字用族。"（p312 上）

《禾部》"齋"注："按經作盦、注作㮂，此經用古字，注用今字之例。"（p322 上）

《冃部》"冡"注："凡蒙覆、僮蒙之字，今字皆作蒙，依古當作冡，蒙行而冡廢矣。"（p353 下）

《人部》"偁"注："身者古字，偁者今字。"（p383 下）

《广部》"廯"注："今人曰侈斂，古字作廯廉。"（p444 下）

《水部》"淨"注："按今俗用潔字，釋爲無垢薉，切以才性。今字非古字也。"（p536 上）

《手部》"搏"注："按《小司徒》注之伺捕盜賊，即《士師》注之司搏盜賊也。一用今字，一用古字。"（p597 上）

《手部》"搹"注："漢時少用搹，多用扼，故以今字釋古字。"（p598 上）

《手部》"擿"注："今字作擲。凡古書用投擲字皆作擿。"（p601 下）

（二）用"今 / 今人 / 今用 / 今時 / 今之 / 今則 / 今書 / 今體，古 / 古人 / 古用 / 古言 / 古作 / 古書 / 古經傳 / 古體 / 古無 / 故書 / 故作"作注釋的

《口部》"嗞"注："古言蓍嗞，今人作嗟咨，非也。"（p60 下）

《辵部》"還"注："今人還繞字用環。古經傳祇用還字。"（p72 上）

《齒部》"齦"注："〔齧也。〕……疑古祇作狠，齦者後出分別之字也。今人又用爲斷字矣。"（p80 上）

《足部》"踤"注："今人多用蒼猝，古書多用倉卒。"（p83 上）

《龠部》"龤"注："龤穌作諧和者皆古今字變，許說其未變之義。"

（p85 下）

《言部》"誥"注："按以言告人，古用此字，今則用告字，以此誥爲上告下之字。"（p92 下）

《言部》"嗔"注："〔恚也。〕今人用嗔，古用嗔。"（p100 上）

《羽部》"翦"注："前，古之翦字，今之莾字。"（p138 下）

《竹部》"篸"注："今人作參差，古則从竹、从木也。"（p190 上）

《竹部》"筵"注："此皆用筵爲籦，古今字變，非許意也。"（p193 上）

《竹部》"笿"注："按引伸爲籠絡字，今人作絡，古當作笿，亦作落。"（p193 上）

《邑部》"鄙"注："而鄙夫字古作啚。……今則鄙行而啚廢矣。"（p284 上）

《㫃部》"旗"注："《樂師》注曰：故書帥爲率。然則許作率都者故書，鄭作帥都者今書也。"（p309 上）

《夕部》"姓"注："按精者今晴字。……古姓暒精皆今之晴，而《詩》作星。"（p315 下）

《冊部》"冊"注："古貫穿用此字，今貫行而冊廢矣。"（p316 上）

《束部》"束"注："今俗用鋒鋩字，古祇作芒。"（p318 上）

《耑部》"耑"注："古發端字作此，今則端行而耑廢，乃多用耑爲專矣。"（p336 下）

《疒部》"瘨"注："古無脹字。《左傳》：晉侯獳將食，張，如廁。即今之脹字也。"（p348 下）

《人部》"僮"注："按《説文》僮童之訓與後人所用正相反，如種種二篆之比。今經傳僮子字皆作童子，非古也。"（p365 上）

《人部》"散"注："凡古言散眇者，即今之微妙字。……微行而散廢矣。"（p374 上）

《人部》"儀"注："今時所謂義，古書爲誼。"（p375 上）

《人部》"偸"注："偸者愉之俗字。今人曰偸薄，曰偸盗皆从人作偸，他侯切。而愉字訓爲愉悦，羊朱切。此今義今音今形，非古義古音古形也。古無从人之偸。……偸盗字古只作愉也。……然可見漢末已有从人之偸，許不之取。"（p379 上）

《衣部》"褱"注："今人用懷挾字，古作褱夾。"（p392 下）

《尸部》"居"注："凡今人居處字古衹作尻處。居，蹲也。凡今人蹲踞字古衹作居。……今字用蹲居字爲尻處字，而尻字廢矣。又別製踞字爲蹲居字，而居之本義廢矣。"（p399 下）

《尸部》"屈"注："按謂古用屐，今用屈也。"（p400 上）

《頁部》"頒"注："按此篆亦當作疚，从屮，又聲。據玄應書及《廣韵》可證。玄應曰：今作疚。知淺人以今體改古體耳。"（p421 下）

《彡部》"彰"注："古人作㐱彰。今人作文章，非古也。"（p424 下）

《髟部》"髲"注："比者今之篦字。古衹作比。"（p427 上）

《髟部》"鬄"注："今人好用剔字，以之當《手部》他歷切之摘字。蓋非古矣。"（p428 下）

《司部》"司"注："凡主其事必伺察恐後，故古別無伺字，司即伺字。……皆即今之伺字。"（p429 下）

《石部》"破"注："椎段字今多用鍛，古衹作段。……又按椎段，古衹用段不用鍛。鍛者，小冶也。凡用鍛爲椎段者，非古。"（p449 下 ~450 上）

《大部》"奄"注："古屈伸多作詘信，不作伸、申。今則作申，俗又作伸。"（p492 下）

《心部》"志"注："蓋古文有志無識，小篆乃有識字。……今人分志向一字，識記一字，知識一字，古衹有一字一音。"（p502 上）

《心部》"愻"注："訓順之字作愻。古書用字如此。凡愻順字从心，凡遜遁字从辵。今人遜專行而愻廢矣。"（p504 下）

《水部》"涐"注："《水經注》云：呂忱曰：涐水出蜀。許慎以爲涐

水也。从水，戈聲。分別許、呂古今異體。”（p518 下）

《水部》“滻”注：“霸瀍古今正俗字。”（p524 上）

《水部》“沉”注：“古文作汵，小篆作沉，隸變作沈，此同義而古今異形也。”（p528 上）

《水部》“休”注：“〔沒也。〕此沈溺之本字也。今人多用溺水水名字爲之。古今異字耳。”（p557 上）

《女部》“嫡”注：“按俗以此爲嫡庶字，而許書不尒。葢嫡庶字古祇作適。……凡今經傳作嫡者，葢皆不古。”（p620 下）

《女部》“嫥”注：“〔壹也。〕……凡嫥壹字古如此作，今則專行而嫥廢矣。”（p620 下）

《女部》“孃”注：“今人用擾攘字，古用孃。……今攘行而孃廢矣。”（p625 上）

《我部》“義”注：“古者威儀字作義。今仁義字用之。儀者，度也。今威儀字用之。誼者，人所宜也。今情誼字用之。鄭司農注《周禮·肆師》：古者書儀但爲義。今時所謂義爲誼。是謂義爲古文威儀字。誼爲古文仁義字。”（p633 上）

《曲部》“凵”注：“今人用委曲字，古用𠙹凵。”（p637 下）

（三）點明古字和今字假借關係的

《禾部》“私”注：“今則叚私爲公厶。……然則古祇作厶，不作私。”（p321 下）

《衣部》“褰”注：“古騫衣字作褰，今假褰而褰之本義廢矣。”（p393 上）

《龍部》“龕”注：“今人用戡堪字，古人多叚龕。”（p582 下）

《女部》“嬌”注：“嬌有媚悦之義。凡古經傳用畜字多有爲嬌之叚借者。……此等皆以好惡對言，畜字皆取嬌媚之義，今則無有用嬌者矣。”（p618 上）

三 單用"今"字注釋古今字的

（一）用"今／今之／今則／今以爲"作注釋的

《艸部》"蒩"注："〔朝會束茅表位曰蒩。〕……何氏《纂文》云：蒩，今之纂字。是也。"（p42下）

《艸部》"菹"注："酢，今之醋字。"（p43上）

《口部》"台"注："台說者，今之怡悦字。"（p58上）

《辵部》"遁"注："凡逡遁字如此，今之逡巡也。"（p72上）

《彳部》"徆"注："按凡平訓皆當作徆。今則夷行徆廢矣。"（p76下）

《行部》"衛"注："衛，導也，循也。今之率字，率行而衛廢矣。"（p78下）

《齒部》"齹"注："差即今磋磨字也。……差者正字，瑳磋皆加偏旁字也。"（p80上）

《寸部》"專"注："今專之俗字作甎、塼。以專爲嫥壹之嫥。"（p121下）

《攴部》"敊"注："甾者今之插字，漢人衹作甾。"（p124上）

《目部》"眮"注："按眮胅即今坳突字。"（p130下）

《隹部》"瞿"注："今則罩行而瞿廢矣。"（p144上）

《歺部》"殨"注："今殨爛字作潰而殨廢矣。"（p163上）

《肉部》"腌"注："今淹漬字當作此，淹行而腌廢矣。"（p176下）

《刀部》"刷"注："飾，今拭字。"（p181上）

《竹部》"籔"注："籔即今之溲箕也，今誤从艸作藪。"（p192下）

《虎部》"虦"注："苗，今之貓字，許書以苗爲貓也。"（p210下）

《木部》"某"注："〔酸果也。〕此是今梅子正字。"（p248上）

《木部》"槙"注："人頂曰顛，木頂曰槙。今顛行而槙廢矣。"（p249下）

《邑部》"郚"注："奄郚二字周時竝行，今則奄行而郚廢矣。"

（p296下）

《眀部》"曏"注："鄉者今之向字。漢字多作鄉。今作向。"
（p301上）

《有部》"龘"注："〔兼有也。〕今牢籠字當作此，籠行而龘廢矣。"
（p314上）

《宀部》"寍"注："此安寧正字，今則寧行而寍廢矣。"（p339上）

《疒部》"瘨"注："按今之顛狂字也。"（p348下）

《巾部》"幰"注："幱葢即《手部》捪字，今之扐字。"（p361下）

《人部》"伀"注："若《方言》、《廣雅》之征伀，即今怔忪字也。"
（p367下）

《人部》"備"注："《用部》曰葡，具也。此今之備字，備行而葡廢
矣。"（p371下）

《人部》"俾"注："俾與埤朇裨音義皆同，今裨行而埤朇俾皆廢
矣。"（p376下）

《七部》"七"注："今變七字盡作化，化行而七廢矣。"（p384上）

《七部》"化"注："今以化爲變七字矣。"（p384下）

《匕部》"卬"注："卬與仰義別，仰訓舉，卬訓望。今則仰行而卬
廢，且多改卬爲仰矣。"（p385下）

《壬部》"朢"注："望從朢省聲，今則望專行而朢廢矣。"（p387下）

《兒部》"覓"注："〔冃（弁），或覓字。〕今則或字行而正字廢
矣。"（p406下）

《心部》"恤"注："〔勉也。〕……是則《説文》之恤爲正字，而作
勔，作蠠，作蠿，作蜜，作密，作黽，作僶皆其別字也。今則不知有
恤字，而恤字廢矣。"（p506下）

《雨部》"霚"注："〔雨霚也。〕此下雨本字。今則落行而霚廢矣。"
（p572下）

《雨部》"霿"注："霿，今之霧字。……霧者俗字。"（p574上）

《魚部》"鱻"注："凡鮮明、鮮新字皆當作鱻。自漢人始以鮮代鱻，如《周禮》經作鱻，注作鮮是其證。……今則鮮行而鱻廢矣。"（p581 下 ~582 上）

《手部》"據"注："晉灼曰：据，今據字也。"（p597 下）

《手部》"捆"注："〔就也。〕捆與因音義同，今則因行而捆廢矣。"（p606 下）

《女部》"嫡"注："不知小篆之變，爲今戀字，訓慕。籀文之變，爲小篆之嫡，訓順。"（p618 下）

《女部》"孋"注："今熙行而孋廢矣。"（p620 上）

《女部》"娭"注："〔戲也。〕……然則今之嬉字也。今嬉行而娭廢矣。"（p620 上）

《女部》"嫯"注："〔侮傷也。〕……今則傲行而嫯廢矣。"（p625 下）

《女部》"婬"注："婬之字今多以淫代之，淫行而婬廢矣。"（p625 下）

《戈部》"戔"注："〔賊也。〕此與殘音義皆同，故殘用以會意。今則殘行而戔廢矣。"（p632 上）

（二）用"今字／今（皆、多、凡、或、省、訛、別）作／今（所、多、皆）用／今（皆）叚（假）／今言／今世字"作注釋的

《艸部》"落"注："今作苔。"（p37 下）

《八部》"尒"注："曶，今作詞。《說文》字體本作曶。"（p48 下）

《八部》"必"注："弋，今字作杙。"（p49 下）

《乁部》"乁"注："〔長行也。〕《玉篇》曰：今作引。是引弓字行而乁廢也。"（p77 下）

《言部》"訏"注："〔一曰訏嘗。〕今字作吁嗟。"（p99 下）

《𢦔部》"𩂪"注："𩂪今字作瀹，亦作汋。"（p113 上）

《攴部》"攺"注："〔敷也。〕今字作施，施行而攺廢矣。"（p123 上）

《隹部》"離"注："〔離黃。〕……今用鸝爲鸝黃，借離爲離別也。"

（p142 下）

《雥部》“雧”注：“〔集，雧或省。〕今字作此。”（p148 上）

《華部》“棄”注：“𢍮（弃），籀文棄。今字亦從云不從㐬。”（p158 下）

《冓部》“冓”注：“按結冓當作此，今字構行而冓廢矣。”（p158 下）

《歺部》“殠”注：“今字專用臭而殠廢矣。”（p163 上）

《肉部》“臚”注：“今字皮膚從籀文作膚，膚行而臚廢矣。”（p167 下）

《肉部》“膴”注：“腊今字也，《日部》作昔。”（p174 下）

《筋部》“笏”注：“〔腱，笏或从肉建。〕建聲也。今字多作此。”（p178 上）

《刀部》“歬”注：“〔齊斷也。〕……今字作剪，俗。”（p178 下～179 上）

《刀部》“劈”注：“〔破也。〕此字義與副近而不同，今字用劈爲副。劈行而副廢矣。”（p180 上下）

《耒部》“䅽”注：“〔耘，䅽或从芸。〕……今字省艸作耘。”（p184 下）

《竹部》“簾”注：“簾，匡之圜者，飯牛用之。今字通作筥。許簾與筥别。”（p195 上）

《工部》“巨”注：“〔榘，巨或从木矢。〕……按今字作矩，省木。”（p201 上）

《㠭部》“㠭”注：“凡展布字當用此，展行而㠭廢矣。《玉篇》曰：㠭今作展。”（p201 下）

《旨部》“旨”注：“〔美也。〕疊韵。今字以爲意恉字。”（p202 下）

《丂部》“寧”注：“今字多假寧爲寍，寧行而寍廢矣。”（p203 下）

《壴部》“尌”注：“〔立也。〕……今字通用樹爲之，樹行而尌廢矣。《周禮注》多用尌字。”（p205 上）

《虎部》“虪”注：“〔黑虎也。〕《釋獸》曰：虪，黑虎。《釋文》曰：

篗，今作艫。”（p210 下）

《皿部》“盅”注：“盅虚字今作沖。《水部》曰：沖，涌縣也。則作沖非也。沖行而盅廢矣。”（p212 下~213 上）

《丼部》“荆（荆）”注：〔罰辠也。〕……按此荆罰正字也，今字改用刑。刑者，到也。見《刀部》。其義其音皆殊異。”（p216 上）

《倉部》“饋”注：“按今字以餽爲饋，此乃假借，其義本不相通也。”（p220 下）

《入部》“仝”注：〔完也。从入从工。全，篆文仝，从王。〕按篆當是籀之誤。……今字皆从籀，而以仝爲同字。”（p224 上）

《亯部》“亯”注：“其形，薦神作亯，亦作享。餁物作亯，亦作烹。《易》之元亨，則皆作亨。皆今字也。”（p229 上）

《𣆪部》“厚”注：〔山陵之𣆪也。〕……今字凡𣆪薄字皆作此。”（p229 下）

《夊部》“夌”注：〔越也。〕凡夌越字當作此。今字或作凌，或作凌，而夌廢矣。”（p232 下）

《夊部》“夌”注：“皆夌義之引伸。今字概作陵矣。……凡言陵遲、陵夷當作夌徲，今字陵遲、陵夷行而夌徲廢矣。”（p232 下）

《夊部》“憂”注：“憂，今字作優，以憂爲𢝊愁字。”（p233 上）

《夊部》“夃”注：〔《詩》曰：‘我夃酌彼金罍。’〕……今作姑者，後人以今字易之也。……夃者，姑之假借字。”（p237 上）

《木部》“梩”注：〔梩木也。實如梨。〕今字以爲欐字。”（p244 下）

《木部》“榔”注：“倏忽字今作忽。許作昌。”（p251 上）

《木部》“柜”注：“按今字多用亘，不用柜。”（p270 上）

《桼部》“桼”注：“今字作漆而桼廢矣。”（p276 上）

《員部》“賦”注：“賦，今字作絤，絤行而賦廢矣。”（p279 上）

《貝部》“貯”注：〔積也。〕此與宁音義皆同。今字專用貯矣。”（p281 上）

《日部》"普"注:"是則普之本義實訓日無色,今字借爲溥大字耳。"(p308上)

《夕部》"夢"注:"夢之本義爲不明,今字叚爲寢寐字。夢行而寢廢矣。"(p315上)

《片部》"版"注:"凡施於宫室器用者皆曰版,今字作板。"(p318上)

《禾部》"種"注:"〔先穜後孰也。〕……《周禮·内宰》注,鄭司農云:先種後孰謂之穜。……《周禮》作穜,轉寫以今字易之也。"(p321上)

《禾部》"稱"注:"按爯,并舉也。偁,揚也。今皆用稱,稱行而爯偁廢矣。"(p327上)

《禾部》"稘"注:"今皆假期爲之,期行而稘廢矣。"(p328下)

《米部》"糲"注:"〔从米萬聲。〕今皆作糲,从厲,古从萬聲,與牡蠣字正同。"(p331上)

《宀部》"容"注:"〔盛也。〕今字叚借爲頌皃之頌。"(p340上)

《寢部》"寢"注:"今字叚夢爲之,夢行而寢廢矣。"(p347上)

《寢部》"癮"注:"寢者,卧也。癮者,病卧也。此二字之别。今字槩作寢矣。"(p347下)

《疒部》"疢"注:"歙見《欠部》,今字謁作欸。"(p352上)

《巾部》"幖"注:"今字多作標牓,標行而幖廢矣。"(p359下)

《白部》"晳"注:"〔从白从析。〕今字皆省作晳,非也。"(p363下)

《人部》"儥"注:"按經傳今皆作覿,覿行而儥廢矣。"(p374下)

《人部》"儔"注:"然自唐以前用儔侣皆作疇,絶無作儔者……今或作儔矣。然則用儔者起唐初,以至於今。"(p378下)

《人部》"僇"注:"〔一曰且也。〕按此即今所用聊字也。聊者,耳鳴。僇其正字,聊其假借字也。"(p382下)

《人部》"偶"注:"凡言人耦、射耦、嘉耦、怨耦皆取耦耕之意,

而無取桐人之意也。今皆作偶則失古意矣。"（p383 上）

《皃部》"皃"注："〔𩠒（貌），籀文皃，从豸。〕大徐本作从豹省。今字皆用籀文。"（p406 上）

《首部》"首"注："〔𦣻，古文百也。〕……今字則古文行而小篆廢矣。"（p423 上）

《厶部》"篡"注："今字奪行敓廢。"（p436 下）

《山部》"嶽"注："〔从山獄聲。屵，古文。象高形。〕今字作岳。古文之變。"（p437 下）

《广部》"庇"注："〔从广耗聲。〕……今字作秏，殊誤。"（p445 上）

《石部》"礚"注："礚今字省作磕。"（p452 下）

《豕部》"豖"注："啄、琢用豖絆足行之豖爲聲，俗乃作啄、琢，是豖誤爲豕也。蠡从《彑部》訓豕之彖爲聲，俗乃作蠡，是彖誤爲彖也。故皆爲今世字誤。"（p454 下）

《豸部》"貈"注："凡狐貉連文者，皆當作此貈字。今字乃皆假貉爲貈，造貊爲貉矣。"（p458 上）

《舄部》"舄"注："今字兕行而舄不行。"（p459 上）

《馬部》"驗"注："〔馬名。〕今用爲譣字，證也，徵也，效也。不知其何自始。驗行而譣廢矣。"（p464 上）

《亦部》"亦"注："〔人之臂亦也。〕……徐鉉等曰：亦今別作腋。按《廣韻》肘腋作此字。俗用亦爲語𧦝，乃別造此。"（p493 下）

《心部》"慲"注："〔遲也。〕遲重之字當作此。今皆叚重字爲之，今字也。"（p503 上）

《心部》"惲"注："厚當作𦤩，惲厚字當如此。今皆作渾厚，非是。"（p503 上）

《心部》"惇（憞）"注："凡憞厚字當作此。今多作敦厚，叚借，非本字。"（p503 上）

《心部》"憭"注："〔慧也。〕……按《廣韻》曰：了者，慧也。蓋

今字叚了爲憭。”（p503 下）

《心部》“恑”注：“〔變也。〕今此義多用詭，非也。詭訓責。”（p510 下）

《心部》“慊”注：“〔疑也。〕……今字多作嫌。按《女部》嫌者，不平於心也。一曰疑也。不平於心爲嫌之正義，則嫌疑字作慊爲正。今則嫌行而慊廢。”（p511 上）

《水部》“没”注：“〔湛也。〕湛，各本作沈，淺人以今字改之也，今正。”（p557 上）

《水部》“漏”注：“屚，屋穿水下也。……今字皆假漏爲屚。”（p566 下）

《瀕部》“瀕”注：“瀕，今字作濵。”（p567 下）

《川部》“巠”注：“冥巠，水大皃。今字作溟涬。”（p568 下）

《川部》“巛”注：“巛害字本如此作。《玉篇》云：天反時爲巛。今凡作灾、災、葘皆叚借字也。災行而巛廢矣。”（p569 上）

《雨部》“屚”注：“〔屋穿水入也。〕今字作漏。漏行而屚廢矣。”（p573 下）

《手部》“牂”注：“《玉篇》曰：牂今作將。”（p596 下）

《手部》“撩”注：“〔理之也。〕……今多作料量之料。”（p599 上）

《手部》“擾”注：“〔煩也。从手夒聲。〕……今作擾，从憂，俗字也。”（p601 下）

《手部》“扺”注：“按扺字今多譌作抵，其音義皆殊。”（p609 上）

《女部》“媄”注：“〔巧也。〕此與�各字，今用媄爲祬，非也。”（p622 下）

《女部》“婎”注：“今用雖爲語詞，有縱恣之意，葢本當作婎，叚雖爲之耳，雖行而婎廢矣。”（p624 上）

《女部》“嬒”注：“〔過差也。〕……今字多以濫爲之。……濫行而嬒廢矣。”（p625 下）

《戈部》"賊"注："〔瘯（賊），敗也。从戈則聲。〕……今字从戎作賊。"（p630下）

《戈部》"戜"注："〔利也。……从戈呈聲。〕……今譌作戜。"（p630下~p631上）

（三）用"今隸/今篆"作注釋的

《晶部》"曑"注："今隸變爲参，用爲参兩、参差字。"（p313上）

《人部》"侉"注："憮，今緐作憰。"（p381上）

《老部》"壽"注："〔久也。从老省，畧聲。〕畧見《口部》。今篆體作壽。誤。"（p398下）

《尾部》"尾"注："〔屋〕……今隸變作尾。（p402上）

《卒部》"羃"注："〔睪，从目从卒。〕……今隸作羃。凡从羃之字同。"（p496上）

（四）用"今人"作注釋的

《艸部》"蒙"注："今人冡冒皆用蒙字爲之。"（p46上）

《口部》"呼"注："〔外息也。〕……今人用此爲號嘑、評召字，非也。"（p56上）

《口部》"右"注："今人以左右爲ナ又字，則又製佐佑爲左右字。"（p58下）

《口部》"啁"注："今人啁作嘲。"（p59下）

《走部》"趌"注："按今人靳固字當作此趌字。"（p65下）

《走部》"趒"注："〔雀行也。〕今人槩用跳字。"（p67上）

《辛部》"童"注："〔男有皋曰奴，奴曰童，女曰妾。〕……今人童僕字作僮，以此爲僮子字。"（p102下）

《爪部》"爪"注："〔丮也。〕丮，持也。……今人以此爲叉甲字，非是。"（p113上）

《殳部》"殸"注："今人用腔字，《説文》多作空。"（p119上）

《刀部》"劑"注："今人藥劑字乃《周禮》之齊字也。"（p181上）

《木部》“柝（㯤）”注：“〔判也。〕……今人從手作拆，甚無謂也。”（p252 上）

《日部》“曏”注：“今人語曰向年、向時，向者即曏字也。”（p306 上）

《囧部》“盥”注：“今人皆作盟，不從小篆作盟者，猶皆作明不作朙也。”（p315 上）

《人部》“佪”注：“鄉，今人所用之向字也。漢人無作向者。”（p376 上）

《人部》“儳”注：“〔儳互，不齊也。〕今人作攙和字當用此。”（p380 上）

《衣部》“袒”注：“許書但裼字作但，不作袒，今人以袒爲袒裼字，而但袒二篆本義俱廢矣。”（p395 下 ~396 下）

《履部》“屨”注：“〔履下也。〕謂履之之底也。行地經歷者，今人言履歷當用此字。”（p402 下）

《文部》“嫠”注：“〔微畫文也。〕……凡今人用豪釐，當作此字。”（p425 下）

《厶部》“䒤”注：“〔相訹呼也。〕……今人以手相招而口言䒤，正當作此字。今則誘行而䒤廢矣。”（p436 下）

《厂部》“厡”注：“今人言偪仄，乃當作厡仄。”（p448 上）

《馬部》“駃”注：“奔軼絶塵字當作駃。今人用俊逸字當作駃。”（p467 上）

《麤部》“麤”注：“今人槩用粗，粗行而麤廢矣。”（p472 上）

《犬部》“獨”注：“凡争鬥字許作鬥。鬭者，遇也，其義各殊。今人乃謂鬭正，鬥俗，非也。”（p475 下）

《犬部》“狛”注：“今人黃檗字作黃柏，正雙聲之轉也。”（p477 下）

《火部》“爓”注：“〔火爓也。〕……今人云光燄者，作此字爲正。”（p485 下）

《黑部》"黣"注："〔黣者忘而息也。〕……今人所用憨字即此字之變也。"（p489 下）

《囟部》"囟"注："〔頭會匘蓋也。象形。〕……《九經字樣》曰：《説文》作囟，隸變作囟，……今人楷字譌囟，又改篆體作囟，所謂象小兒腦不合者，不可見矣。"（p501 上）

《心部》"意"注："意之訓爲測度、爲記。……訓記者，如今人云記憶是也，其字俗作憶。"（p502 下）

《心部》"籫"注："籫躇猶今人所用躊躇也，皆裹回不決之皃，故从心。"（p506 下）

《心部》"憪"注："〔愉也。〕……然則今人所用閒静字當作此字。"（p509 上）

《水部》"淈"注："〔濁也。〕今人汩亂字當作此。"（p550 下）

《水部》"派"注："〔別水也。〕……《韵會》曰：派本作𠂢。从反永。引鍇云今人又增水作派。據此，則《説文》本有𠂢無派。今鍇、鉉本《水部》派字當删。"（p553 上）

《水部》"㵵"注："〔小雨也。〕今人㵟作微。"（p558 上）

《水部》"洒"注："〔滌也。〕……今人假洗爲洒，非古字。"（p563 上）

《雨部》"霑"注："〔濡也。〕……今人多用霑染、濡染，染行而霑廢矣。"（p573 下）

《雲部》"霒"注："今人陰陽字小篆作霒昜。"（p575 上）

《魚部》"鱄"注："搏，索取也。今人用捕字。漢人多用搏字。"（p579 下）

《魚部》"鰿"注："〔鯽，鰿或从即。〕……今人用爲鰿魚字。"（p580 上）

《手部》"捾"注："〔搯捾也。〕……今人刜字當作此。"（p595 下）

《手部》"拂"注："今人用拂拭字當作此拂。許作拂飾也。"

（p600 下）

《手部》"擐" 注："今人廢丱而專用貫矣。"（p605 上）

《手部》"挼" 注："〔一曰兩手相切摩也。〕……今人多用此義，而字作挪。"（p606 上）

《手部》"捲" 注："〔一曰捲收也。〕此別一義，即今人所用舒卷字也。"（p608 下）

《手部》"抗" 注："〔杭，抗或从木。〕……今人用此字讀胡郎切，乃夯之譌變。"（p609 下）

《女部》"嬽" 注："〔好也。〕……按今人所用娟字當即此。"（p618 下）

《女部》"嬗" 注："〔緩也。〕今人用嬋字亦作此。"（p621 上）

《女部》"婯" 注："今人用些字取散細之意，即婯之俗體也。"（p621 下）

《女部》"媟" 注："〔嬻也。〕……今人以褻衣字爲之，褻行而媟廢矣。"（p622 下）

《女部》"奸" 注："今人用奸爲姦，失之。"（p625 下）

《琴部》"琴（珡）" 注："今人所用琴字乃上从小篆，下作今聲。"（p634 上）

《亼部》"勾" 注："今人以物與人曰給。其實當用勻字。"（p635 上）

（五）用"今俗"作注釋的

《艸部》"蕥" 注："〔瘞也。〕……今俗作埋。"（p44 下）

《口部》"嗔" 注："〔盛气也。〕……今俗以爲謓恚字。"（p58 上）

《止部》"歫" 注："今俗字歫作撐。"（p67 下）

《言部》"証" 注："今俗以証爲證驗字，遂改《吕覽》之証爲證。"（p93 上）

《鬲部》"䰞" 注："〔秦名土釜曰䰞。〕今俗作鍋。"（p111 下）

《鬲部》"䰞" 注："今俗字涫作滾，䰞作沸，非也。"（p111 下）

《支部》“效”注：“今俗分別效力作効，效法效驗作效，尤爲鄙俚。”（p123 上）

《受部》“晉”注：“凡諸書言安隱者當作此。今俗作安穩。”（p160 下）

《歹部》“殘”注：“今俗用爲歺餘字。按許意殘訓賊，歺訓餘，今則殘專行而歺廢矣。”（p163 下）

《肉部》“朕”注：“宵朕《倉頡篇》作容朕，葛洪《字苑》作凹凸，今俗通用作坳突。”（p172 上）

《竹部》“筵”注：“《（廣韵·）皆韵》曰：筵，筵籬。古以玉爲柱，故字从玉，今俗作筵。”（p193 上）

《邕部》“鱐”注：“鱐引伸爲迅疾之義，今俗用駛疾字當作此。”（p218 上）

《亯部》“韏”注：“〔孰也。〕今俗云純熟，當作此字。純醇行而韏廢矣。”（p229 下）

《韋部》“韇”注：“帖，帛書署也，引申爲今俗語帮貼之字。……〔緞，韇或从糸。〕今俗以爲錦繡段之段。”（p235 下 ~236 上）

《木部》“柜”注：“按柜今俗作欅。”（p246 上）

《木部》“槍”注：“〔距也。〕……今俗作鎗。”（p256 下）

《貝部》“貟”注：“引伸爲細碎之偁，今俗瑣屑字當作此。瑣行而貟廢矣。……按瑣者，貟之假借字。”（p279 下）

《邑部》“鄉”注：“〔地名。〕……今俗以爲鄉黨字。”（p299 下）

《人部》“僅”注：“材今俗用之纔字也。”（p374 下）

《先部》“先”注：“〔簪，俗先。〕今俗行而正廢矣。”（p406 上）

《禿部》“穨”注：“〔禿皃。从禿貴聲。〕……今俗字作頹，失其聲矣。”（p407 上下）

《勹部》“勽”注：“〔覆也。〕此當爲抱子、抱孫之正字。今俗作抱，乃或捊字也。”（p433 下）

《鬼部》"醜"注："疇者，今俗之儔類字也。"（p436 上）

《广部》"厔"注："〔礙止也。〕……凡厔礙當作此字，今俗作窒礙。非也。"（p445 上）

《易部》"易"注："今俗書蜥易字多作蝪，非也。"（p459 上）

《犬部》"狠"注："今俗用狠爲很，許書很狠義別。"（p474 下）

《心部》"慿"注："蠡慿皆象聲，故同在十六部也。今俗作蠡慿。此《豕部》下所謂今世字，誤以象爲彖也。《口部》喙篆疑亦本從彖聲。"（p511 下 ~512 上）

《水部》"沸"注："今俗以沸爲灣字。"（p553 上）

《水部》"澣"注："〔濯衣垢也。〕……按作澣者，今俗字也。"（p564 下）

《雨部》"霅"注："今俗語云霎時間，霎即霅之俗字。"（p572 上）

《雨部》"霩"注："《淮南·天文訓》：道生於虛霩，虛霩生宇宙。今俗字作廓，廓行而霩廢矣。"（p573 下）

《手部》"掊"注："〔杷也。〕……按今俗用之刨字也。"（p598 下）

《手部》"撇"注："今俗語云撇帶者，當作撇。"（p600 上）

《女部》"妓"注："〔婦人小物也。〕今俗用爲女伎字。"（p621 下）

（六）用"今經典 / 今（之）經傳 / 今書 / 今通用 / 今通作"作注釋的

《艸部》"菫"注："〔艸也，根如薺，葉如細柳，蒸食之甘。〕……今經典通用菫字。"（p45 下）

《走部》"趡"注："〔行遲也。〕今人通用慢字。"（p65 下）

《辵部》"遺"注："〔媟遺也。〕《女部》作媟嬻，《黑部》作黷。今經典作瀆。"（p71 上）

《殳部》"毆"注："〔捶毄物也。〕……按此字即今經典之毆字。《廣韻》曰：俗作歐。是也。"（p119 下）

《華部》"畢"注："《攴部》曰：敭，盡也。今盡義通作畢。"

（p158 上）

《肉部》“胜”注：“今經典膏胜、胜肉字通用腥爲之而胜廢矣，而腥之本義廢矣。”（p175 下）

《刀部》“劓”注：“〔刖鼻也。……劓，劓或从鼻。〕刀鼻會意，今經典如此作。”（p182 上下）

《耒部》“耤”注：“〔帝耤千畝也。〕……按今經典多作藉。”（p184 上）

《鬯部》“鬯”注：“〔黑黍也。……秬，鬯或从禾。〕今經典字皆如此作。”（p218 上）

《木部》“柜”注：“〔木也。〕柜，今經典之秬。……今俗作秬。”（p259 上）

《木部》“欁”注：“〔伐木餘也。……蘖，欁或從木辥聲。〕今經典用此字。”（p268 下～269 上）

《从部》“从”注：“今之經傳皆變作偃，偃行而从廢矣。”（p309 上）

《人部》“儐”注：“〔導也。……擯，儐或从手。〕今經典作擯相字多從此。”（p372 上）

《尸部》“屍”注：“〔終主也。〕……今經傳字多作尸，同音假借也。亦尚有作屍者。”（p400 下）

《山部》“陵”注：“〔高也。……峻，陵或省。〕今經典作此字。”（p440 上）

《火部》“煖”注：“〔盈也。〕……今通用煖。”（p486 上）

《炙部》“燔”注：“今世經傳多作燔，作膰，惟許書作燔。《火部》燔下云爇也，是《詩》作燔爲叚借字，他經作膰乃俗耳。許稱《左傳》作燔。”（p491 上）

《大部》“奎”注：“今經傳都無奎字，有桓字。《商頌·長發》傳曰：桓，大也。……此可以證桓即奎之叚借字。……桓之本義爲亭郵表，自經傳皆借爲奎字，乃致桓行奎廢矣。”（p492 下）

《尤部》“尨”注：“尨，俗作跛。……今之經傳有跛無尨。”（p495 上）

《心部》“憜”注：“〔不敬也。〕今《書》皆作惰。韋玄成傳：供事靡憜。師古曰：憜，古惰字。……〔惰，憜或省𤰞。〕今俗皆如此作。”（p509 下 ~510 上）

《魚部》“鰻”注：“〔鮀也。……鱧，鰻或从匽。〕今經典皆如此作。”（p578 下）

《耳部》“聝”注：“〔軍戰斷耳也。……馘，聝或从𩠐。〕今經傳中多从首。”（p592 下）

《女部》“㛕”注：“〔耦也。……侑，㛕或从人。〕今通用此體。”（p621 下）

四　單用“古”字注釋古今字的

（一）用“古 / 古之 / 古有 / 古無 / 古者”作注釋的

《艸部》“芽”注：“〔芽，萌也。〕……古多以牙爲芽。”（p37 下）

《八部》“公”注：“證以韋昭《吳語》注云：北，古之背字。”（p49 下）

《言部》“誣”注：“古無架字，以加爲之。”（p97 上）

《又部》“㕙”注：“古者拂拭字只用飾。”（p115 下）

《人部》“俿”注：“凡古俿舉、俿謂字皆如此作。……自稱行而俿廢矣。”（p373 下）

《彡部》“㣈”注：“古昭穆亦當用㣈。”（p425 上）

《手部》“搏”注：“古捕盗字作搏。……今則捕行而搏廢，但訓爲搏擊。”（p597 上）

《手部》“捲”注：“按《五經文字·本部》㩲字下曰：从手作㩲者，古拳握字。”（p608 下）

《戈部》"肇"注："玉裁按古有肇無肇。从戈之肇，漢碑或从殳。俗乃从攵作肇，而淺人以竄入許書《攴部》中。《玉篇》曰：肇俗肇字。《五經文字·戈部》曰：肇作肇，訛。《廣韵》有肇無肇。……葢伏侯作庫，與許作肇不同。……實則漢人庫字不行，祇用肇字訓始。……今經典肇字俗謁从攵。"（p629 下）

（二）用"古（只、祇、通、皆、多）作／古（多）用"作注釋的

《示部》"祐"注："〔助也。〕古祇作右。"（p3 上）

《艸部》"蔓"注："〔葛屬也。〕此專謂葛屬，則知滋蔓字古祇作曼。"（p35 下）

《口部》"唐"注："凡陂塘字古皆作唐，取虛而多受之意。《𨸏部》曰：隄，唐也。"（p58 下）

《行部》"衛"注："將帥字古祇作將衛。帥行而衛又廢矣。"（p78 下）

《号部》"号"注："凡嘑號字古作号。"（p204 下）

《木部》"楗"注："按楗，《釋文》音山厄反。許書無楗字，葢古只作束也。"（p241 下）

《人部》"偭"注："偭……古通作面。"（p376 上）

《广部》"廑"注："古多用廑爲僅，亦用爲勤字。"（p446 上）

《鱻部》"灥"注："捕魚字古多作魚……然則古文本作魚，作鱻。灥其籀文乎。至小篆則媘爲漁矣。"（p582 上）

（三）用"古叚借／古多叚／古多借"作注釋的

《心部》"怡"注："〔龢也。〕……《玉篇》曰：怡者，悅也，樂也。古多叚台字。"（504 上）

《心部》"忽"注："〔忘也。〕古多叚曶爲之。"（p510 上）

《心部》"惑"注："〔亂也。〕……古多叚或爲惑。"（p511 上）

《門部》"闢"注："〔開也。〕……古多叚借辟字。"（p588 下）

《手部》"挈"注："〔縣持也。〕……古叚借爲契栔字。"（p596 下）

《女部》"嫺"注："〔嫺雅也。〕……嫺古多借閒爲之。"（p620 上）

（四）用"古經／古書"作注釋的

《韧部》"栔"注："〔刻也。〕……按古經多作契，假借字也。"（p183下）

《人部》"儀"注："《肆師職》曰：古書儀但爲義。今時所謂義，古書爲誼。"（p375上）

《广部》"廖"注："夾，古書多作俠。"（p444下）

《水部》"瀞"注："〔無垢薉也。〕……古書多假清爲瀞。"（p560下）

五　其他注釋方式

（一）用"後／後世／後人／後起"作注釋的

《八部》"尒"注："尒之言如此也。後世多以爾字爲之。"（p48下）

《干部》"屰"注："〔不順也。〕後人多用逆，逆行而屰廢矣。"（p87上）

《攴部》"敕"注："〔誡也。〕……後人用勑爲敕。"（p124上）

《攴部》"敊"注："〔彊取也。〕此是争敊正字，後人假奪爲敊，奪行而敊廢矣。"（p124下）

《戈部》"或"注："〔域，或或从土。〕……是爲後起之俗字。"（p631上）

（二）用具體時代來説明古今字的

《只部》"只"注："〔語巳䛐也。〕……宋人詩用只爲祇字，但也。今人仍之，讀如隻。"（p87下）

《只部》"䛊"注："〔聲也。〕謂語聲也。晉宋人多用馨字……馨行而䛊廢矣。"（p87下）

《丮部》"埶"注："〔穜也。〕……唐人樹埶字作蓺，六埶字作藝，……周時六藝字葢亦作埶，……又《説文》無勢字，葢古用埶爲

之。"（p113 下）

《灥部》"瀺"注："〔搏魚也。〕搏舊作捕，今正。搏，索持也。漢人用搏字多如此。"（p582 上）

《糸部》"絡"注："包絡字，漢人多叚落爲之，其實絡之引申也。"（p659 下）

第二節　本書研究範圍的界定

經過初步的搜集整理，《説文解字注》中的古今字材料按照注釋方式的不同可分爲五大類。直接表述爲"古今字"或分別點明古字、今字的材料，一般情況下都是古今字，但單獨使用"古"或"今"來作注釋的材料，還有各種不同的情況。爲了明確材料範圍，避免有爭議的材料，現對材料的選取原則做出如下説明，以界定本書的研究範圍。

一　屬於版本異同問題的材料不計入本書的研究範圍

有些使用了"今""今作""今本"等表述方式的材料屬於版本問題，爲避免版本的時代及傳寫正誤等問題，不將其作爲本書研究的古今字材料，如：

《木部》"枰"注："許所引《山海經》櫨字今作柘，浯字今作涔，荔字今作颸，其不同如此。"（p243 下）

《心部》"忼"注："是今《易》作宄爲正字。許所據孟氏《易》作忼，叚借字也。"（p503 上）

《心部》"慺"注："〔《春秋傳》曰：'駟氏慺。'〕昭公十九年《左

52

傳》文，今本作聳，後人所易也。"（p506 上）

《心部》"怕"注："今本《人部》傽下曰詐也，淺人所改耳。"（p507 上）

《水部》"濫"注："〔《詩》曰：'觱沸濫泉。'〕……今作檻泉者，字之假借也。"（p549 上）

"古文""今文"有時被用來説明古書版本的不同，本書選取材料時也排除這種情況，如：

《肉部》"脅"注："《儀禮》牲體脅謂之兩胉。注曰：今文胉爲迫。許此部前後皆無胉字，是則鄭從古文胉，許從今文迫也。"（p169 上）

《刀部》"切"注："古文《禮》刌肺，今文刌爲切。"（p179 上）

《髟部》"鬄"注："《士喪禮》：特豚四鬄。注曰：鬄，解也。今文鬄爲剔。"（p428 下）

《犬部》"狟"注："〔《周書》曰：'尚狟狟。'〕《牧誓》文，今作桓桓，許用孔壁中古文也。"（p475 上）

《心部》"惟"注："按經傳多用爲發語之詞，《毛詩》皆作維，《論語》皆作唯，古文《尚書》皆作惟，今文《尚書》皆作維。"（p505 上）

有時"古文""今文"所指爲字體材料，屬於字形異同問題，這種情況計入本書所取材料範圍，如：

《屮部》"屮"注："凡云古文以爲某字者，此明六書之叚借。以，用也，本非某字，古文用之爲某字也。如古文以洒爲灑埽字，以疋爲《詩》大雅字①，以万爲巧字，以臤爲賢字，以𣦵爲魯衛之魯，以哥爲歌字，以詖爲頗字，以𠕁爲覭字，籀文以爰爲車轅字，皆因古時字少，依

---

① 《疋部》"疋"注："〔古文目爲《詩》大雅字。〕……此謂古文叚借疋爲雅字。"（p84 下）此條中"雅"的古字作"疋"，與此處作"疋"爲異寫關係，在《古今字表》中標示爲"疋（疋）"。

聲託事。至於古文以屮爲艸字，以正爲足字，以丂爲亐字，以伖爲訓字，以臭爲澤字，此則非屬依聲，或因形近相借，無容後人效尤者也。……言叚借必依聲託事，屮艸音類遠隔。古文叚借尚屬偶爾，今則更不當爾也。”（p21 下）

按：這裏段玉裁提出古文以 A 爲 B 的兩種情況，一種是有聲音關係而假借，一種是形體相近而假借，後者是段玉裁所批評的。按照段玉裁對古今字的論述“凡言古今字者，主謂同音”（《八部》“余”注 p49 下），因形體相近而借用不屬於古今字。這裏雖然使用了“古文”“籀文”，但不是字體問題，而是説在古文中的哪個字相當於後來的哪個字，是在不同字體材料中的字形異同問題，故而計入本書的材料範圍。

其他注釋爲“古文”屬於字形異同的材料如：

《艸部》“莊”注：“古文士或作丒，譌爲卢也。”（p22 下）

《牛部》“牻”注：“〔白黑襍毛牛。〕……古文假借作龍，亦作蒙。”（p51 上）

《羽部》“翏”注：“《匡謬正俗》云：翉，古文戮字。”（p139 下）

《歺部》“殄”注：“按古文假殄爲腆。”（p163 下）

《歺部》“殆”注：“《玉篇》曰：哲，古文辜字。”（p164 上）

《肉部》“脾”注：“按古文以脾爲髀字。”（p168 下）

還有些注釋爲“古文”“今文”的條目明確標注爲古今字，當然也屬於古今字材料，如：

《网部》“罠”注：“然則緡罠古今字，一古文，一小篆也。”（p356 上）

《水部》“潒”注：“瀁者，古文爲漾水字，隸爲潒瀁字，是亦古今字也。潒瀁，疊韵字，搖動之流也。今字作蕩漾。”（p546 下）

綜上，本書將屬於版本異同問題的材料排除，其他屬於不同字體用字情況的材料則計入研究範圍。

二 屬於方言、語音、地理差異或古今異名問題的材料不計入本書的研究範圍

（一）屬於方言問題的材料

屬於方言問題的材料不計入本書研究的古今字，如：

《水部》"洰"注："沃，今江蘇俗云燠。"（p560 下）

《水部》"涫"注："〔灡也。〕……然則涫灡一也。《周禮注》曰：今燕俗名湯熱爲觀。觀即涫。今江蘇俗語灡水曰滾水。滾水即涫，語之轉也。"（p561 上）

《水部》"潩"注："〔涫溢也。今河朔方言謂灡溢爲潩。〕"（p561 上）

《水部》"汏"注："〔淅灡也。〕……今蘇州人謂搖曳洒之曰汏。音如俗語之大，在禡韵。"（p561 上）

《水部》"溽"注："〔多汁也。〕……按今江蘇俗語謂之稠也。"（p563 上）

（二）屬於語音問題的材料

屬於語音問題的材料不計入本書研究的古今字，如：

《火部》"煖"注："〔盈也。从火爰聲。〕況袁切。十四部。今人讀乃管切，同煗。"（p486 上）

（三）屬於地理差異的材料

屬於地理差異的材料不計入本書研究的古今字，如：

《心部》"慇"下注："故城在今河南開封府密縣東七十里。〔有慇亭。〕"（p508 下）

《水部》"濕"注："〔濕水，出東郡東武陽，入海。〕……今山東曹州府朝城縣縣東南有東武陽城是也。"（p536 上）

（四）屬於古今異名問題的材料

屬於古今異名問題的材料也不計入本書研究的古今字，如：

《履部》"履"注："古曰屨，今曰履。古曰履，今曰鞋，名之隨時

不同者也。"（p402 下）

《火部》"裒"注："〔炮炙也。〕……微火温肉所謂裒也，今俗語或曰烏，或曰煨，或曰燜，皆此字之雙聲疊韻耳。"（p482 下）

《水部》"泡"注："〔泡水，出山陽平樂，東北入泗。〕……按今俗曰包河。"（p536 下）

《戈部》"戟"注："今之用金曰槍者，則古之矛也。"（p631 下）

三　屬於同一字形古今詞義變化的材料不計入本書的研究範圍

段玉裁把有些字形未變而字義發生了變化的字也稱爲"今字"，這部分材料與其他在某一個意義上產生古今字形變化的材料顯然性質不同，本書把這一類材料也不計入古今字的研究範圍。例如：

《鳥部》"鷄"注："〔鷄鳥也。〕今爲難易字，而本義隱矣。……〔雖，鷄或从隹。〕今難易字皆作此。"（151 上）

《馬部》"驟"注："按今字驟爲暴疾之詞，古則爲屢然之詞。"（p466 下）

《水部》"淩"注："〔淩水。〕……《廣韵》曰：淩，歷也。今字今義也。"（p535 下）

《水部》"治"注："〔治水。出東萊曲城陽丘山，南入海。〕……按今字訓理，蓋由借治爲理。"（p540 上）

《水部》"濟"注："〔泲水。出常山房子贊皇山，東入泜。〕……今字以爲濟渡字。"（p540 下 ~541 上）

《水部》"濡"注："〔濡水。出涿郡故安，東入淶。〕……今字以濡爲霑濡，經典皆然。"（p541 上下）

《水部》"沽"注："〔沽水，出漁陽塞外，東入海。〕……今字以爲沽買字。"（p541 下 ~542 上）

《水部》“沛”注：“〔沛水。出遼東番汗塞外，西南入海。〕……今字爲顛沛，跋之假借也。”（p542 上）

《水部》“泥”注：“〔泥水。出北地郁郅北蠻中。〕……按今字皆用爲塗泥字。”（p543 下）

《女部》“婥”注：“〔女病也。〕《廣韵》曰：婥約，美皃。此今字今義也。”（p626 上）

有些使用了“今俗”“今人”等表述方式的材料也屬於同一字形古今詞義的變化，同樣不計入本書的材料範圍，如：

《石部》“礱”注：“〔䃺也。〕下文云‘䃺者，石磑也’，此云䃺也者，其引伸之義，謂以石䃺物曰礱也。今俗謂磨穀取米曰礱。”（p452 下）

《石部》“硯”注：“〔石滑也。〕……按字之本義謂石滑不澀。今人研墨者曰硯，其引伸之義也。”（p453 上）

《水部》“汪”注：“〔深廣也。〕……按今俗語謂小水聚曰汪。”（p547 下）

《水部》“沆”注：“〔莽沆，大水也。……一曰大澤貌。〕《風俗通·山澤篇》曰：傳曰沆者，莽也。言其平望莽莽，無涯際也。沆澤之無水，斥鹵之類也。今俗語亦曰沆。”（p548 上）

《水部》“渾”注：“〔溷流聲也。〕……今人謂水濁爲渾。”（p550 上）

《水部》“潯”注：“〔旁深也。〕今人用此字，取義於旁而已。”（p551 上）

四 屬於單雙音詞形變化的材料不計入本書的研究範圍

從單音節詞發展爲雙音節詞的材料，不計入本書研究的古今字範圍，如：

《水部》“溶”注：“〔水盛也。〕……按今人謂水盛曰溶溶。”（p550 上）

《水部》"滲"注："〔下漉也。〕……今俗云滲屚。"（p550下）

五 對引文論述的古今字表示反對的材料不計入本書的研究範圍

段玉裁在注釋中引用了很多他人的論説，其中一些就是對於古今字的論述。凡是段玉裁表示反對的材料，本書不納入討論，如以下二條。

《水部》"池"注："〔陂也。从水也聲。〕……按徐鉉等曰：池沼之池，通用江沱字，今别作池，非是。……然則應所見固有池篆，别於沱篆顯然。……夫形聲之字多含會意。沱訓江别，故从它。沱之言有它也。停水曰池，故从也。也本訓女陰也。《詩》謂水所出爲泉，所聚爲池。故曰池之竭矣，不云自瀕。泉之竭矣，不云自中。豈與沱同字乎。漢碑作池沼字皆從也。《廣雅》曰：沼，池也。池，沼也。二字互訓與許合。"（p553下~554上）

按：這裏徐鉉認爲在｛池沼｝的義項上，"沱"是"池"的古字。段玉裁反對徐鉉的看法，認爲《説文》中本有"池"的篆文，與"沱"是不同的兩個字，並從字形來分析字義，且舉出《廣雅》的互訓來證明"池"是｛池沼｝義的本字。

《爪部》"爪"注："蘇林曰：掌據之，足蹈之也。云掌據之，正合丮持之訓。而小顔云：爪，古掌字。……許曰：其於所不知，蓋闕如也。何必許所闕而强爲之辭乎。"（p113下）

按：段玉裁認爲"爪"字的形義都明確，但是音讀不傳，從蘇林以後讀作掌，他覺得是"强爲之辭"，所以並没有同意"爪，古掌字"的説法，在《手部》"掌"字的訓釋中也未言二字具有古今字關係。

其他不同意引述觀點的條目如：

《艸部》"蘄"注："陸德明曰：蘄古芹字。然《説文》有䒋字，則非一字也。"（p27下）

《艸部》"蘜"注："〔日精也。㠯秋華。〕……《釋艸》：蘜，治牆。郭云：今之秋華菊。郭意蘜菊爲古今字。玉裁謂：許君剖析菊爲大菊、蘧麥，蘜爲治牆，蘜[1]爲日精，分廁三所。"（p33上）

《寸部》"尃"注："〔布也。〕……徐廣曰：尃，古布字。按尃訓布也，非一字。"（p121下）

《手部》"撼"注："〔搖也。〕……鉉曰：今別作撼。非是。"（p606上）

有時段玉裁引用了幾家說法，均未表明同意與否，但引用的幾種說法不一致、有矛盾，這種情況本書也不計入。如以下所引。

《足部》"蹄"注："〔踶也。〕玄應曰：曡，《三蒼》音帝。郭訓古文奇字，以爲古文逝字。《漢書》韋昭音徒計切。按蹄即曡字。《漢書》曡悍作曡，蹄林作蹄。"（P82下）

按：這裏段玉裁引用了玄應、郭璞和《漢書》韋昭注三個說法，都未表示同意與否，且三個說法並不一致，所以不能看作段玉裁同意"曡"爲"逝"的古字，故不計入。

凡是段玉裁對引文論述的古今字表示同意，或者僅引述未表示反對的，本書都納入古今字材料中來，如：

《艸部》"蒩"注："〔朝會束茅表位曰蒩。〕……何氏《纂文》云：蒩，今之纂字。是也。"（p42下）

《乁部》"乁"注："〔長行也。〕《玉篇》曰：今作引。是引弓字行而乁廢也。"（p77下）

《㺲部》"㺲"注："凡展布字當用此，展行而㺲廢矣。《玉篇》曰：㺲今作展。"（p201下）

《虎部》"䖐"注："〔黑虎也。〕《釋獸》曰：䖲，黑虎。《釋文》曰：䖲，今作䖐。"（p210下）

《㐭部》"亶"注："《玉篇》曰：亶，今作庸。《廣韵》曰：亶者，

──────────

[1] 此"蘜"原文作"蘜"，當爲"蘜"之誤。據《說文》"蘜，日精也"及此處文意，當作"蘜"字。

庸之古文。"（p229 下）

《人部》"僊（僊）"注："〔長生僊去。从人䙴，䙴亦聲。〕……仙，遷也。遷入山也，故其制字人旁作山也。成國字體與許不同，用此知漢末字體不一，許擇善而從也。漢碑或从䙴，或从山。《漢·郊祀志》：僊人羡門。師古曰：古以僊爲仙。《聲類》曰：仙，今僊字。葢仙行而僊廢矣。"（p383 下）

《尸部》"屖"注："《玉篇》曰：屖今作栖，然則屖遟，即《陳風》之棲遟也。"（p400 下）

《頁部》"頫"注："〔低頭也。〕……《匡謬正俗》引張揖《古今字詁》云，頫今之俯俛也。"（p419 下）

《頁部》"頄"注："〔顴也。从頁九聲。〕按玄應書网引《説文》皆作頯，是其字从頁，又聲。今本《説文》作頄，尤聲。非古也。"（p421 上）

《頁部》"頯"注："〔頩，頯或从卂。〕按此篆亦當作疢，从卂，又聲。據玄應書及《廣韵》可證。玄應曰：今作疢。知淺人以今體改古體耳。"（p421 下）

《鬼部》"䰟"注："李文仲《字鑑》曰：《説文》本下形上聲，今作魂，右形左聲。如詞朗崩秋，《説文》本作䰠䰟魀烁，今從隷變。又召字形在左則爲叨，含字聲在右則爲吟。字畫稍改，則爲別字。按李氏在元時，猶見《説文》舊本，故䰠䰟等字不誤。"（p435 上）

《石部》"确"注："〔礊也。〕依《韵會》訂，确即今之埆字，與《土部》之墝音義同。……鉉等曰：今俗作確。"（p451 下）

《犬部》"狘"注："〔怯，杜林説：狘从心。〕今字皆用伯山説也。"（p475 上）

《亦部》"亦"注："〔人之臂亦也。〕……徐鉉等曰：亦今別作腋。按《廣韵》肘腋作此字。俗用亦爲語䛐，乃別造此。"（p493 下）

《水部》"渚"注："《釋水》文：州洲古今字。"（p540 下）

《水部》"潤"注："一説潤涊古今字。"（p550 下）

《水部》"溜"注："《篇》、《韵》皆曰：泪今作溜。今據正。"（p552 上）

《水部》"派"注："〔別水也。〕……《韵會》曰：派本作辰。从反永。引鍇云今人又增水作派。據此，則《説文》本有辰無派。今鍇、鉉本《水部》派字當删。"（p553 上）

《門部》"闢"注："張揖《古今字詁》云：闗闢古今字，舊讀闗爲開。非也。"（p588 下）

《手部》"挫"注："〔摧也。〕……《詩》'乘馬在廐，摧之秣之'，傳曰：摧，挫也。箋云：挫，今莝字也。"（p596 下）

《手部》"將"注："《玉篇》曰：將今作將。"（p596 下）

《手部》"據"注："晉灼曰：据，今據字也。"（p597 下）

《手部》"捲"注："按《五經文字·本部》攑字下曰：从手作攑者，古拳握字。"（p608 下）

六 其他被排除的材料

（一）古今字形無差別的材料排除

段玉裁在有些注釋中説明了古今字關係，但古字和今字字形相同，這種情況我們也排除，如以下二條。

《𠃊部》"直"注："〔正見也。……从十目𠃊。〕……今隸作直。"（p634 上）

按："直"的小篆字形作"𥄂"，隸書字形正是小篆的準確隸定，字形無別。

《工部》"巧"注："《丂部》曰：古文以丂爲丂。"（p201 上）

按：《説文》曰"〔丂，古文目爲亏字，又目爲巧字〕"（p203 下），此處"以丂爲丂"當是別字。

（二）古字或今字不明確的材料排除

《糸部》"紖"注："〔牛系也。〕……所以牽牛者。今時謂之雉。與古者名同。"（p658下）

按：在{牽牛繩}的義項上，本字爲"紖"，清代稱爲"雉"，段玉裁沒有明確說"雉"是今字，"與古者名同"是在說明語詞問題，所以不能確定這個意義就是寫作"雉"，故不收入。

《火部》"煨"注："許無煻字，今俗謂以火溫出冬閒花曰唐花，即煻字也。"（p482上）

按：在{烘焙，烘熱}的義項上，清時俗語稱爲"唐花"，段玉裁認爲當作"煻"字，但沒有說明"煻"和"唐"字的關係，故不收入。

在有些條目中，段玉裁用"古字""古作""古叚借"等方式論及在某一個義項上的古字，但相應的今字並不明確，這樣的條目本書也不計入研究範圍。如以下三條。

《弓部》"弆"注："弆與羿古葢同字。"（p641下）

按：在{后羿，傳說中夏代東夷族的首領}的義項上，"弆"和"羿"都是古時使用的異體字，段玉裁沒有明確說今字爲何，故不收入。

《虫部》"蜡"注："〔蠅胆也。〕《肉部》曰：胆，蠅乳肉中也。蜡胆音義皆通。……蠅生子爲蛆。蛆者俗字，胆者正字，蜡者古字。已成爲蛆，乳生之曰胆，曰蜡。"（p669上）

按："蜡"爲{蛆蟲}的古字，與"蛆""胆"爲異體關係，但今字不明確，故不收入。

《金部》"錽"注："〔鐵也。一曰轡首銅也。〕……毛傳曰：鋚，轡也。革，轡首也。……許釋錽爲轡首銅。錽即鋚字。《詩》本作攸，轉寫誤作鋚。攸革皆古文叚借字也。古金石文字作攸勒，或作錽勒。"（p702下）

按：在{馬籠頭上的銅飾品}的義項上，古字"攸"是假借字，

"鋻"是本字，"肇"是傳寫訛誤字，今字用哪個字形並不明確。表示
{馬籠頭}的古字"革"也是假借字，金石文字或作"勒"，今字不明，
故不收入本書研究範圍。

綜上，爲保證研究材料的有效性，準確認識段玉裁的古今字觀念，
本書將古今字關係不明確、古字或今字不確定的材料都排除在外。

（三）段玉裁不確定的古今字材料排除

《馬部》"駷"注："〔馬步疾也。〕按今人專輒字作輒，似當作駷爲
近之。"（p466下）

按：在{擅自，專擅}的義項上，今人用"輒"字，段玉裁認爲
今字可能有誤，但語氣存疑，所以也不計入古今字材料。

（四）屬於個例或個人用字習慣的材料排除

《共部》"共"注："虞共爾位，箋云：古之恭字或作共。云或，則
僅見之事也。《史記》恭敬字亦無作共者。"（p105上）

按：這裏説"共"作"恭"的古字是僅見之事，也就是個例，並
舉出"《尚書》、《毛詩》、《史記》恭敬字皆作恭，不作共"（p105上），
其實表明了段玉裁對這種古今字説法的不認同。《人部》"供"字段注：
"總之，古經用共爲供之假借，不用共爲恭之假借。惟《左傳》三命兹
益共，其共也如是，君命以共，則借共爲恭，鄭君箋《詩》所謂古之
恭字或作共者乎，詳《古文尚書撰異》。"（p371上）這種用例罕見且段
玉裁表示反對的情況我們不收入。

《金部》"鐵"注："〔鐵器也。〕葢鋭利之器。郭注《爾雅》用爲今
之尖字。"（p705上）

按：這裏談到的古今字僅限於郭璞注《爾雅》，似爲郭璞個人的用
字習慣，不具有普遍性，所以本書也不收入。

（五）段玉裁未注釋的《説文》古文材料排除

因本書研究的是段玉裁注釋的古今字，故僅在《説文》原文中注
列，而段玉裁在注釋中没有論述的古文材料不屬於本書的研究對象，

不收入本書的研究範圍。如：

《一部》"一"："〔弌，古文一。〕"（p1 上）

《艸部》"莊"："〔上諱。牂，古文莊。〕"（p22 上下）

《糸部》"絶"："〔斷絲也。……𢇍，古文絶。象不連體絶二絲。〕"（p645 下）

《糸部》"紹"："〔𦂌，古文紹，从卩。〕"（p646 上）

根據以上六類材料選取原則，本書對《説文解字注》中的古今字材料進行了二次整理，以義項爲單位統計，除掉重複的古今字組，《説文解字注》中的古今字共計 1091 組，詳見"《説文解字注》古今字表"部分。第二章的材料分析即在此基礎上進行。

第二章　對《說文解字注》中古今字材料的分析

第一節　古今字的字形分析

一　古字和今字的字形關係

歷來研究古今字的人都會比較古字和今字的字形關係，多數學者認爲古字和今字有着造字相承的關係：或爲相承增加偏旁，即增加義符或聲符，或爲相承改換偏旁。通過對《說文解字注》中古今字材料的分析，本書認爲古字和今字的字形關係是多種多樣的，既有形體相承的，也有毫無關係的，還有一些特殊情況，表面看來今字是對古字字形的改造，增加或者改換了某個構件，但是這種增加或者改換的說法却並不符合實際情況，因爲今字表示原由古字記錄的義項是一種假借用法。例如：在｛雲氣｝的義項上，"气"爲古字，"氣"爲今字。气是氣的聲符，《米部》"氣""从米气聲"（p333上）。單從字形來看，"氣"是在"气"的基礎上增加了義符"米"，但由於"氣"的本義是｛贈送人的穀物｝，記錄｛雲氣｝義是假借用法，兩個字本來是爲不同的詞所造，不是相承關係，故而不能說是增加了義符。這種情況在古今字中是很普遍的。祇有古今兩個字形都是爲了相同的詞而造，或者雖不同詞，但字形都與所記録的意義相合，都是本字本用或兼用的情況，纔能説它們的形體相承。

經過對《説文解字注》中古今字材料的分析歸納，可將古字和今字的字形關係分爲有相承關係和沒有相承關係兩大類，分別舉例説明如下。

（一）今字和古字的字形有相承關係

1. 今字在古字的基礎上增加義符

（1）氣—餼

《米部》"氣"注："〔饋客之芻米也。〕……〔餼，氣或从食。〕按从食而氣爲聲，蓋晚出俗字。"（p333上下）

按：在｛贈送人的穀物｝的義項上，"氣"爲古字，"餼"爲今字。二字之形均與此義項相合，是爲同一個詞所造，"餼"以"氣"爲聲符，是在"氣"的基礎上增加義符，兩個字形體相承。

（2）或—國，或—域

《戈部》"或"注："〔邦也。〕《邑部》曰：邦者，國也。蓋或國在周時爲古今字。古文祇有或字。既乃復製國字。……以爲凡人所守之或字未足盡之，乃又加口而爲國。又加心爲惑，以爲疑惑當別於或。此孳乳寖多之理也。既有國字，則國訓邦，而或但訓有。漢人多以有釋或。……《毛詩》九有，《韓詩》作九域。……或，古音同域。……〔域，或或从土。〕既从口从一矣，又从土，是爲後起之俗字。"（p631上）

按：在｛邦國｝的義項上，"或"與"國"構成古今字。在｛疑惑｝的義項上，"或"與"惑"構成古今字。在｛有｝的義項上，"或"與"域"構成古今字。"或"的本義是｛邦國｝，可引申爲｛有｝義。因此，"或"與"國""域"記録的是同一個詞的本義和引申義，屬於本字的本用和兼用。今字"國""域"在古字"或"的基礎上分別增加了不同的義符，兩組古今字都形體相承。"或"與"惑"的情況則不同，兩個字分別爲不同的詞語而造，"惑"是｛疑惑｝義的本字，而

"或"記録｛疑惑｝義是假借，二字本不同詞，所以不能説它們形體相承。

（3）魚、鱻—灊—漁

《鱻部》"灊"注："捕魚字古多作魚……然則古文本作魚，作鱻。灊其籒文乎。至小篆則媘爲漁矣。"（p582上）

按：在｛捕魚｝的義項上，古文字形作"魚"或"鱻"，籒文字形作"灊"，小篆字形作"漁"。這幾個字形都與｛捕魚｝義相合，是在"魚"的基礎上，或重複構件，或增加了"水"這個義符，形體上有明顯的相承關係。

2.今字改變了古字的義符

（1）墠—禪

《示部》"禪"注："〔祭天也。从示單聲。〕凡封土爲壇，除地爲墠。古封禪字葢衹作墠。項威曰：除地爲墠，後改墠曰禪，神之矣。"（p7上）

按：在｛封禪，祭祀天地的儀典｝的義項上，"墠"是古字，"禪"是今字。兩個字形都爲這一詞義而造，都以"單"爲聲符，古字義符從"土"，強調祭祀天地時闢場祭地的儀式；今字義符從"示"，更能體現與祭祀的意義聯繫。

（2）孌—戀

《女部》"孌"注："〔慕也。从女繺聲。〕……在小篆爲今之戀，慕也。……《廣韵》卅三線曰：戀慕也。孌戀爲古今字。"（p622上）

按：在｛戀慕｝的義項上，小篆字形作"孌"，是古字，"戀"是今字，應該是隸書的字形。兩個字都是｛戀慕｝義的本字，都從繺聲，古字從女，今字改爲從心。

（3）説—悦，釋—懌

《言部》"説"注："〔説釋也。〕説釋即悦懌。説悦，釋懌皆古今字。許書無悦懌二字也。説釋者，開解之意，故爲喜悦。"（p93下）

《喜部》"憙"注："〔説也。〕説者，今之悦字。"（p205 上）

《心部》"愁"注："〔一曰説也。〕説悦古今字。"（p504 上）

按：在 {愉悦} 的義項上，"説"是古字，"悦"是今字，兩個字形都從兑聲，今字將古字義符"言"改爲"心"。"釋"和"懌"也在 {愉悦} 的義項上構成古今字，兩字均從睪聲，古字義符從采，取其分別之義；今字義符改爲從心，與心理活動相關。這兩組古今字均是本字的兼用，今字改換了古字的義符，古今形體相承。

3. 今字改變了古字的聲符

（1）蕡—蘋

《艸部》"蕡"注："〔大荓也。〕《釋艸》曰：苹，荓，其大者蘋。毛傳曰：蘋，大荓也。蕡蘋古今字。〔从艸賓聲。〕"（p25 上）

按：在 {蘋草} 的義項上，"蕡"和"蘋"構成古今字。二字均從艸，古字從賓聲，今字的聲符改爲頻。

（2）沾—添

《谷部》"西"注："沾，古之添字。"（p87 下）

《水部》"沾"注："〔一曰沾，〕逗。〔益也。〕沾添古今字。俗製添爲沾益字，而沾之本義廢矣。添從忝聲，忝從天聲，古音當在真先部也。"（p526 下）

按：在 {增益，添加} 的義項上，"沾"爲古字，"添"爲今俗字。"沾"從水占聲，"添"從水忝聲，今字改換了聲符。

（3）僊—仙

《人部》"僊（僲）"注："〔長生僊去。从人罨。〕罨，升高也。長生者罨去，故从人罨會意。〔罨亦聲。〕相然切。十四部。……漢碑或從罨，或從山。《漢·郊祀志》：僊人羨門。師古曰：古以僊爲仙。《聲類》曰：仙，今僊字。蓋仙行而僊廢矣。"（p383 下）

《人部》"仚"注："〔人在山上皃。〕引伸爲高舉皃。……〔从人山。〕山亦聲也。呼堅切。《廣韵》許延切。十四部。"（p383 下）

按：在{神仙}的義項上，"僊"爲古字，"仙"爲今字。"僊"從人署會意，署亦聲；"仙"從人山會意，山亦聲。今字換用了形體較爲簡易的聲符。

（4）孌—嬌

《女部》"孌"注："〔慕也。〕……此篆在籀文爲嬌，順也。"（p622上）

按：在{柔順，順從}的義項上，籀文字形作"孌"，小篆字形作"嬌"。兩個字形都從女，古字從䜌聲，今字從矞聲。

以上四組古今字都是異體字關係，古字和今字爲同一詞語而造，義符相同，今字改換了古字的聲符，四組字都形體相承。

4. 今字改變了古字的構件位置

（1）惀—憊

《人部》"俻"注："惀，今隸作憊。"（p381上）

按：在{疲乏，疲憊}的義項上，"惀"是古字，"憊"是今字。今字將古字的義符從左邊移到了下邊，字形由左右結構變成上下結構。

（2）蒐—魂，詞—詞，朖—朗，岉—崩，烁—秋

《鬼部》"蒐"注："李文仲《字鑑》曰：《説文》本下形上聲，今作魂，右形左聲。如詞朗崩秋，《説文》本作詞朖岉烁，今從隸變。……按李氏在元時，猶見《説文》舊本，故詞蒐等字不誤。"（p435上）

按：這裏涉及的五組古今字都是異體字關係，古字是小篆字形，今字是隸變後字形，今字或將古字的上下結構改爲左右結構（蒐—魂，詞—詞），或將左右結構改爲上下結構（岉—崩），或調換了左右構件的位置（朖—朗，烁—秋）。

5. 今字是古字的字體變化或訛誤

（1）敠—敢

《受部》"敠"注："〔進取也。……敠（敠），籀文敠。〕……今字作

敢，殷之隸變。"（p161 上）

按：在 { 向前拿取，進取 } 的義項上，"殷"爲古字，"敢"爲今字，古字是籀文字形，今字字形"敢"是古字隸變的結果。

（2）晳—晢

《白部》"晳"注："〔人色白也。从白析聲。〕今字皆省作晢，非也。"（p363 下）

按：在 { 白晳 } 的義項上，"晳"是古字，"晢"是今字。古字從白，今字訛省爲從日，實際上是一個錯字。

（3）𡰠—尾

《尾部》"尾"注："〔𡰠，……从到毛在尸後。〕……今隸變作尾。（p402 上）

按：小篆和隸書的"尾"字均從尸從毛，但由於隸變後的"毛"字與小篆不同，所以構成了"𡰠"和"尾"的古今字形差異。

（4）㒫—先

《旡部》"旡"注："〔歓食屰气不得息曰㒫。……𣤯，古文㒫。〕……今隸㒫作先，從古文而小誤也。"（p414 下）

按：在 { 飲食氣逆，呼吸不暢 } 的義項上，"㒫"是古字，小篆字形；"先"是今字，是根據古文的隸變字形。

（5）睪—睪

《㚔部》"睪"注："〔睪，……从目，从㚔。〕……今隸作睪。凡從睪之字同。"（p496 上）

按："睪"本從㚔，隸書中訛變成從"幸"。

（6）囟—𡇼—𠙴

《囟部》"囟"注："〔頭會腦蓋也。象形。〕……《九經字様》曰：《説文》作囟，隸變作𡇼，……今人楷字譌𠙴，又改篆體作𠙴，所謂象小兒腦不合者，不可見矣。"（p501 上）

按：在 { 頭頂會合處 } 的義項上，小篆古字本作"囟"，隸變作

"囜"，楷書訛變爲"凶"。

（二）今字和古字的字形没有相承關係

1. 今字和古字的構形模式相同，構件不同

（1）亯—庸

《亯部》"亯"注："〔用也。〕此與《用部》庸音義皆同。《玉篇》曰：亯，今作庸。《廣韵》曰：亯者，庸之古文。"（p229下）

按：在{用}的義項上，古文文本用"亯"字形，《玉篇》《廣韻》都用"庸"字形。兩個字都是會意字，"亯"字"〔从亯从自。〕……自，鼻也，知臭味之芳殈。〔香所食也。〕香當作亯，轉寫之誤也"（p229下）。"庸"字"〔从用庚。庚，更事也〕"（p128上）。兩個字形的構件完全不同。

（2）志—識

《心部》"志"注："〔意也。从心屮，屮亦聲。〕……蓋古文有志無識，小篆乃有識字。……古文作志，則志者，記也，知也。……今人分志向一字，識記一字，知識一字，古袛有一字一音。……在心爲志，發言爲詩。志之所之不能無言，故識从言。……漢時志識已殊字也。"（p502上）

按："志"是會意兼形聲字，从心屮，屮亦聲。"識"是形聲字，从言戠聲。兩個字的聲符義符均完全不同。

2. 今字和古字的構形模式不同，構件不同

（1）空—孔

《句部》"笱"注："偃水而爲關空，以笱承其空。偃堰，空孔皆古今字。"（p88上）

《穴部》"竅"注："〔空也。〕空孔古今字。"（p344下）

按：在{孔洞}的義項上，古字"空"是形聲字，从穴工聲；今字"孔"是會意字，从乞子。兩個字的字形完全不同。

（2）鄉—向

《䵹部》"䵼"注："鄉者今之向字。漢字多作鄉。今作向。"（p301 上）

《宀部》"向"注：〔北出牖也。〕……引伸爲向背字。經傳皆假鄉爲之。〔从宀从口。〕"（p338 上）

按：在{朝向}的義項上，"鄉"是古字，"向"是今字。"鄉"是形聲字，從䵹皀聲。"向"字是會意字，從宀從口。兩個字形沒有關聯。

（3）硜—磬

《石部》"磬"注：〔石樂也。……硜，古文從巠。〕……蓋硜本古文磬字，後以爲堅确之意。是所謂古今字。"（p451 下 ~452 上）

按：在{石製樂器}的義項上，古字"硜"當是形聲字，從石巠聲。今字"磬"是會意字，從石、𣫊、殳會意，"〔𣫊象縣虡之形。殳，所目擊之也〕"（p451 下）。今字與古字使用不同的構字方法，字形沒有相承關係。

（4）才—纔

《雨部》"霴"注：〔小雨財零也。〕財當作才，取初始之義。今字作纔。"（p572 下 ~573 上）

按：在{開始}的義項上，"才"是古字，"纔"是今字。"才"象草木初生之形，是象形字。"纔"從糸毚聲，是形聲字。兩個字形完全不同。

3. 今字表面看來是在古字的基礎上增加或改換構件，實爲假借用法，沒有相承關係

（1）弋—杙

《八部》"必"注："弋，今字作杙。"（p49 下）

《木部》"橛"注："弋杙古今字。"（p263 上）

《木部》"杙"注：〔劉劉，杙。〕……今人以杙爲橜弋字，乃以橜弋爲雉射字。"（p243 上下）

《厂部》“弋”注：“……按俗用杙爲弋。顧用弋爲雉射字。其誤久矣。杙者，劉劉杙也，不爲㮚弋字。弋象形，故不从木也。”（p627下）

按：在｛木樁｝的義項上，“弋”是古字，“杙”是今字。“弋”是“杙”的聲符，表明看來今字是在古字的基礎上增加了義符。但實際上，這兩個字是爲不同的詞所造，“弋”的本義是｛木樁｝，而“杙”的本義是｛杙樹｝，假借爲｛木樁｝義。兩個字不是相承關係，故而不能説是增加了義符。

（2）突—滐，罙—深

《穴部》“突”注：“〔深也。〕此以今字釋古字也。突滐古今字，篆作突滐，隸變作罙深。《水部》滐下但云水名，不言淺之反，是知古深淺字作罙，深行而罙廢矣。”（p344上）

按：在｛深｝的義項上，“突”“罙”是古字，“滐”“深”是今字。“突”是｛深｝義的本字，而“深”的本義是｛深河｝，一條河流的專有名稱，表示｛深｝義是通假用法，所以也不能説今字“滐”“深”是在古字的基礎上增加了義符“水”，兩組字都不是相承關係。

（3）瀞—净

《水部》“瀞”注：“〔無垢薉也。〕此今之净字也。古瀞今净，是之謂古今字。古籍少見。……古書多假清爲瀞。”（p560下）

《水部》“净”注：“〔魯北城門池也。从水争聲。〕士耕切。十一部。又才性切。按今俗用爲瀞字，釋爲無垢薉，切以才性。今字非古字也。”（p536上）

按：在｛潔净｝的義項上，“瀞”是古字，“净”是今俗字。“瀞”字從水静聲；“净”則從水争聲，表面看來今字將古字的聲符由“静”改爲“争”，但古字是爲｛潔净｝而造，今字則是爲｛魯國北城門池名｝義而造，記錄｛潔净｝義是假借用法，所以二者沒有形體相承的關係。

（4）扣—叩

《言部》“訆”注：“〔扣也。〕扣叩古今字。《説文》有敂無叩，此

扣當作敂。"（p98 下）

《手部》"扣"："〔牽馬也。从手口聲。〕"（p611 上）

按：在｛擊打｝的義項上，"扣"是古字，"敂"是今字。兩個字都從口聲，表面看來是今字改變了古字的義符。但古字"扣"的本義是｛牽馬｝，記錄｛擊打｝義是假借用法。今字"敂"是"敂"的異體俗字，《支部》："〔敂，擊也。从支句聲。〕"（p125 下），其本義即｛擊打｝。"扣""敂"二字是爲不同的詞語所造的字，所以並没有形體相承的關係。

二　古今字字形中的幾種特殊情況

在考察段玉裁訓注的古今字字形之間的關係時，常常會出現一些較爲複雜的現象，例如一組古今字中有兩個或兩個以上的古字或今字，幾組古今字之間有古字或今字同形的情況。仔細分析這些古今字，會發現一組古今字必然記錄同一個義項，從這一觀點出發，這些字形特殊的情況可以分爲以下幾類。

（一）古今字之間出現古字或今字同形的情況

1. A 既爲 B 的今字字形，又爲 B 或 C 的古字字形

（1）線（B）—綫（A）—線（B）

《糸部》"綫"注："〔線，古文綫。〕《周禮·縫人》作線。《鮑人》同。……《漢·功臣表》：不絶如綫。晉灼曰：綫今線縷字。蓋晉時通行線字，故云尒。許時古線今綫，晉時則爲古綫今線，蓋文字古今轉移無定如此。"（p656 上）

按：在｛布線，絲線｝的義項上，《周禮》用"線"，漢代用"綫"，晉代又用"線"。"綫"既是"線"的今字，又是"線"的古字，它們在不同的時代互爲古今字。這正反映了段玉裁"古今無定時"的觀念。

（2）聯（B）—連（A），連（A）—輦（C）

《辵部》"連"注："〔負車也。〕……連即古文輦也。《周禮》：鄉師
輦輦。故書輦作連，大鄭讀爲輦。巾車連車，本亦作輦車。《管子·海
王》：服連軺輦。立政，荊餘戮民。不敢服絻，不敢畜連。……《耳
部》曰：聯，連也。《大宰》注曰：古書連作聯。然則聯連爲古今字，
連輦爲古今字。假連爲聯，乃專用輦爲連。大鄭當云連今之輦字，而
云讀爲輦者，以今字易古字，令學者易曉也。許不於《車部》曰連古
文輦而入之《辵部》者，小篆連與輦殊用，故云聯連也者，今義也。
云連負車也者，古義也。"（p73下）

《尾部》"屬"注："連者，負車也。今字以爲聯字。"（p402上）

《耳部》"聯"注："〔連也。〕連者，負車也。負車者，以人輓車。
人與車相屬，因以爲凡相連屬之偁。周人用聯字，漢人用連字，古今
字也。《周禮》：官聯以會官治。鄭注：聯讀爲連，古書連作聯。此以
今字釋古字之例。"（p591下）

按："連"既是"聯"的今字，又是"輦"的古字，但是構成這兩
組古今字的義項不同。"聯"與"連"爲古今字，是在｛連屬｝這個義
項上；"連"與"輦"爲古今字，則是在｛車輦｝這個義項上。

（3）余（B）—予（A），予（A）—與（C）

《八部》"余"注："〔語之舒也。〕……然則余之引伸訓爲我。……
余予古今字。"（p49下）

《予部》"予"注："〔推予也。〕予與古今字。……按推予之予，假
借爲予我之予，其爲予字一也。……鄭曰：余予古今字。〔象相予之
形。〕象以手推物付之。"（p159下~160上）

《舁部》"與"注："〔黨與也。〕黨當作攩。攩，朋群也。與當作
与。与，賜予也。〔从舁与。〕會意。共舉而与之也。舁与皆亦聲。"
（p105下）

按："予"既是"余"的今字，又是"與"的古字，但是構成這兩

組古今字的義項不同。在代詞｛我｝的義項上，"余"和"予"構成古今字關係。在動詞｛給予｝的義項上，"予"和"與"構成另一組古今字。

（4）ナ（B）—左（A），左（A）—佐（C）；

　　　　又（B）—右（A），右（A）—佑（C）

《又部》"又"注："〔手也。象形。〕此即今之右字。"（p114下）

《口部》"右"注："〔助也。〕……今人以左右爲ナ又字，則又製佐佑爲左右字。"（p58下）

《ナ部》"ナ"注："〔左手也。〕……左，今之佐字。《左部》曰：左，ナ手相左也。是也。又手得ナ手則不孤，故曰左助之手。〔象形。〕……俗以左右爲ナ又字，乃以佐佑爲左右字。"（p116下）

《左部》"左"注："〔ナ手相左也。〕……左者，今之佐字。《說文》無佐也。ナ者，今之左字。"（p200下）

按："左"既是"ナ"的今字，又是"佐"的古字。同樣，"右"既是"又"的今字，又是"佑"的古字。構成這幾組古今字的義項都不相同。在方位詞｛左邊｝、｛右邊｝的義項上，"ナ"與"左"、"又"與"右"分別構成古今字；而在動詞｛輔助，佑助｝的義項上，"左"與"佐"、"右"與"佑"分別構成古今字。

（5）尻（B）—居（A），居（A）—踞（C）

《尸部》"居"注："〔蹲也。〕……《說文》有尻，有居。尻，處也。从尸得几而止，凡今人居處字古祇作尻處。居，蹲也。凡今人蹲踞字古祇作居。……今字用蹲居字爲尻處字，而尻字廢矣。又別製踞字爲蹲居字，而居之本義廢矣。〔从尸古聲。〕"（p399下）

按："居"既是"尻"的今字，又是"踞"的古字。構成兩組古今字的義項不同："尻"和"居"構成古今字，是在｛居處｝的義項上；而"居"和"踞"構成古今字，是在｛蹲踞｝的義項上。

2. 幾組古今字的古字同形

（1）夌—淩、凌，夌—陵

《夊部》"夌"注："〔越也。〕凡夌越字當作此。今字或作淩，或作凌，而夌廢矣。……《廣韻》陵下云：犯也，侮也，侵也。皆夌義之引伸。今字概作陵矣。……凡言陵遲、陵夷當作夌徲，今字陵遲、陵夷行而夌徲廢矣。"（p232 下）

按：在 {越過，跨越} 的義項上，"夌"是古字，"淩""凌"是今字；在 {侵犯，干犯} 的義項上，"夌"是古字，"陵"是今字。兩組古今字的古字字形都是"夌"。這種古字同形的情況非常普遍。

（2）或—國，或—惑，或—域

《戈部》"或"注："〔邦也。〕《邑部》曰：邦者，國也。蓋或國在周時爲古今字。古文祇有或字，既乃復製國字。……以爲凡人所守之或字未足盡之，乃又加口而爲國。又加心爲惑，以爲疑惑當別於或。此孳乳寖多之理也。既有國字，則國訓邦，而或但訓有。……〔域，或或从土。〕既从口从一矣，又从土，是爲後起之俗字。"（p631 上）

按：在 {邦國} 的義項上，"或"與"國"構成古今字。在 {疑惑} 的義項上，"或"與"惑"構成古今字。在 {有} 的義項上，"或"與"域"構成古今字。這三組古今字的古字相同，今字"國""域"分別在古字"或"的基礎上增加了不同的義符，而"惑"則是以假借的古字"或"爲聲符，另加義符"心"造出了今字。

（3）變—戀，變—嬽

《女部》"變"注："〔慕也。从女織聲。〕此篆在籀文爲嬽，順也。在小篆爲今之戀，慕也。……《廣韵》卅三線曰：戀，慕也。變戀爲古今字。"（p622 上）

按：在 {戀慕} 的義項上，小篆字形作"變"，是古字，"戀"是今字，應該是隸書的字形。在 {柔順，順從} 的義項上，籀文字形作"嬽"，小篆字形作"變"，也構成一組古今字。兩組古今字的古字同形，都作"變"。

（4）搏—捕，搏—附

《魚部》"鯆"注："〔神爵四年初捕收輸考工。〕捕當作搏。搏，索取也。今人用捕字。漢人多用搏字。"（p579下）

《鱟部》"瀂"注："〔搏魚也。〕搏舊作捕，今正。搏，索持也。漢人用搏字多如此。"（p582上）

《手部》"搏"注："〔索持也。〕……按《小司徒》注之伺捕盜賊，即《士師》注之司搏盜賊也。一用今字，一用古字。古捕盜字作搏。……今則捕行而搏廢，但訓爲搏擊。……〔一曰至也。〕此別一義。葢搏亦爲今之附近字。"（p597上）

按：在｛捕取｝的義項上，"搏"與"捕"構成古今字，漢代時多用古字；在｛附近｝的義項上，"搏"與"附"構成古今字。兩組古今字的古字相同。

3. 幾組古今字的今字同形

（1）予—與，与—與

《予部》"予"注："〔推予也。〕予與古今字。……〔象相予之形。〕象以手推物付之。"（p159下~160上）

《舁部》"與"注："〔黨與也。〕黨當作攩。攩，朋群也。與當作与。与，賜予也。〔从舁与。〕會意。共舉而与之也。舁与皆亦聲。"（p105下）

《勺部》"与"注："〔賜予也。〕賜，予也。予，推予将人也。〔一勺爲与。〕下从勺。一者，推而予之。……〔此與予同意。〕……與，攩與也。从舁，義取其舉，不同与也。今俗以與代与，與行而与廢矣。"（p715上下）

按：在｛給予｝的義項上，"予"和"與"構成古今字，"与"和"與"也構成古今字。"與"字的本義是｛黨與，朋友｝，假借爲｛給予｝義，並代替了本來表示這個義項的"与"字。在"與"記錄｛給予｝義約定俗成之後，也可以説它跟過去也記錄｛給予｝義的"予"字構成古今字的關係，因此兩組古今字的今字同形。

（2）鄉—向，曏—向

《皀部》"鄉"注："鄉者今之向字。漢字多作鄉。今作向。"（p301 上）

《日部》"曏"注："〔不久也。〕……今人語曰向年、向時、向者，即曏字也。"（p306 上）

按：在｛朝向｝的義項上，"鄉"是古字，"向"是今字。在｛從前，以往｝的義項上，"曏"是古字，"向"是今字。兩組古今字的今字同形。

（3）爯—稱，偁—稱

《禾部》"稱"注："〔銓也。〕銓者，衡也。……按爯，并舉也。偁，揚也。今皆用稱，稱行而爯偁廢矣。〔从禾爯聲。〕"（p327 上）

《冓部》"爯"注："〔并舉也。〕……凡手舉字當作爯，凡偁揚當作偁，凡銓衡當作稱，今字通用稱。"（p158 下）

按：在｛舉手，並舉｝等義項上，"爯"爲古字，"稱"爲今字；在｛稱揚｝的義項上，"偁"爲古字，"稱"爲今字。在不同的義項上，兩個古字都被同一個通假字代替，故而今字同形。

（二）一組古今字涉及三個及以上的字形

1. 在同一個義項上，一個古字對應若干今字

（1）鬻—瀹、汋

《弼部》："鬻"注："〔內肉及菜湯中薄出之。〕……鬻今字作瀹，亦作汋。"（p113 上）

按：在｛在沸水中焯肉或菜｝的義項上，古字作"鬻"，對應兩個今字"瀹"和"汋"。

（2）夌—淩、凌

上文所舉之"夌"字例，在｛越過，跨越｝的義項上，"夌"是古字，"淩""凌"兩個字形都是今字。

（3）匊—周、週

《勹部》"匊"注："〔帀徧也。〕……匊與周義別。《口部》曰：周

者，密也。周自其中之密言之，匊自其外之極復言之。……今字周行而匊廢，槩用周字，或又作週。"（p433下）

按：在｛周遍，遍及｝的義項上，"匊"是古字，"周"和"週"都是今字，假借用法。

（4）頿—需、須

《立部》"頿"注："〔立而待也。〕……今字多作需，作須，而頿廢矣。"（p500下）

按：在｛站着等待｝的義項上，"頿"是古字，"需""須"是今字，假借用法。

（5）巛—灾、災、菑

《川部》"巛"注："〔害也。〕害者，傷也。巛害字本如此作。……今凡作灾、災、菑皆叚借字也。災行而巛廢矣。"（p569上）

按：在｛災害｝的義項上，"巛"是古字，本字，"灾""災""菑"都是今字，假借用法。

（6）圓—圜、圓

《囗部》"囗"注："按《口部》云：圖，規也。今人皆作圜，作圓。"（p635下）

按：段玉裁言"按《口部》云：圖，規也"，此句有誤。查《囗部》，當作"〔圓，規也〕"（p277上），"圖"解作"〔苑有垣也〕"（p278上）。且"圓"字音玄，與今人所作之"圜""圓"音近，而"圖"字音又，與兩個今字語音相去甚遠。因此，《說文解字注》此處應該是"按《囗部》云：圓，規也。"在｛圓形｝的義項上，圓是古字，圜、圓是今字。

2. 在同一個義項上，一個今字對應若干古字

（1）母、鵡—鵡

《鳥部》"鵡"注："〔鸚鵡也。从鳥母聲。〕……據此知彼時作母、作鵡，不作鵡。至唐武后時，狄仁傑對云：鵡者，陛下之姓，起二

子則兩翼振矣。其字其音皆與三國時不同，此古今語言文字變移之證也。《釋文》當云母本或作鵐，古茂后反，今作鵡，音武。乃合。”（p156 上）

按：在 { 鸚鵡 } 的義項上，古時作“母”或“鵐”，唐武則天時代始出現今字“鵡”。

（2）答、落—絡

《竹部》“答”注：“〔栖答也。〕……郭云：盛栖器籠也。按引伸爲籠絡字，今人作絡，古當作答，亦作落。”（p193 上）

按：在 { 籠絡 } 的義項上，“答”和“落”爲古字，“絡”爲今字。

（3）挈、契—栔

《韧部》“栔”注：“〔刻也。〕……按古經多作契，假借字也。”（p183 下）

《大部》“契”注：“〔大約也。〕……經傳或叚契爲栔。”（p493 上）

《手部》“挈”注：“〔縣持也。〕……古叚借爲契栔字，如爰挈我龜，傳云：挈，開也。又如紞字下云：樂浪挈令。”（p596 下）

按：在 { 雕刻 } 的義項上，“契”“挈”都是古字，“栔”是今字。

（4）姓、暒、精—晴

《夕部》“姓”注：“〔雨而夜除星見也。〕……按精者今晴字。……古姓暒精皆今之晴。”（p315 下）

按：在 { 晴朗 } 的義項上，古字作“姓”“暒”“精”，今字作“晴”。

（5）佢、倠、尌、豎—樹

《人部》“佢”注：“〔立也。〕……佢讀若樹，與尌豎音義同……按佢，《玉篇》作倠，云今作樹。《廣韵》曰：倠同尌。蓋樹行而佢尌豎廢，并倠亦廢矣。”（p373 下）

按：在 { 豎立 } 的義項上，古字可作“佢”“倠”“尌”或“豎”，今字則祇作“樹”。

3. 在同一個義項上，三個及以上的字形構成不同時代的古今字

（1）凸—沇—兖

《水部》"沇"注："〔凸，古文沇如此。〕……按《口部》小篆有凸。……《口部》凸下曰：山閒滔泥地，從口，從水敗兒。蓋凸字在古文則爲沇水、沇州。在小篆則訓山閒滔泥地。……古文作凸，小篆作沇，隸變作兖，此同義而古今異形也。"（p528 上）

按：在｛沇水，沇州｝的義項上，古文作"凸"，小篆作"沇"，隸書作"兖"。也就是説在這一個義項上，三個字在不同的時代分別構成了古今字。可以説"沇"是"凸"的今字，也是"兖"的古字；也可以説"凸"和"兖"在｛沇水，沇州｝的義項上構成了古今字。

（2）頁—䭫—稽

《頁部》"頁"注："小篆䭫，古文作頁。今隸則百用古文，䭫用稽字，而百頁䭫皆不行矣，從百儿爲頁首字。"（p415 下）

按：在｛稽首｝的義項上，古文字形用"頁"，小篆字形用"䭫"，隸書字形用"稽"。在這一個義項上，三個字在不同的時代分別構成了古今字。

（3）魚、鱻—䰽—漁

《鱟部》"䰽"注："捕魚字古多作魚……然則古文本作魚，作鱻。䰽其籀文乎。至小篆則媘爲漁矣。"（p582 上）

按：在｛捕魚｝的義項上，古文字形作"魚"或"鱻"，籀文字形作"䰽"，小篆字形作"漁"。這一組古今字的多個字形也是使用時代不同造成的。

（4）像—搡—樣

《木部》"樣"注："〔栩實也。〕……今人用樣爲式樣字，像之假借也。唐人式樣字從手作搡。"（p243 上）

《人部》"像"注："〔侣也。〕……故今云式搡即像之俗也，或又用樣爲之。"（p375 上下）

按：在{式樣}的義項上，"像"是古字，本字，唐時作"様"，清時作"樣"，是"像"的通假字。

（5）揩—攔—抆

《巾部》"幔"注："〔墀地也。目巾攔之。〕……攔葢即《手部》揩字，今之抆字。揩者，撫也。"（p361下）

《手部》"揩"注："〔撫也。〕……今人所用抆字，許《土部》墀下所用攔字皆即揩字也。"（p601上）

按：在{拂拭，擦拭}的義項上，"揩"是古字，本字，"攔"是許慎時代使用的字形，"抆"是清人所用的字形。《説文》的字頭取自經典，則"揩"字取自經典或其注釋。"攔"字《説文》未收，但許慎用在注文中，説明"攔"字當是漢代通行的"揩"的俗字。"抆"字出現更晚，可能是"攔"字的省寫。

綜上，段玉裁所訓注的古今字之間的字形關係是多種多樣的。有些今字和古字具有形體相承的特點，今字往往通過在古字的基礎上增加義符、改換義符或聲符造成，或者改變古字的構件位置造成，少量今字是通過古字的字體變化或訛誤造成的。有些今字和古字的字形没有相承關係，無論構形模式相同與否，字形之間都没有關聯。還有些今字表面看來是在古字的基礎上增加或改換構件，實爲假借用法，字形之間並非相承關係。古今字字形之間還有幾種特殊情況，一組或幾組古今字會出現古字或今字同形的現象，例如 A 既爲 B 的今字字形，又爲 B 或 C 的古字字形，或者幾組古今字的古字或今字同形。有時一組古今字會涉及三個及以上的字形，在同一個義項上，一個古字對應若干今字，或者一個今字對應若干古字，或者三個及以上的字形構成不同時代的古今字。無論古今字的字形之間有多麼複雜的關係，構成這組古今字的核心仍然是古字和今字的共同義項。祇要抓住了這個綱領，貌似複雜的古今字字形關係就一下子豁然開朗了。

第二節　古今字與古今字體

段玉裁在《言部》“誼”字的注釋中説：“隨時異用者謂之古今字，非如今人所言古文籀文爲古字，小篆隸書爲今字也。”（p94 上）這裏明確提出古今字不是字體的不同，但是在具體字例中，他又把一些古今字注釋爲字體的不同，如：

《网部》“罠”注：“〔所目釣也。〕……然則緡罠古今字，一古文，一小篆也。”（p356 上）

《水部》“漾”注：“瀁者，古文爲漾水字，隸爲漾瀁字，是亦古今字也。漾瀁，疊韵字，搖動之流也。今字作蕩漾。”（p546 下）

《石部》“磬”注：“〔石樂也。〕……葢硜本古文磬字，後以爲堅确之意。是所謂古今字。”（p451 下 ~452 上）

《烏部》“烏”注：“〔誰也。〕謂烏即誰字。此以今字釋古字之例。古文作烏，小篆作誰。”（p157 上）

《刀部》“劗”注：“〔減也。〕劗搏古今字，葢謰變也。”（p182 下）

《殳部》“叡”注：“〔進取也。……骰（骰），籀文叡。〕……今字作敢，骰之謰變。”（p161 上）

這個表面的矛盾是歷來最爲大家詬病的一點，很多人認爲段玉裁沒有很好地貫徹自己的理論，在具體注釋中出現了混亂，理論與實踐上有相悖之處。

本書認爲，這種認識是因爲大家對段玉裁的有關表述產生了誤解，所以纔會覺得段玉裁自相矛盾。其實段玉裁既把上舉字例看作“古今字”，又用“古文”“小篆”“隸”等字體術語來指稱，這跟他把古今字與古今字體相區別開來的立場並沒有矛盾。因爲這裏的“古文”“小篆”“隸”等並非單指字體，而是指用字的材料範圍，也就是某種字體（實際上代表某一時代）的文獻中所使用的字形。例如：“罠”字的注釋是説在｛釣絲，魚綫｝的義項上，古文文本中用"緡"字形，而小篆文本中用"眔"字形，其着眼點是字形的不同，而不是字體的不同；"潒"字的注釋是説在｛水流摇動的樣子，蕩漾｝這個義項上，古文文本中用"漾"字形，隸書文本中用"瀁"字形；"磬"字的注釋是説在｛石製樂器｝的義項上，古文文本中用"硻"字形，今文小篆文本中則用"磬"字形；"舄"字的注釋是説在｛喜鵲｝的義項上，古文文本中用"舄"字形，小篆文本中用"誰"字形；"劓"字的注釋是説在｛減少，減損｝的義項上，小篆文本中字形作"劓"，隸書文本中字形作"揯"；"叡"字的注釋是説在｛向前拿取，進取｝的義項上，古字"叡"是籀文字形，今字"敢"是隸書字形，今字字形是從籀文字形"叡"變化而來的。

在不同的時代表示同一義項用了不同的字形，這些不同的字形有可能屬於同一字體，也有可能屬於不同字體。古今字就是用來溝通不同時代記錄同一義項的不同用字的訓詁術語，當這兩個不同的字形分别屬於不同字體的文獻材料時，當然也可以構成古今字關係。這與古今字不同於古今字體的觀點並不矛盾。因此，應該用字體材料而不是字體風格的眼光來看待段玉裁有關這類古今字的注釋表述。再如以下幾例。

《白部》"疇（畴）"注："壁中古文字作畴，古字也。《爾雅》：疇、孰，誰也。字作疇，今字也。許以疇爲假借字，畴爲正字，故《口部》曰：畴，誰也。則又畴疇爲古今字。"（p137 上）

按：在代詞｛誰｝的義項上，壁中古文字形作"畴"，是古字；《爾雅》中的字形作"疇"，是今字。段玉裁説《説文·口部》中的字形作"畴"，而以"疇"爲其假借字。按《説文·口部》無"畴"有"畴"，釋爲"〔誰也。从口畴，又聲。畴，古文疇〕"（p58 下），與《説文解字注》此處所舉字形不同。

《入部》"全"注："〔完也。从入从工。全，篆文仝，从王。〕按篆

當是籀之誤。……今字皆从籀，而以仝爲同字。"（p224 上）

按：在｛完全，完整｝的義項上，"仝"爲古字，是小篆字形；"全"爲今字，是籀文的字形。

《木部》"杼"注："〔械也。〕……杼杻古今字。《廣韵》曰：杼，杻古文。"（p270 上）

按：在｛手銬｝的義項上，"杼"是古字，"杻"是今字。"杼"，《廣韵》說是古文，實則爲小篆字形；"杻"，《説文》未收，應該是隸書以後的字形。

《晶部》"曑"注："〔商星也。从晶彡聲。〕……今隸變爲參，用爲參兩、參差字。"（p313 上）

按：在｛星名｝、｛數字三｝、｛參差｝等義項上，"曑"是古字，小篆字形；"參"是今字，隸書字形。

《穴部》"突"注："〔深也。〕此以今字釋古字也。突滚古今字，篆作突滚，隸變作罙深。《水部》滚下但云水名，不言淺之反，是知古深淺字作罙，深行而罙廢矣。"（p344 上）

按：在｛深｝的義項上，"突"是古字，"滚"是今字。這一對古今字都是小篆字形，在隸書中字形發生了變化，古字字形作"罙"，今字字形作"深"。

《人部》"傛"注："《心部》曰：憒者，憝也。憝者，憒也。憒，今隸作憹。"（p381 上）

按：在｛疲乏，疲憊｝的義項上，古字"憒"是小篆字形，今字"憹"是隸書字形。

《見部》"尋"注："〔取也。从見寸。〕……按《彳部》尋爲古文得，此爲小篆。義不同者，古今字之説也。在古文則同得，在小篆則訓取也。"（p408 上）

《彳部》"得"注："〔行有所尋也。〕……《見部》曰：尋，取也。行而有所取，是曰得也。《左傳》曰：凡獲器用曰得。〔从彳尋聲。〕

（尋），古文省彳。〕按此字已見於《見部》,與得並爲小篆,義亦少異。"（p77 上）

按:"尋"這個字形在《說文》中出現了兩次,一是《見部》所屬字"尋"的小篆字形,一是《彳部》小篆"得"的古文字形。在 { 行走而有所得 } 的義項上,古文字形作"尋",小篆字形作"得",二者構成古今字。小篆字形裏的"尋",義爲 { 拿取 },與作爲"得"的古字的"尋"同形而意義上略有差別。

《旡部》"旡"注:"〔歆芦气不得息曰先。……禿,古文旡。〕……今隸禿作先,从古文而小誤也。"（p414 下）

按:在 { 飲食氣逆,呼吸不暢 } 的義項上,"旡"是古字,小篆字形;"先"是今字,隸書字形,是從古文訛誤而來。

《頁部》"顯"注:"按㬎謂衆明。顯本主謂頭明飾,乃顯專行而㬎廢矣。《日部》㬎下曰:古文以爲顯字,由今字假顯爲㬎,乃謂古文假㬎爲顯也。此古今字之變遷,所必當深究也。"（p422 上）

按:在 { 明亮 } 的義項上,古文文本用"㬎"字形,小篆文本用"顯"字形。

《頁部》"頁"注:"小篆百,古文作𦣻。小篆𦠄,古文作𦥖。今隸則百用古文,𦠄用稽字,而百𦥖𦠄皆不行矣,从百儿爲𦥖首字。"（p415 下）

《首部》"首"注:"〔𦣻,古文百也。〕……今字則古文行而小篆廢矣。"（p423 上）

按:在 { 頭 } 的義項上,古文字形用"𦣻（首）",小篆字形用"百",隸書字形又用"𦣻（首）"。在 { 稽首 } 的義項上,古文字形用"𦥖",小篆字形用"𦠄",隸書字形用"稽"。"百""𦥖""𦠄"三個字形都被廢棄了。

《心部》"志"注:"〔意也。〕……《周禮·保章氏》注云:志,古文識。蓋古文有志無識,小篆乃有識字。《保章》注曰:志,古文識。

識，記也。《哀公問》注曰：志讀爲識。識，知也。今之識字，志韵與職韵分二解，而古不分二音，則二解義亦相通。古文作志，則志者，記也，知也。惠定宇曰:《論語》賢者識其大者，蔡邕《石經》作志。多見而識之，《白虎通》作志。《左傳》曰以志吾過，又曰且曰志之，又曰歲聘以志業，又曰吾志其目也。《尚書》曰若射之有志。《士喪禮》志矢注云志猶擬也。今人分志向一字，識記一字，知識一字，古祇有一字一音。又旗幟亦即用識字，則亦可用志字。《詩》序曰：詩者，志之所之也。在心爲志，發言爲詩。志之所之不能無言，故識从言。《哀公問》注云志讀爲識者，漢時志識已殊字也。”（p502上）

按：在 { 記録 }、{ 認識，知道 }、{ 旗幟 } 等義項上，古文文本用“志”字形，小篆文本用“識”字形。古文文本中没有“識”字，小篆始有“識”字，與“志”共同使用了一段時間後，兩個字形的功能開始分化，{ 志向 } 義用“志”，{ 識記 } 義和 { 知識 } 義用“識”，到漢代時已完全分化爲不同的詞。

《水部》“沇”注：“〔㕃，古文沇如此。〕……按《口部》小篆有㕃。……《口部》㕃下曰：山閒䧡泥地，從口，從水敗兒。葢㕃字在古文則爲沇水、沇州。在小篆則訓山閒䧡泥地。……古文作㕃，小篆作沇，隸變作兖，此同義而古今異形也。”（p528上）

按：在 { 沇水，沇州 } 的義項上，“㕃”“沇”“兖”三個字形在不同的時代構成了古今字。這裏段玉裁明確提出了三個字形分屬三個不同的字體，它們的關係是意義相同而古今異形。

《雲部》“霒”注：“今人陰陽字小篆作霒昜。”（p575上）

按：在 { 陰陽兩儀 } 的義項上，“霒昜”是古字，是小篆文本中的字形；“陰陽”是今字，是隸書楷書中的字形。

《鱻部》“灷”注：“捕魚字古多作魚……然則古文本作魚，作鱻。灷其籀文乎。至小篆則媘爲漁矣。”（p582上）

按：在 { 捕魚 } 的義項上，古文字形作“魚”或“鱻”，籀文字形作"灪"，小篆字形作"漁"，省減了籀文字形的一個重複的義符。

《女部》"孌"注："〔慕也。从女䜌聲。〕此篆在籀文爲嬌，順也。在小篆爲今之戀，慕也。……《廣韵》卅三線曰：戀，慕也。孌戀爲古今字。"（p622上）

按：在 {戀慕} 的義項上，"孌"是古字，是小篆字形；"戀"是今字，是隸書的字形。在 {柔順，順從} 的義項上，籀文字形作"孌"，小篆字形作"嬌"，構成另一組古今字。

綜上所述，對於將古今字注釋爲古今字體差異的材料應該這樣認識，段玉裁並没有混淆古今字和古今字體的關係，這些古今字材料中所説的"古文""小篆""隸"等指的是用字的材料範圍，也就是某種字體在文獻中所使用的字形，並非單指字體。應該把段玉裁有關這類古今字的注釋表述看作字體材料而不是字體風格。當不同字體的文獻材料中出現相對應的不同古今字形時，它們當然也可以構成古今字關係，這與古今字不同於古今字體的觀點並不矛盾。

第三節　古今字與古今語

在訓注古今字時中，段玉裁還使用了一個與"古今字"相關的術語——古今語。在《説文解字注》中段玉裁共使用"古今語"七次，其中有兩例與"古今字"有關，引述如下。

（1）尗—豆

《尗部》"尗"注："〔豆也。〕尗豆古今語，亦古今字，此以漢時語釋古語也。"（p336上）

《尗部》"赻"注："〔豉，俗赻从豆。〕此可證尗豆爲古今字。"（p336下）

（2）空—孔

《穴部》"竇"注："〔空也。〕空孔古今語。"（p344 下）

《句部》"笱"注："偃水而爲關空，以笱承其空。偃堰，空孔皆古今字。"（p88 上）

《穴部》"竅"注："〔空也。〕空孔古今字。"（p344 下）

第一例中，段玉裁同時使用兩個術語，認爲"朮"和"豆"既是古今語又是古今字。第二例中，段玉裁在不同的條目下分別使用古今語和古今字來説明"空"和"孔"的關係。這説明段玉裁認爲有些字之間可以同時構成古今字和古今語的關係。

仔細分析這兩個例子我們發現，第一例中，"朮"的上古音在書母覺韵，"豆"的上古音在定母侯韵，兩個字無論聲韵都相差很遠，按照段玉裁自己對古今字的理解"凡言古今字者，主謂同音，而古用彼今用此異字"（《八部》"余"注 p49 下），"朮"和"豆"不應該是古今字的關係，而是表示相同意義的不同時代的詞，即古今語。裘錫圭對此曾評論："段氏説朮豆是古今語，是對的；説它們是古今字，就不妥當了。古今字應該是同一個詞的不同書寫形式，朮豆是不能直接看作一個詞的。"①

第二例中，"空"和"孔"的上古音都在溪母東韵，聲音相同而字形不同，符合段玉裁自己對古今字的理解。"空"的本用是｛孔洞｝，"孔"的本用是｛通達｝②，｛通達｝義可以引申出｛孔洞｝義，故而兩個字可以記録相同的義項，在｛孔洞｝義上構成古今字的關係。｛孔洞｝義對這兩個字來説一爲本用一爲兼用，分屬於兩個不同的詞，故"空"和"孔"也是古今語的關係。

---

① 裘錫圭：《文字學概要》，商務印書館，1988，第 273 頁。
② 《穴部》"空"注："〔竅也〕。今俗語所謂孔也，天地之閒亦一孔耳。……〔从穴工聲。〕形聲包會意也。"（p344 下 ~345 上）《乙部》"孔"注："〔通也。〕通者，達也。於易卦爲泰。孔訓通，故俗作空穴字多作孔。其實空者，竅也。作孔爲叚借。"（p584 上）

我們再看其他五處"古今語"的注釋。

（3）《虫部》"蝗"注："〔螽也。〕……按螽蝗古今語也。是以《春秋》書螽，《月令》再言蝗蟲。"（p668 上）

按："螽"的上古音在章母冬韵，"蝗"的上古音是匣母陽韵，兩個字聲音無關，是異名而同實的語言現象。

（4）《人部》"什"注："按後世曰什物，古曰任器，古今語也。任急言之曰什，如唐人詩十可讀如諶也。"（p373 下 ~374 上）

按："什物"和"任器"是不同的詞，是古今異名的語言現象。

（5）《邑部》"邰"注："〔炎帝之後，姜姓所封，周棄外家國。……右扶風斄縣是也。〕見《地理志》。周人作邰，漢人作斄，古今語小異，故古今字不同。"（p285 上）

按："邰"的上古音在透母之韵，"斄"從來聲，上古音在來母之韵，兩個字聲母不同，但都屬於舌頭音，比較接近，所以從用字的角度它們也是古今字。段玉裁在這裏很清楚地説明了今字產生的原因是語音發生了變化，所以用一個與新的聲音更切合的字形來代替舊字形記錄這個義項。

（6）《履部》"屨"注："〔履也。〕晉蔡謨曰：今時所謂履者，自漢以前皆名屨。……然則履本訓踐，後以爲屨名，古今語異耳。許以今釋古，故云古之屨即今之履也。"（p402 下）

按：{鞋子}這個詞，漢以前叫作"屨"，漢以後叫作"履"。"屨"的上古音在見母侯韵，"履"的上古音在來母脂韵，聲音相差較遠，是語言上的古今異名現象。

（7）《刀部》"副"注："周人言貳，漢人言副，古今語也。"（p179 下）

按："貳"的上古音在日母脂韵，"副"的上古音在滂母職韵，兩個字聲音相差較遠，是語言上的古今異名現象。

通過以上七例的分析可以看出，聲音是古今語和古今字的一個重要區別標準。記錄同一個義項的古字和今字一定要聲音相同或相近,古今語則不一定。段玉裁對古今語和古今字的區別的認識是基本清楚的,除了"杀—豆"例,其他六例的注釋都是正確的,他並没有把所有的古今語都當作古今字,可見他注意到了古今字的不同書寫形式一定要有聲音聯繫這一特點,這與他對古今字的論述和認識也是一致的。

"古今語"和"古今字"這兩個術語既有聯繫又不完全相同。使用"古今語"的目的是通古今異言,使用"古今字"的目的是溝通古今的不同用字,表現在作爲書面語的文獻中都是不同的字形,這是它們有聯繫的一面。但是,古今語反映的是同一個事物在不同時代的不同稱呼、名稱,屬語言學範疇,古今字反映的是同一個義項在不同時代的不同用字,屬訓詁學範疇,它們的性質不同。

第四節　古今字與正俗字

在訓注中段玉裁還使用了"正俗字"的術語,有時與"古今字"的術語連用,如:

《甘部》"猒(猒)"注:"猒厭古今字。猒饜正俗字。"(p202上)

《水部》"浐"注:"霸灞古今正俗字。"(p524上)

或者在表明兩個字的關係是古今字的同時,又説明今字是俗字,如:

《木部》"槀"注:"壔準、旳的皆古今字。李善《東京賦》注引作壔,可證古本不作俗字矣。"(p264下)

《水部》"沾"注:"〔一曰沾,〕逗。〔益也。〕沾添古今字。俗製添爲沾益字,而沾之本義廢矣。"(p526下)

還有一種情況,對兩個字的關係,一處説是古今字,另一處説是正俗字。

（1）飾—拭

《工部》"工"注："飾拭古今字。"（p201 上）另《丹部》"彤"注（p215 下），《巾部》"飾"注（p360 上），《人部》"佩"注（p366 上），《水部》"濊"注（p560 下）都有與此相同的表述。

《又部》"叔"注："《手部》無拭字。彡下云：毛飾畫文也。聿下云：聿，飾也。皆即今之拭字。……古者拂拭字只用飾。"（p115 下）

《聿部》"聿"注："飾，今之拭字。"（p117 下）

《刀部》"刷"注："飾今拭字，拭用手用巾，故從又巾。"（p181 上）

《彡部》"修"注："飾即今之拭字。"（p424 下）

《巾部》"幡"注："飾拭正俗字。"（p360 上）

（2）隊—墜

《手部》"擠"注："隊，今之墜字。"（p596 下）

《𨸏部》"隊"注："〔從高隊也。〕隊墜正俗字，古書多作隊，今則墜行而隊廢矣。"（p732 下）

（3）瀞—净

《水部》"瀞"注："〔無垢薉也。〕此今之净字也。古瀞今净，是之謂古今字。古籍少見。"（p560 下）

《水部》"净"注："〔魯北城門池也。从水爭聲。〕士耕切。十一部。又才性切。按今俗用爲瀞字，釋爲無垢薉，切以才性。今字非古字也。"（p536 上）

《説文解字注》中直接注爲"正俗字"的有 22 條，注出"俗字"的有 178 條，注爲"俗作"的有 274 條，如：

《目部》"瞗"注："瓹熟正俗字。"（p133 上）

《木部》"棓"注："〔梲也。〕棓棒正俗字。"（p263 下）

《立部》"竵"注："〔不正也。〕……俗字作歪。"（p500 下）

《心部》"快"注："〔喜也。〕引申之義爲疾速。俗字作駃。"（p502 下）

《足部》"蹋"注："〔足也。〕俗作蹄。"（p81 上）

《木部》“棱”注：“〔柧也。〕……俗作楞。”（p268下）

從字例看，正字和俗字的聲音相同或相近，俗字往往是由正字增加或者改換偏旁而成的，如“猷”和“䫲”、“踬”和“蹄”，但也有没有形體聯繫的，如“飾”和“拭”、“蟪”和“歪”。

有些研究者認爲，段玉裁把新字叫作俗字，而不給予今字的地位，“反映了段玉裁在對待文字的發展演變方面比較保守的態度”①。還有人認爲段玉裁“在《説文》注釋中所注明的古今字，與他所表明的觀點常常不一致”，比如“段曾一再稱另增偏旁所造的字是俗字，但又往往把這類正俗字稱做古今字”。②

本書同意認爲段玉裁文字發展觀比較保守的評價，段玉裁常常將俗字斥爲“誤”“非”，或者用“某當作某”來注釋今字，反映了他以古爲正、以俗爲非的思想。但是，不能認爲這種把正俗字也稱爲古今字的做法是和他的古今字觀念不一致的。首先，俗字並不僅僅是經由另增偏旁所造而成的，從上文的例子可以看出，俗字既有增加偏旁的，也有改換偏旁的，還有與古正字没有形體關係的。其次，從大量古今字的注釋條目中可以看出，段玉裁對今字或點明是俗字，或指明是俗體，或者徑稱今字爲俗，或用“今俗用”“今俗以爲”“今俗作”等來籠統地指稱以正俗字爲材料構成的古今字，可見他正是把正俗字當作構成古今字關係的一種手段或條件的，即古今字可以用正字和俗字來構成。例如：

《艸部》“蓹”注：“〔瘞也。〕……今俗作埋。”（p44下）

《口部》“嗔”注：“〔盛气也。〕……今俗以爲謓恚字。”（p58上）

《刀部》“劗”注：“〔齊斷也。〕……今字作剪，俗。”（p178下～179上）

《可部》“奇”注：“奇耦字當作此。今作偶，俗。”（p204上）

---

① 趙海燕：《段玉裁對古今字的開創性研究》，《廣西社會科學》2005年第9期，第161頁。
② 洪成玉：《古今字》，語文出版社，1995，第10頁。

《木部》“枏”注：“枏，今經典之柟。……今俗作柟。”（p259上）

《放部》“旝”注：“翻儔翩實一字。纛俗作纛，亦即翳字，《爾雅》、毛傳皆以今字釋古字耳。”（p311下）

《束部》“朿”注：“今俗用鋒鋩字，古祇作芒。”（p318上）

《米部》“氣”注：“〔饋客之芻米也。〕……今字叚氣爲雲氣字，而饔餼乃無作氣者。……〔餼，氣或从食。〕按从食而氣爲聲，蓋晚出俗字，在假氣爲气之後。”（p333上下）

《人部》“佻”注：“偷者愉之俗字。今人曰偷薄，曰偷盜皆从人作偷，他侯切。而愉字訓爲愉悦，羊朱切。此今義今音今形，非古義古音古形也。古無从人之偷。……偷盜字古只作愉也。……然可見漢末已有从人之偷，許不之取。”（p379上）

《豕部》“豕”注：“啄、琢用豕絆足行之豕爲聲，俗乃作啄、琢，是豕誤爲豕也。蠡从《互部》訓豕之彖爲聲，俗乃作蠡，是彖誤爲彖也。故皆爲今世字誤。”（p454下）

《犬部》“獨”注：“凡争鬥字許作鬥。鬭者，遇也，其義各殊。今人乃謂鬭正，鬥俗，非也。”（p475下）

《大部》“奄”注：“古屈伸多作詘信，不作伸、申。今則作申，俗又作伸。”（p492下）

《心部》“意”注：“（意）①訓記者，如今人云記憶是也，其字俗作憶。”（p502下）

《水部》“沾”注：“沾添古今字。俗製添爲沾益字，而沾之本義廢矣。”（p526下）

《水部》“淨”注：“按今俗用爲瀞字，釋爲無垢薉，切以才性。今字非古字也。”（p536上）

《谷部》“稻”注：“按千芊爲古今字。俗用芊改千。”（p570下）

---

①　此字係據文意補，加圓括號與段玉裁原注相區別。

《雨部》"霿"注:"霿,今之霧字。……霧者俗字。"(p574 上)

《手部》"擾"注:"〔煩也。从手夒聲。〕……今作擾,从憂,俗字也。"(p601 下)

《女部》"嫡"注:"按俗以此爲嫡庶字,而許書不尒。葢嫡庶字古祇作適。……凡今經傳作嫡者,葢皆不古。"(p620 下)

《女部》"嫑"注:"今人用些字取散細之意,即嫑之俗體也。"(p621 下)

可見,在段玉裁眼裏,有的古今字是由正俗字構成的,即就一組古今字而言,可能兩個都是正字,也可能兩個都是俗字,當然更多的是一正一俗。從大量古今字的注釋條目中可以看出,段玉裁認爲正俗字是構成古今字關係的一種手段或條件。

古今字和正俗字是從不同角度設立的兩組概念,古今字屬於訓詁學範疇,反映的是同一個義項在不同時代的不同用字。正俗字屬於文字學範疇,是站在文字整理的角度反映同一個義項的不同書寫形式,這些不同的字形有可能共時,也有可能歷時,以存於《說文》的爲正,以後出的、民間通行的爲俗。它們在理論上彼此無關,但對具體材料的判定有時可以交叉:就某組字而言,既可以說是古今字,也可以說是正俗字。兩個術語的性質不同,故而從不同的角度看,兩個字的關係可能既是正俗字,又是古今字。

第五節　古今字與假借字

段玉裁在論述古今字時,不時使用"假某爲某"一語,例如:

《辵部》"連"注:"然則聯連爲古今字,連輦爲古今字。假連爲聯,乃專用輦爲連。"(p73 下)

《言部》"訟"注："訟頌古今字。古作訟，後人假頌皃字爲之。"
（p100 上）

《衣部》"褰"注："古騫衣字作騫，今假褰而褰之本義廢矣。"
（p393 上）

《見部》"覰"注："覰古多假狙爲之。……是則覰狙古今字。"
（p408 上下）

《頁部》"頌"注："古作頌皃，今作容皃，古今字之異也。……假
容爲頌其來已久。以頌字專系之六詩，而頌之本義廢矣。"（p416 上）

還有一種情況，兩個字的關係，一處説是古今字，另一處説是通
假字，如"率"和"帥"：

《辵部》"達"注："大鄭以漢人帥領字通用帥，與周時用率不同故
也。此所謂古今字。《毛詩》率時農夫，《韓詩》作帥時。許引《周禮》
率都建旗，鄭《周禮》作帥都。《聘禮》注曰古文帥皆爲率，皆是也。"
（p70 上）

《巾部》"帥"注："〔佩巾也。〕……率與帥古多通用，如《周禮·
樂師》故書帥爲率，《聘禮》古文帥皆作率。《韓詩》帥時農夫，《毛
詩》作率。皆是。佩巾本字作帥，叚借作率也。……是則帥率帨説廄
刷六字古同音通用，後世分文析字。帨訓巾，帥訓率導、訓將帥，而
帥之本義廢矣。率導、將帥字在許書作達、作衛，而不作帥與率。六
書惟同音叚借之用最廣。"（p357 下）

按：段玉裁在"達"注下説 {率領，先導} 義，周代用"率"，漢
代用"帥"，是古今字的關係。在"帥"注下説"帥"和"率"是假借
關係（"佩巾本字作帥，叚借作率也"），亦即同音通用關係（"帥率帨
説廄刷六字古同音通用，後世分文析字"）。

其他把假借和古今字聯繫在一起來注釋兩個字關係的情況也非常
多，例如：

《丂部》"寧"注："今字多假寧爲寍，寧行而寍廢矣。"（p203 下）

　　《丶部》"主"注："按丶主古今字，主炷亦古今字。凡主人、主意字本當作丶，今假主爲丶而丶廢矣。假主爲丶，則不得不別造鐙炷字，正如假左爲ナ，不得不別造佐爲左也。"（p215 上）

　　《食部》"饋"注："按今字以餽爲饋，此乃假借，其義本不相通也。"（p220 下）

　　《夊部》"愛（㤅）"注："今字假㥑爲㤅，而㤅廢矣。"（p233 上）

　　《韋部》"韋"注："〔相背也。〕故从舛。今字違行而韋之本義廢矣。"（p234 下）

　　《夊部》"及"注："〔《詩》曰：'我及酌彼金罍。'〕……今作姑者，後人以今字易之也。……及者，姑之假借字。"（p237 上）

　　《木部》"樣"注："今人用樣爲式樣字，像之假借也。唐人式樣字從手作㨾。"（p243 上）

　　《貝部》"貝"注："變泉言錢者，周曰泉，秦曰錢，在周秦爲古今字也。……《周禮‧泉府》注云：鄭司農云：故書泉或作錢，蓋周人或用假借字，秦乃以爲正字。"（p279 下）

　　《貝部》"賣"注："引伸爲細碎之偁，今俗瑣屑字當作此。瑣行而賣廢矣。……按瑣者，賣之假借字。"（p279 下）

　　《邑部》"鄦（䣕）"注："鄦許古今字。……漢字作許，周時字作䣕。《史記‧鄭世家》：鄦公惡鄭於楚。蓋周字之存者。今《春秋》經、傳不作鄦者，或後人改之，或周時已假借。未可定也。"（p290 下 ~291 上）

　　《夕部》"夢"注："夢之本義爲不明，今字叚爲寢寐字。夢行而寢廢矣。"（p315 上）

　　《禾部》"私"注："今則叚私爲公厶。……然則古秖作厶，不作私。"（p321 下）

　　《禾部》"稘"注："今皆假期爲之，期行而稘廢矣。"（p328 下）

　　《米部》"氣"注："〔饋客之芻米也。〕……今字叚氣爲雲氣字，而饔餼乃無作氣者。……按从食而氣爲聲，蓋晚出俗字，在假氣爲气之

後。”（p333 上下）

《宀部》“容”注：“〔盛也。〕今字叚借爲頌皃之頌。”（p340 上）

《癮部》“癮”注：“今字叚夢爲之，夢行而癮廢矣。”（p347 上）

《人部》“僇”注：“〔一曰且也。〕按此即今所用聊字也。聊者，耳鳴。僇其正字，聊其假借字也。”（p382 下）

《尸部》“屍”注：“〔終主也。〕……今經傳字多作尸，同音假借也。亦尚有作屍者。”（p400 下）

《頁部》“顓”注：“按叀者，小謹也。今字作專，亦假顓作專。”（p419 上）

《頁部》“顯”注：“按㬎謂衆明。顯本主謂頭明飾，乃顯專行而㬎廢矣。《日部》㬎下曰：古文以爲顯字，由今字假顯爲㬎，乃謂古文假㬎爲顯也。此古今字之變遷，所必當深究也。”（p422 上）

《勹部》“匊”注：“今字周行而匊廢，槩用周字，或又作週。……《易》曰：周流六虚，葢自古叚周爲匊矣。”（p433 下）

《豸部》“貁”注：“凡狐貉連文者，皆當作此貉字。今字乃皆假貉爲貉，造貊爲貉矣。”（p458 上）

《马部》“隲”注：“按隲古叚陟爲之。《小正》：四月執陟攻駒。陟隲古今字。”（p460 下）

《炙部》“繙”注：“今世經傳多作燔，作膰，惟許書作繙。《火部》燔下云爇也，是《詩》作燔爲叚借字，他經作膰乃俗耳。許稱《左傳》作繙。”（p491 上）

《立部》“頭”注：“〔立而待也。〕……今字多作需，作須，而頭廢矣。……需與頭音義皆同。……須者，頭之叚借。”（p500 下）

《心部》“憧”注：“〔遲也。〕遲重之字當作此。今皆叚重字爲之，今字也。”（p503 上）

《心部》“憭”注：“〔慧也。〕……葢今字叚了爲憭。”（p503 下）

《心部》“忽”注：“〔忘也。〕古多叚曶爲之。”（p510 上）

《心部》"惑"注："〔亂也。〕……古多叚或爲惑。"（p511 上）

《水部》"洒"注："〔滌也。〕……今人假洗爲洒，非古字。"（p563 上）

《水部》"漏"注："屚，屋穿水下也。……今字皆假漏爲屚。"（p566 下）

《龍部》"龕"注："今人用戡堪字，古人多叚龕。"（p582 下）

《門部》"闢"注："〔開也。〕……古多叚借辟字。"（p588 下）

《女部》"嬌"注："嬌有媚悦之義。凡古經傳用畜字多有爲嬌之叚借者。……此等皆以好惡對言，畜字皆取嬌媚之義，今則無有用嬌者矣。"（p618 上）

《女部》"嫺"注："〔嫺雅也。〕……嫺古多借閒爲之。"（p620 上）

將同一組字既注釋爲假借字又注釋爲古今字，這種情況在段玉裁的訓注中比比皆是。這兩種術語的混合使用，是段玉裁歷來爲人所詬病的一點，後來的研究者往往草率地認爲是古今字關係就不能是假借關係，二者應該嚴格區分開來，故而關於古今字和通假字如何區分的著述甚多。

本書認爲段玉裁並不是混淆了假借字和古今字的概念，這樣混合使用兩個術語恰恰反映了假借關係和古今字關係是對同一組字兩個不同角度的考察。在段玉裁看來，二者是不相衝突的，是不同層面的歸類。從"古作訟，後人假頌兒字爲之"的表述看，段玉裁正是把假借當作構成古今字關係的一種手段或條件，即古今字可以用本字和借字來構成。

因此，從注例出發客觀地看待段玉裁的古今字觀念，認爲段氏混淆古今字和通假字其實是一種誤解，因爲它們原本就是不同角度的交叉概念。假借是古漢語書面語中的一種用字現象，屬於文字學範疇，而古今字則是溝通古今不同用字的訓詁學術語，一組字從文字學角度看可能是通假字，從訓詁學角度看也可能同時是古今字，這樣的現象並不矛盾，沒有必要辨析兩個不同層面的術語的異同。屬於文字學範疇的假借字與屬於訓詁學範疇的古今字角度不同，故而在具體字例的認識上必然會産生交叉。如果本字和借字有使用時代的差異，那麼當它們都表示某一個義項的時候，就可以構成古今字。如"郼"和"奄"，記録｛郼國名｝這一義項，"郼"是本字本用，"奄"是假借字借用，"奄"本義是｛覆蓋｝，假借爲"郼"字。周代"郼""奄"二字並行，後來則"奄行而郼廢"，那麼站在"郼"字廢除以後的時代立場看，"郼""奄"兩字的使用有時間差異，就可以構成一組古今字。

第三章　段玉裁的古今字觀念

第一節　段玉裁對古今字的理論認識

從漢代到段玉裁之前，學者對古今字的理論闡述極少，且零散不成體系。段玉裁在繼承漢儒有關古今字訓釋傳統的同時，對古今字這種文獻中的歷時用字現象進行了比較細緻的分析，明確提出了"古今人用字不同，謂之古今字"的古今字理論。他對古今字的理解散見於各條注釋中，通過對其古今字論述的歸納總結，可得出段玉裁對古今字的主要理論認識。

一　古今字的古字和今字在文獻中音義相同，是不同時代用來記録同一個義項的不同用字

《亼部》"今"注："古今人用字不同，謂之古今字。"（p223 上）

《言部》"誼"注："隨時異用者謂之古今字。"（p94 上）

《辵部》"達"注："大鄭以漢人帥領字通用帥，與周時用率不同故也。此所謂古今字。《毛詩》率時農夫，《韓詩》作帥時。許引《周禮》率都建旗，鄭《周禮》作帥都。《聘禮》注曰古文帥皆爲率，皆是也。"（p70 上）

按：在 {率領，先導} 的義項上，周時用 "率"，漢時用 "帥"。

《八部》"余" 注："余予古今字。凡言古今字者，主謂同音，而古用彼今用此異字。若《禮經》古文用余一人，《禮記》用予一人。"（p49 下）

《予部》"予" 注："予我之予，《儀禮》古文、《左氏傳》皆作余。鄭曰：余予古今字。……古予我字亦讀上聲。"（p159 下 ~160 上）

按：在代詞 {我} 這個義項上，"余" 和 "予" 是古今字，且兩字同音。

二　古今字的古和今是相對而言的，沒有一定的時代，因此古字和今字有 "轉移無定" 的情況

《言部》"誼" 注："凡讀經傳者，不可不知古今字。古今無定時，周爲古則漢爲今，漢爲古則晉宋爲今，隨時異用者謂之古今字。"（p94 上）

《亼部》"今" 注："〔是時也。〕今者對古之偁。古不一其時，今亦不一其時也。云是時者，如言目前。則目前爲今，目前已上皆古。如言趙宋，則趙宋爲今，趙宋已上爲古。如言魏晉，則魏晉爲今，魏晉已上爲古。……自張揖已後，其爲古今字又不知幾更也……自商周至近世，不知凡幾古今也。故今者，無定之罰，約之以是時則兼賅矣。"（p223 上）

《糸部》"綫" 注："〔線，古文綫。〕《周禮·縫人》作線。《鮑人》同。……漢《功臣表》：不絶如綫。晉灼曰：綫今線縷字。葢晉時通行線字，故云尒。許時古線今綫，晉時則爲古綫今線，葢文字古今轉移無定如此。"（p656 上）

按：在 {布線，絲線} 的義項上，《周禮》用 "線"，漢代用 "綫"，晉代又用 "線"。"綫" 既是 "線" 的今字，又是 "線" 的古字，它們在不同的時代互爲古今字，可見古和今是相對而言的，沒有一定

的時代。

三 古字和今字的本用不一定是記録同一個詞，也可以記録不同的詞

古字字形和今字字形可以記録同一個詞，如上例的"綫"和"綫"，兩個字形在不同的時代記録的都是﹛布綫，絲綫﹜這個詞。再如《艸部》"蕡"注："〔大薺也。〕《釋艸》曰：蘋，蕣，其大者蘋。毛傳曰：蘋，大薺也。蕡蘋古今字。〔从艸賓聲。〕"（p25 上）"蕡"和"蘋"構成古今字，兩個字形記録的都是﹛蘋草﹜這個詞。但大多數古字字形和今字字形記録的是不同的詞，衹在某一個義項上成爲古今字。這一點段玉裁有明確的論述：

《八部》"余"注："余予古今字。……余予本異字異義，非謂予余本即一字也。"（p49 下）

古人對字、詞這兩個概念不甚區別，這裏段玉裁所謂的"異字""一字"的"字"即是我們現在所稱的詞。"余"的本義是﹛表示舒緩的語氣詞﹜，《八部》"余"注："〔語之舒也。从八。〕象气之分散。"（p49 下）假借爲代詞﹛我﹜。"予"的本義是﹛給予﹜，《予部》"予"注："〔推予也。〕……象以手推物付之。"（p159 下~160 上）假借爲代詞﹛我﹜。這兩個字形本來記録不同的詞，有不同的意義，在表示﹛我﹜這個義項上纔是古今字。

再如：瀞—净

《水部》"瀞"注："〔無垢薉也。〕此今之净字也。古瀞今净，是之謂古今字。古籍少見。"（p560 下）

《水部》"净"注："〔魯北城門池也。从水争聲。〕士耕切。十一部。又才性切。按今俗用爲瀞字，釋爲無垢薉，切以才性。今字非古字也。"（p536 上）

按：在｛潔净｝的義項上，"瀞"是古字，"净"是今俗字。"瀞"字是記録｛潔净｝這個詞的，而"净"字則是用來記録｛净河｝這個詞的，即"魯國北城門護城河"。記録｛潔净｝義是假借用法。兩個字分別記録不同的詞，祇在｛潔净｝這個義項上纔是古今字。

又如：牙—芽

《竹部》"管"注："牙芽古今字。古書多云十一月物萌，十二月物牙，正月物見也。"（p197 下）

《牙部》"牙"注："〔壯齒也。〕……壯齒者，齒之大者也。統言之皆偁齒，偁牙。"（p80 下）

《艸部》"芽"注："〔萌也。〕……古多以牙爲芽。"（p37 下）

按：在｛萌芽｝的義項上，"牙"爲古字，"芽"爲今字。"牙"的本義是｛大牙｝，假借爲｛萌芽｝義，而"芽"纔是｛萌芽｝義的本字。古今兩個字記録的也是不同的詞。

四　古今字不是字體的不同

《言部》"詿"注："隨時異用者謂之古今字，非如今人所言古文籀文爲古字，小篆隸書爲今字也。"（p94 上）

段玉裁認爲漢人鄭玄所説的古今字也是這個意思，他説："凡鄭言古今字者，非如《説文解字》謂古文、籀、篆之别，謂古今所用字不同。"[1]這裏段玉裁明確提出古字和今字的不同並非古文、籀、篆等字體的區别。

綜上所述，按照段玉裁對古今字的直接論述，他所謂的古今字就是不同時代記録同一個義項的不同用字，這些不同用字在文獻中的音義相同，它們的本用不一定是記録同一個詞，也可以記録不同的詞。

---

① 段玉裁：《經韵樓集》卷十一"《曲禮》'君天下曰天子'至'余、予古今字'"條，上海古籍出版社，2008，第274頁。

古和今是相對而言的，没有一定的時代。古今字不是古今字體的不同。這是語言學史上第一次有人從理論上闡釋了古今字的概念。

第二節　段玉裁對古今字的訓注與其理論認識的比較

段玉裁對古今字的注釋使用了多種多樣的表述方式，還涉及諸如古今語、正俗字、假借等術語，給後人研究其古今字觀念造成了不少障礙。本書從段玉裁訓注古今字的語料出發，對古今字組一一考察分析後發現，段玉裁在具體的字例中很好地貫徹了自己的古今字觀念，他對古今字的認識是前後一致、貫穿全書始終的，基本没有自相矛盾的地方，後人認爲他有矛盾往往是混淆了不同角度的誤解。

從古今字的構成條件來看，段玉裁所謂的"古今人用字不同，謂之古今字"，"隨時異用者謂之古今字"，"凡言古今字者，主謂同音，而古用彼今用此異字"，包含了四個基本條件：一是記録同一個義項；二是聲音相同或相近；三是處於不同的時代；四是古字和今字的字形不同。概括説來，古今字就是記録同一個義項的不同時代的聲音相同或者相近的不同用字。第二章全面分析了《説文解字注》中所有古今字組的字形關係，這些古字和今字雖然有各種各樣複雜的形體關係，但都是在不同時代用於記録某一個義項，從而構成古今字。可見在這四個條件中，共同義項是古字和今字的核心聯繫，也是我們認識古今字的重要綫索。

段玉裁明確指出古今字的差別並不是古今字體的差別。古文、籀文到小篆、隸書是漢字形體的系統演變，與溝通古今不同用字的古今字是不同性質的現象。古今字一定是在某一義項上不同時代的具體字形差別，而不是某種字體與另一種字體的差別。段玉裁提出古今字不是字體的不同，這是完全正確的認識。但是在具體字例中，他又把一些古今字注釋爲字體的不同。這個表面的矛盾常常被指爲段玉裁沒有很好地貫徹自己的理論，在具體注釋中出現了混亂，使理論與實踐相悖。本書認爲，段玉裁的這些字例分析其實並沒有錯，跟他把古今字與字體相區別開來的立場也沒有矛盾。這些注釋中的"古文""小篆""隸"等並非單指字體，而是指用字的材料範圍，也就是某種字體的文獻中所使用的字形。不同的時代表示同一義項用了不同的字形，這些不同的字形有可能屬於同一個字體，也有可能屬於不同字體。古今字就是用來溝通不同時代記錄同一義項的不同用字的訓詁術語，兩個不同的字形分別屬於不同字體的文獻材料時，當然也可以構成古今字關係。這與古今字不同於字體的觀點並不矛盾。因此，應該用字體材料而不是字體風格的眼光來看待段玉裁有關這類古今字的注釋表述。

段玉裁並沒有具體論述過古今字與古今語、正俗字及假借字的關係，而是在注釋中將一些古今字同時表述爲古今語、正字俗字或"假某爲某"。這樣的表述引起了後人的不少批評，有人認爲他混同了這些術語的界限，對古今字的性質認識不清。這種批評是對段玉裁的一種誤解，將這些術語放在一起使用，正是由於沒有區別的必要。通過第二章的字例分析可以看出，無論古今語、正俗字還是通假字，在段玉裁看來都是構成古今字關係的一種條件。

段玉裁的訓注中共有七處"古今語"的注釋，其中兩處與古今字有關，另五處僅反映同一個事物在不同時代的不同名稱，古語與今語記錄不同的用詞。這兩處與古今字有關的古今語，不僅是用詞問題，也是用字問題，"空"和"孔"在四個條件上都符合段玉裁對古今字的認識，因而它們既是古今語，也是古今字。但是另一個例子"未豆古今語，亦古今字"的論斷是段玉裁的一個錯誤，因爲"未"和"豆"的聲音無論聲韻都相差很遠，按照他自己對古今字的理解，不應該是古今字的關係。但段玉裁並没有把所有的古今語都當作古今字，可見他注意到了古今字的不同書寫形式一定要有聲音聯繫這一特點，這與他對古今字的論述和認識也是一致的。

本書認爲，這兩個術語既有聯繫又不完全相同。使用"古今語"的目的是通古今異言，使用"古今字"的目的是溝通古今的不同用字。表現在作爲書面語的文獻中都是不同的字形，這是它們有聯繫的一面。但是，古今語反映的是同一個事物在不同時代的不同稱呼、名稱，屬語言學範疇，古今字反映的是同一個義項在不同時代的不同用字，屬訓詁學範疇。它們的性質不同。另外，古今語和古今字還有一個很重要的區别，就是聲音。記録同一個義項的古字和今字一定要聲音相同或相近，古今語則不一定。

在注釋古今字的時候，段玉裁往往還描述了古字和今字的其他一些關係，例如在表明古今字關係的時候，也説它們是正俗字。從大量古今字的注釋條目中可以看出，段玉裁對今字或點明是俗字，或指明是俗體，或者徑稱今字爲俗，或用"今俗用""今俗以爲""今俗作"等來籠統地指稱以正俗字爲材料構成的古今字，可見他正是把正俗字當作構成古今字關係的一種手段或條件，即古今字可以用正字和俗字來構成。這與他對古今字的認識也是一致的。正俗字是站在文字整理的角度反映同一個義項的不同書寫形式，屬於文字學範疇，這些不同的字形有可能共時，也有可能歷時，以存於《説文》的爲正，以後出的、民間通行的爲俗。古今字反映的是同一個義項在不同時代的不同用字，屬於訓詁學範疇。兩個術語的性質不同，故而從不同的角度看，兩個字的關係可能既是正俗字，又是古今字。

還有些古今字被段玉裁明確注釋爲假借字，如"䜩（嗌）—益"字組：

《口部》"嗌"注："〔咽也。……䜩，籀文嗌，上象口，下象頸脈理也。〕……應劭曰：䜩，伯益也。師古曰：䜩，古益字也。按此假借籀

文嗌爲益。"（p54 下）

　　這條注釋涉及古今字、字體和假借等幾種現象。顏師古認爲"㿜"是"益"的古字，段玉裁進一步説明"㿜"這個字形是"嗌"的籕文，做 {伯益，人名} 之義使用是假借用法。可以清楚地看到段玉裁並不是把古今字和假借字對立起來。這種表述方式不是混淆了假借字和古今字的概念，而恰恰反映了假借關係和古今字關係是對同一組字兩個不同角度的考察，二者是不相衝突的，是不同層面的歸類。段玉裁正是把假借當作構成古今字關係的一種手段或條件，即古今字可以用本字和借字來構成。

　　如前文所論，假借是古漢語書面語中的一種用字現象，屬於文字學範疇，而古今字則是溝通古今不同用字的訓詁學術語，一組字從文字學角度看可能是通假字，從訓詁學角度看也可能同時是古今字，這樣的現象並不矛盾，沒有必要辨析兩個不同層面的術語的異同。屬於文字學範疇的假借字與屬於訓詁學範疇的古今字角度不同，故而在具體字例的認識上必然會產生交叉。如果本字和借字有時代差異，那麼當它們都表示某一個義項的時候，就可以構成古今字。

　　綜上所述，在段玉裁注釋的古今字材料中，涉及的其他術語並不都具有辨析的價値。一組材料，既可歸入古今字範疇，又可歸入其他某個類型，這種兩屬或多屬的現象是分類角度不同和歸類標準不同造成的，是可以相容的交叉關係。把具有相容關係的材料作彼此不相容的區別辨析，不符合邏輯，也永遠區別不清，這樣的辨析是沒有意義的。從辨析的角度認爲段玉裁混淆概念、自我矛盾，這樣的批評是站不住脚的，古今字必然跟正俗字、假借字等概念具有交叉關係。段玉裁對古今字的訓注和他自己對古今字的理論認識是一致的。

第四章 字用理論視角下的古今字研究

第一節 漢字使用系統的漢字關係理論

對於《説文解字注》古今字的研究，本書是站在訓詁學（解讀文獻用字）的角度來考察古今字的。古今字是針對某一義項而言的，即古字與今字的對應範圍是記錄同一個義項的字，離開了這個義項，則無所謂古字和今字，因此所謂"職能分化"，所謂"今字祇承擔古字的某一個職務"，所謂"分擔原字的本義，或引申義，或假借義"等等説法都是錯誤的，因爲這樣説的時候，這個古字跟今字都已經不在古今字的關係中了。本書認爲異體字、通假字、同源字、分化字等等祇是可以充當古今字的材料或條件，跟古今字不是平行的概念，它們屬於不同的範疇，因而沒有辨析的必要。所以本書不去辨析這些概念，而要考察構成古今字的古字和今字之間的字際關係。

本書對古今字的研究，在歸納、比較和核證文獻材料的基礎上，主要運用有關字際關係、字詞關係、漢字的記錄職能及其變化的理論來進行。

一 漢字的字際關係

根據李運富先生《論漢字的字際關係》①一文及《漢字學新論》中對於漢字職能和漢字關係的理論②，字際關係可以從不同的角度來認識，也可以從不同的層面來考察，但不同角度的名稱和不同層面的類別不能混雜並陳，同一角度或同一層面的現象應該按照同一標準來分類和定稱，祇有這樣，類別之間纔能具有邏輯關聯，術語之間纔能形成科學系統。根據漢字的存現環境，漢字的字際關係應該分別從文字系統（構形系統）和文獻系統（字用系統）兩個角度來描述。

（一）文字系統（構形系統）的字際關係

在文字系統中，如果以漢字的形音義三屬性跟所記義項的異同爲標準，那麽在構形所示音義（也就是本字本詞）的條件下，漢字系統中可能形成的字際關係有六種。

1. 同音字

同音字指讀音相同而所記語詞不同的字。如"億義藝刈憶議屹亦異噎邑佚役譯易"等字現代都讀"yì"，但所記錄的都是不同的語詞。

2. 同義字

同義字指義項相同而所記語詞不同的字。如"尖"跟"銳"、"舟"跟"船"、"丹"跟"彤"等，各組字的本義分別相同，却都屬於不同的詞。

3. 同形字

同形字指形體相同而所記語詞不同的字。如果一個字形可以記錄幾個語詞，除了臨時通假的情况，這個字形實際上包含了跟所記語詞對應的幾個字符。分別記錄幾個語詞的幾個字符却共用同一形體，所

---

① 收入李運富《漢字漢語論稿》，學苑出版社，2008，第117~136頁。
② 李運富：《漢字學新論》第八章《漢字職能》、第九章《漢字關係》，北京師範大學出版社，2012，第193~242頁。

以叫作同形字。同形字大致有三種情況。

（1）造字同形。在爲不同語詞造字的時候，基於各自的理據聯繫，恰好選用了同樣的形體，這樣形成的同形字叫造字同形。如"舟"這個形體，既記録了語詞｛舟船｝，又記録了語詞｛盤子｝。

（2）變異同形。原本不同形的幾個字符，由於形體發生變異，也可能形成同形關係。如記録量詞｛整卷的綢或布｝的"匹"（pǐ）訛變，也可以寫作"疋"，就與記録｛脚｝的"疋"（shū）同形。

（3）派生同形。當一個詞語因詞義引申而派生新詞的時候，没有爲新詞另造記録它的字符，而是仍然用源詞的本字形體來記録。如長短的"長"引申爲生長的"長"，讀音由"cháng"變化爲"zhǎng"，即由詞義引申而派生出了一個新詞。但是没有爲這個派生的新詞另造字形，而是繼續借用源詞的字形，於是，"長"字既表示長短讀"cháng"，又表示生長讀"zhǎng"，兩個字符共用了一個字形。

4. 同形同音字

同形同音字指形體、讀音都相同而所記語詞不同的字。同形同音字也有造字形成的和變異形成的兩種情況。造字形成的如"枋"形，在同一個"fāng"的讀音下能作四個不同詞語的本用字符，分别表示｛枋樹｝、｛方形的木材｝、｛用於防堰的木料｝、｛用木材扎成的木排｝等意義。變異形成的如現代將古書中表示量具的"鐘"簡化爲"钟"，把古書中表示樂器的"鍾"也簡化爲"钟"，於是現代的字形"钟"也成了同形同音字。

此外，"派生同形"是指讀音也發生變化的情況，如果派生詞並没有讀音的變化，它們跟源詞共用字符更是普遍現象，例如"以"原爲動詞，後虚化爲介詞，又虚化爲連詞，又虚化爲助詞，虚化也是一種派生，它們不再是同一個詞，但讀音没有變化，也都用源詞的本字形體來記録，因而屬於同形同音字。

某詞没有本字，借一個現成的同音字形來記録，並且久借不還，使該字形在原來的本字職能外，同時成爲某個或幾個他詞的固定字符，這從用字上來說屬於"假借"現象。所有的假借字都可以被看作被借字的同形同音字。

5. 異體字

異體字指本用職能是記錄同一語詞（或語素）而形體不同的字。所謂"本用"是相對於"借用"而言的，字形借用不屬於異體字範疇。所謂"記錄同一語詞"是就字符的本質職能而言，祇要所記義項屬於同一詞的意義系統，就可以算是記錄同一語詞的，而不必每個字形所記錄的實際義項完全相同。異體字可能是異時異地的，因而實際讀音也不必完全相同。異體字從形成過程來看，可以分爲異構字和異寫字兩種。

（1）異構字。指爲同一語詞而造但構形屬性或理據不同的字。跟理據相關的構形屬性包括構件選擇、構件數量、構件職能等。異構字大致有兩種情況。①造字方法不同，或者説結構模式不同，如"泪"（從水從目會意）與"淚"（從水戾聲）。②造字方法相同，其他屬性不同。有的構件數量不同，如"集"（從隹止木上會意）與"雧"（從三隹止木上會意）。有的構件選擇不同，如"蚓—螾"，"塵—尘"。

（2）異寫字。指結構屬性相同而寫法不同的字。包括變體字和變形字兩種情況。①變體字，指結構屬性相同而書寫體式或風格不同的字。如"魚"字，甲骨文寫作"🐟"，小篆寫作"🐟"，隸書寫作"魚"，楷體寫作"魚"等。②變形字，指同一字體中結構屬性相同而形態樣式不同的字。如甲骨文中的"魚"字有"🐟🐟🐟🐟🐟🐟🐟"等不同形態，而其結構屬性和記詞職能是完全相同的。

6. 同源字

同源字指記錄不同語詞而音義相關的字。同源字關係是由漢語同源詞的關係所決定的，或音同義近，或音近義同，或音義相通。就同源字的形體關係而言，則有三種情況。

（1）形體無關的同源字。例如"貫（毌）"與"冠"，"欺"與"謾"。

（2）同聲符的同源字。源詞派生出新詞的時候，往往孳乳新字以分化源詞和派生詞，孳乳字又往往以源詞的本字爲聲符而另加義符構成，於是産生兩種同聲符的同源字。一種爲父子相承關係，如"解"與"懈"；另一種爲兄弟相親關係，如"澌"與"漸""撕""嘶""廝""簁""鍶"。

（3）同形的同源字。派生新詞時没有分化新的字形，而是兼用源詞的字形，這就造成幾個同源詞共用一個字形的現象，它們既是同形字關係，又是同源字關係。例如"數"字有四個讀音，各自承擔不同的義項，實際上代表了四個詞："數1"音 shù，基本意義爲 { 數目 }；"數2"音 shǔ，基本意義爲 { 計算 }；"數3"音 shuò，基本意義爲 { 多次 }；"數4"音 cù，基本意義爲 { 細密 }。這四個詞讀音相近，意義相關，字形相同，所以是同形同源字。

（二）文獻系統（字用系統）的字際關係

文獻系統是一種使用狀態，個體漢字對應於言語系統中的詞義（義項）。在文獻系統中，個體漢字的職能是靠語境顯示的，通常祇有一個確定的義項。文獻系統中的字際關係主要是指字用屬性關係和職能對應關係，而不再是漢字的形音義異同關係。漢字的使用職能不外乎三種：本用（用本字記本詞）、兼用（用本字記派生詞）、借用（用借字記他詞）。派生詞往往是詞義引申的結果，在派生詞没有專用字的情況下，用源詞的本字兼記，實際上也可以算作本用。這樣，漢字的職能就可以合併爲兩種：本用和借用；漢字的使用屬性也祇有兩種：本字和借字。

在文獻中，如果一個義項可以用或實際上用了不同的字來記録，那這些字相對於同一職能而言就形成了某種字用關係，這種同職能的字用關係就是文獻系統的字際關係。在記録同一義項的條件下，所用的不同字形或可能使用的不同字形之間，它們的職能對應關係和字用屬性關係有三種。

1. 本字—本字

幾個字形分別記録同一個義項，而對這個義項來説，這些字形都是它的本字，就這些字形來説，它們所記録的這個義項都屬於各字職能的本用。具體包括下面四種情況。

（1）異體本字—異體本字。異體字是記録同一語詞而形體不同的字，文獻中雖然選用不同形體，但這些形體對於同一語詞而言都是本字。

（2）古本字—重造本字。某字由於頻繁用於記録他詞，或本詞派生而需要分化，因此爲該字的本用義重造一個本字，而原字可以不再本用，衹負擔借用或兼用的職能，但實際上原字仍然有本用的現象。例如"莫"字，本用表示傍晚黄昏時分，同時借用爲代詞和否定詞。爲了區別本用和借用，爲其本義另造了本字"暮"。古本字跟重造本字都是爲了記録同一個語詞而造的，它們本用的職能完全相同，衹是形體不同，産生的時代先後不同，是歷時異體字，屬於同一個語詞，而古本字的借用和兼用實際上是幾個語詞共用了一個形體。

（3）同義本字—同義本字。從構形角度看，同義字是指本義相同的字；而從用字的角度看，同義字的範圍則要大得多，無論是本義還是引申義，衹要有一個義項相同就可以被看作同義字。如"治"與"理"爲二字引申義項相同；"元"與"始"則是"元"的引申義跟"始"的本義相同。同義字所記雖然是不同的語詞，但各字對於自己所記的語詞來説無論是記本義還是記引申義，都屬於本字本用。

（4）源本字—分化本字。如"赴"由｛趨奔｝義引申出｛告喪｝義，當｛告喪｝義派生爲新詞時，形式上也分化出新的本字"訃"。對｛告喪｝義而言，"赴"是源本字（用本字記録引申義），"訃"是分化本字，形義上都有聯繫。源本字和分化本字先後記録了同一個義項，甚至在使用分化本字的同時仍然用源本字記録同一義項，所以源本字和分化本字具有同職能關係。它們的特點是，源本字和分化本字之間有內在的音義聯繫，分化本字所代表的詞語是從源本字所記詞語中派生出來的，因此它們既是同源字，也是同源詞。

2. 本字——借字

在記錄同一個義項的不同用字中，有的是本字，有的是通假字或假借字，因而構成本用與借用或借用與本用的字際關係。具體包括兩種情況。

（1）本字——通假字。某詞原有本字，但在文獻中記錄這個詞的時候不使用這個本字，而是用另一個跟它音同或者音近的字，這就是通假字。

（2）假借字——後造本字。某詞原無本字，用假借字記錄；後來爲了分化假借字的職能，替某詞造出專用本字，即後造本字。

3. 借字——借字

文獻中記錄某個義項的不同字形都不是該義項的本字，而是用的通假字或假借字，那幾個字形之間相對於這個義項來說就是借用與借用的關係。具體包括兩種情況。

（1）通假字——通假字。在某詞有本字的情況下，可以分別借用多個通假字來記錄該詞。

（2）假借字——假借字。在本無其字的情況下，可以分別借用多個假借字來記錄同一個詞，從而構成異字符號同職能關係。

二　漢字的職能及其變化

（一）漢字的職能

所謂漢字的職能，是指漢字作爲字符記錄漢語的功能。漢字的構形是有理據的，即根據該字所要記錄的語詞的意義或讀音來創制或選擇構件，使每個構件都具有一定的功能。就造字階段來說，單字與語素的對應關係應該是有理據的，用什麼字記錄什麼語素是固定的，這種固定的理據對應關係反映了漢字的本來用法。但由於種種原因，在實際使用漢字的時候，字形與語素的初始對應關係往往被打破，漢字的記錄職能也因此而變得複雜起來，於是又出現兼用和借用的現象。"本用""兼用""借用"是漢字記錄職能的三種基本情況。

所謂本用，是指用本字來記錄本詞的用法。本字的構形是以本詞的音義爲理據的。立足於某詞，根據該詞的音義而造，專用來記錄該詞的字形叫作該詞的本字；立足於某字，與該字的構形理據密切相關的語詞就是該字本來應該記錄的本詞。本詞的義項中與本字構形理據直接相關的義項叫作本義，以本義爲起點派生發展或與本義有密切聯繫的其他義項叫作引申義。本字的本用包括記錄本詞的義項中與本字構形密切相關的本義，以及與本義密切相關的引申義。本義不一定是語詞的最早意義或最基本的意義，而是語詞的實際義項中與字形密切相關的意義。它有三個要點：一是形義相關，二是文獻中實際存在過，三是能夠獨立成爲義項。義項是屬於詞的，但本義既然是字詞相關的義項，所以既可以叫某詞的本義，也可以稱某字的本義。

所謂兼用，是指本字記錄另一個跟本詞有音義聯繫的派生詞的現象。詞義引申如果伴隨讀音或字形的變化，往往會派生出新詞。派生詞可以另造新字記錄，也可以仍然用源詞的本字來記錄，這就是本字的兼用。

所謂借用，是將字形當作語音符號去記錄與該字形體無關但音同音近的語詞。這樣使用的漢字本來不是爲所記語詞而造，所以不是所記語詞的本字，而是借用音同音近的他詞的本字，故稱之爲借字；借字所記的語詞不是自己構形理據的本詞，故稱之爲他詞；借字所記他詞的義項可稱之爲借義。借用不祇針對他詞的本義而言，記錄他詞引申義的也叫作借用。

漢字借用現象比較複雜，一般根據借字所記他詞是否擁有自己的本字，將借用分爲無本字的借用和有本字的借用兩類。語言中原有某詞，當需要用文字來記録的時候，不是根據它的意義替它創制專用形體，而是根據它的聲音，借用某個音同音近的現成字，這種用字現象就是無本字的借用。被借用的字稱爲“假借字”。語言中的某詞，本來已有專爲它所造的本字，但實際記録該詞時，有時並不寫它的本字，而是借用另一個音同音近的他字，這就是有本字的借用，一般稱爲“通假”，被借用的字稱爲“通假字”。

（二）漢字職能的擴展、簡縮與轉移

在創制某個字符的時候，該字符的功能應該是確定的。字符最初的功能往往是單一的，即通常情況下，一個字祇記録一個詞（可以有多個義項）。後來，爲了表達的需要，一個字變得可以同時或歷時地記録幾個詞，這種現象就是漢字職能的擴展。如果把“本用”看作字符最初的職能，那“兼用”和“借用”就是字符職能擴展的兩條主要途徑。

爲了克服字符職能的不斷擴展造成字詞對應關係的模糊，從而給文獻閱讀的分辨理解帶來困難，有必要對漢字職能的擴展加以適當限制。已經擴展了的，如果影響職能分辨，可以減少其中的一項或幾項職能，這就是漢字職能的簡縮。漢字職能的簡縮大致可以歸納爲三種情況：異體字分工、母字分化和另造新字。

（1）異體字分工。異體字雖然字形不同，但屬於同一個字符，因爲它們的本用是記録同一個語詞。異體字的職能也是可以擴展的，或兼用，或借用，同一字符的不同形體都增加了負擔，具體語境中的表義功能變得模糊，這時就有必要進行分工，使原來屬於同一字符的不同形體分化爲不同的字符，從而達到單個字符記詞職能減少的目的。

（2）母字分化。一字符由於兼用和借用擴展了記詞職能，爲了增強表詞的明確性，可以以原字符爲母字，通過變異筆畫、增加或改換構件等方式分化出新的字符來分擔原字符的某項或某些職能。

（3）另造新字。一個字符的職能多了，也可以乾脆替其中的某個義項另造一個與原字形體毫無聯繫或没有直接聯繫的新字。

有時單個字符的職能變化涉及兩個以上現成的字符，單個字符的職能往往是有增有減，某項職能從甲字挪到乙字，而乙字的某項職能又可能挪給甲字或丙字。這種多字之間的職能替換現象就是職能的轉移。

第二節　字用理論視角下的古今字的字際關係

古今字是一個訓詁學術語，不應該與屬於文字學範疇的異體字、通假字、同源字、分化字、分別字等概念進行區分和辨別，不應該混淆不同層面的術語。但是，這並不意味着不可以從文字學的角度來考察古字和今字的字際關係。當兩個或兩個以上的字符在某一個義項上構成古今字的時候，古今字的關係已經確立，完全可以轉換到另一個層面，從文字學的角度把它們作爲字用系統的字符來對待，從而分析什麼樣的字可以構成古今字。

漢字的字際關係可以從文字系統（構形系統）和文獻系統（字用系統）兩個角度來描述。段玉裁所謂的古今字是記錄同一個義項的不同時代的聲音相同或者相近的不同用字。這是字符在具體使用中出現的情況，因而比較適於從字用系統來進行描述。

通過對《説文解字注》中古今字材料的分析，可以發現，在記錄同一義項的條件下，不同用字之間實際出現的職能對應關係和字用屬性關係主要有如下幾種情況。

一　古今字爲“本字—本字”關係

古字和今字分別記錄同一個義項，而對這個義項來説，古字和今字都是它的本字，就古字和今字來説，它們所記録的這個義項都屬於各字職能的本用。具體包括下面四種情況。

（一）古今字爲"異體本字—異體本字"關係

異體字是記録同一語詞而形體不同的字，一般認爲異體字是共時的，但部分異體字也存在時代上的差異。不同時代的異體字就可以構成古今字。文獻中雖然選用不同形體，但這些形體對於同一義項而言都是本字。如以下幾例。

（1）喬—庸

《亯部》"喬"注："〔用也。〕此與《用部》庸音義皆同。《玉篇》曰：喬，今作庸。《廣韵》曰：喬者，庸之古文。……〔讀若庸同。〕"（p229下）

按：段玉裁認爲在{用}的義項上，"喬"和"庸"的音義皆同，又引用了《玉篇》和《廣韵》來説明這兩個字構成古今字關係。"喬"字從亯從自，《説文解字注》解釋爲："〔自知臭，〕……自，鼻也，知臭味之芳殠。〔香所食也。〕香當作亯，轉寫之誤也。"（p229下）"庸"字"〔從用庚。庚，更事也〕"（p128上）。"喬"和"庸"的字形都與{用}的意義切合，是異體本字。

（2）變—戀，變—嫡

《女部》"變"注："〔慕也。從女織聲。〕此篆在籀文爲嫡，順也。在小篆爲今之戀，慕也。……《廣韵》卅三線曰：戀，慕也。變戀爲古今字。"（p622上）

按：在{戀慕}的義項上，"變"是古字，是小篆字形；"戀"是今字，是隸書的字形。兩個字形都是形聲結構，聲符相同，義符不同，古字從女，今字從心，是記録同一個義項的異構字。

在{柔順，順從}的義項上，籀文字形作"變"，小篆字形作"嫡"，也構成一組古今字。兩個字形都是形聲結構，義符都從女，聲符不同，古字從織聲，今字從鬳聲，也是記録同一個義項的異構字。

（3）𢽳—攀

《𢽳部》"𢽳"注："晉灼曰：𢽳，古攀字。按今字皆用攀，則𢽳爲古字。𢽳亦小篆也。〔从反𠬞。〕象引物於外。……〔攀，𢽳或从手从樊。〕樊聲也。今作攀。"（p104下）

按：在｛攀引｝的義項上，古字作"𢽳"（楷化作"𢽳"），從反𠬞，即手掌向外的兩隻手，會合｛攀引｝之義，是會意字。今字"攀"從手樊聲，是形聲字。兩個字形與｛攀引｝義切合，都是本字，因此是記錄同一個義項的異構字。

（4）辬—斑

《文部》"辬"注："〔駁文也。〕謂駁襍之文曰辬也。馬色不純曰駁。引伸爲凡不純之偁。……斑者，辬之俗。今乃斑行而辬廢矣，又或假班爲之。……許知爲不純之文，以从辡知之。辬辯字皆从辡。〔从文辡聲。〕此舉形聲包會意。"（p425下）

按：在｛斑駁｝的義項上，"辬"是古字，"斑""班"是今字。"辬"從文辡聲，記錄｛斑駁｝義是本字本用。"斑"是"辬"的異體俗字，應該是"辬"構件訛誤或簡化而成的。

（5）蘋—蘋

《艸部》"蘋"注："〔大萍也。〕《釋艸》曰：苹，萍，其大者蘋。毛傳曰：蘋，大萍也。蘋蘋古今字。〔从艸賓聲。〕"（p25上）

按：在｛蘋草｝的義項上，"蘋"和"蘋"構成古今字。記錄｛蘋草｝義是"蘋"的本字本用。"蘋"，《說文》未收。《詩經·召南·采蘋》："于以采蘋，南澗之濱。"毛傳曰："蘋，大萍也。"[1]"蘋"也是｛蘋草｝義的本字。"蘋"和"蘋"是不同聲符的異構字。

（6）沾—添

《谷部》"㳬"注："沾，古之添字。"（p87下）

---

[1]　（清）阮元校刻《十三經注疏·詩經注疏》，中華書局，1980，第286頁。

《水部》“沾”注：“〔一曰沾，〕逗。〔益也。〕沾添古今字。俗製添爲沾益字，而沾之本義廢矣。添從忝聲，忝從天聲，古音當在真先部也。”（p526下）

按：在{增益，添加}的義項上，“沾”爲古字，“添”爲今俗字。“沾”從水占聲，記錄{增益，添加}義是本字本用。“添”從水忝聲，《說文》未收，是{增益，添加}義的俗字，也是本字本用。“沾”和“添”是異體字的關係。

（7）僊—仙

《人部》“僊（僊）”注：“〔長生僊去。〕僊去疑當爲罨去。《莊子》曰：千歲猒世，去而上僊。……〔从人罨，〕罨，升高也。長生者罨去，故从人罨會意。〔罨亦聲。〕相然切。十四部。按上文偓佺，仙人也。字作仙，葢後人改之。《釋名》曰：老而不死曰仙。仙，遷也。遷入山也，故其制字人旁作山也。成國字體與許不同，用此知漢末字體不一，許擇善而從也。漢碑或从罨，或从山。《漢·郊祀志》：僊人羨門。師古曰：古以僊爲仙。《聲類》曰：仙，今僊字。葢仙行而僊廢矣。”（p383下）

《人部》“仚”注：“〔人在山上兒。〕引伸爲高舉兒。顔元孫引鮑明遠《書勢》云：鳥仚魚躍。〔从人山。〕山亦聲也。”（p383下）

按：在{神仙}的義項上，“僊”爲古字，“仙”爲今字。“僊”字《說文》訓爲“長生僊去”，從人罨會意，罨亦聲，有升高之義。“仙”字訓爲{人在山上的樣子}，是從字形分析而來的造意，並沒有實際用例。而據《釋名》“老而不死曰仙”，正與“長生僊去”義同。實際在漢代，兩個字形都用來記錄{神仙，長生成仙}之義，許慎用不同的訓釋語，祇是想區別二字，以便將兩個當時都存在的字形收入《說文》。故而“僊”和“仙”是一對異體字。

（8）朙—明，盟—盟

《囧部》“盟”注：“今人皆作盟，不從小篆作盟者，猶皆作明不作

朙也。"（p315 上）

《朙部》"朙"注："〔照也。从月囧。〕从月者，月以日之光爲光也。从囧，取窗牖麗廔闓明之意也。囧亦聲，不言者，舉會意包形聲也。……〔朙，古文从日。〕云古文作明，則朙非古文也，葢籀作朙，而小篆隸从之。"（p314 上下）

按：在｛明亮｝的義項上，古文作"明"，從日月會意；籀文作"朙"，從囧月會意，囧義爲窗户。小篆從籀文，隸書從古文。兩個字形都是｛明亮｝義的本字，采用了不同的構件，是異構字的關係。小篆"盟"從小篆"朙"，隸書"盟"從隸書"明"，是由於聲符字形變化造成的異體字。

（9）捪—攟—抆

《手部》"捪"注："〔撫也。〕……今人所用抆字，許《土部》墁下所用攟字皆即捪字也。〔从手昏聲。〕"（p601 上）

《巾部》"幏"注："〔墁地也。〕……然則墁地即涂地也。……〔㠯巾攟之。〕……攟葢即《手部》捪字，今之抆字。捪者，撫也。"（p361 下）

按：在｛拂拭，擦拭｝的義項上，"捪"是古字、本字，"攟"是許慎時代使用的字形，"抆"是清人所用的字形。《説文》的字頭取自經典，"攟"字《説文》未收，説明"攟"字當是漢代通行的"捪"的俗字。"攟"從手閔聲，"閔"字古音在明母文部，"昏"字古音在曉母文部，韵同而聲可通，所以"攟"也是｛拂拭，擦拭｝義的本字。而再後來人們使用的"抆"從手文聲，可以被看作"攟"的省減字，也是｛拂拭，擦拭｝義的本字。"捪""攟""抆"三個字符是歷時異體字關係。

有一些今字是由古字訛誤造成的，本書把這種古今字的關係也看作異體本字之間的關係，如以下三例。

（10）庉—秔

《广部》"庉"注："〔開張屋也。〕謂屋之開張者也。〔从广秔

聲。〕……今字作秕，殊誤。"（p444 下 ~445 上）

按：今字"秕"是古字"庇"的義符"广"插入聲符"秅"的左右兩部分之間，從而使半包圍結構的字變成了左右結構，是書寫訛誤。

（11）囟—囟—囟

《囟部》"囟"注："〔頭會匘葢也。象形。〕……《九經字樣》曰：《説文》作囟，隸變作囟……今人楷字譌囟，又改篆體作囟，所謂象小兒腦不合者，不可見矣。"（p501 上）

按：古字本作"囟"，象初生嬰兒頭上未合攏的囟門之形，隸變後象未合攏之形的左右兩畫連在一起，象形之意消失，楷書從隸書之形，都是爲書寫方便而造成的訛誤。

（12）抵—抵

《手部》"抵"注："〔側擊也。〕……按抵字今多譌作抵，其音義皆殊。"（p609 上）

按：《手部》有"抵"，訓爲"〔擠也。〕排而相距也"（p596 下），與"抵"的音義都不相同。在 { 側擊 } 的義項上今字用"抵"，不是通假用法，而是形近造成的訛誤，所以"抵"和"抵"是由於訛誤造成的異體字。

（二）古今字爲"古本字—重造本字"關係

古字由於頻繁用於記錄他詞，或本詞派生而需要分化，因此爲古字的本用義重造一個本字。古本字可以不再本用，祇負擔借用或兼用的職能，也有少部分繼續承擔本用的職能。古本字跟重造本字都是爲了記錄同一個語詞而造的，它們本用的職能完全相同，祇是形體不同，產生的時代先後不同，屬於同一個字符。如以下五例。

（1）硈—磬

《石部》"磬"注："〔石樂也。……硈，古文从巠。〕……蓋硈本古文磬字，後以爲堅确之意。是所謂古今字。"（p451 下 ~452 上）

按：在 { 石製樂器 } 的義項上，"硈"是古字，古文字形；"磬"

是今字，小篆字形。《説文》以“硜”爲“磬”的古文。“硜”是形聲字，從石巠聲，“巠”的古音在見母耕部，與“磬”的古音溪母耕部相近，是｛石製樂器｝的古本字。磬聲鏗鏘有力，所以可以引申出｛聲音果勁｝、｛堅決，固執｝等意義。“磬”字從石、𡔷、殳會意，“〔𡔷象縣虡之形。殳，所㠯擊之也〕”（p451下），與｛石製樂器｝的意義切合，是｛石製樂器｝的重造本字。

（2）氣—餼

《米部》“氣”注：“〔饋客之芻米也。〕……今字叚氣爲雲氣字，而饔餼乃無作氣者。……〔餼，氣或从食。〕按从食而氣爲聲，蓋晚出俗字，在假氣爲气之後。”（p333上下）

按：在｛贈送人的穀物｝的義項上，“氣”爲古字，從米气聲；“餼”爲今字，段玉裁説是晚出俗字，在古字“氣”的基礎上又增加了一個義符“食”，兩個字形都與意義切合，都是本字，“氣”是古本字，“餼”是爲本義重造的一個本字。隨着詞義的發展，“氣”假借爲｛雲氣｝義，不再記録｛贈送人的穀物｝的義項，而用後造的本字“餼”專門來記録“氣”的本義。

（3）或—國

《戈部》“或”注：“〔邦也。〕《邑部》曰：邦者，國也。蓋或國在周時爲古今字。古文祇有或字，既乃復製國字。……以爲凡人所守之或字未足盡之，乃又加口而爲國。”（p631上）

按：在｛邦國｝的義項上，在周代，“或”是古字，“國”是今字。“或”字從囗、戈、一會意，｛邦國｝是“或”的本義，由於詞義發展，“或”字表義衆多，故而爲其本義另造了一個本字“國”。所以“或”是｛邦國｝義的古本字，而“國”是記録“或”字本義的重造本字。

（4）台—怡

《口部》“台”注：“〔説也。〕台説者，今之怡悦字。《説文》怡訓和，無悦字。今文《尚書》：舜讓于德不台。見《漢書·王莽傳》、班

固《典引》。而《五帝本紀》本之作舜讓于德不台懌。自序曰：唐堯
遜位，虞舜不台。惠之早霣，諸呂不台。皆謂不爲百姓所悦也。古文
《禹貢》：祗① 台德先。鄭注：敬悦天子之德既先。〔从口目聲。〕……
《釋詁》台予同訓我，此皆以雙聲爲用。"（p58上）

《心部》"怡"注："〔穌也。〕各本作和，今正。穌者，調也。《玉
篇》曰：怡者，悦也，樂也。古多叚台字。《禹貢》：祗台德先。鄭注
云：敬和。〔从心台聲。〕"（504上）

按：在｛愉悦｝的義項上，"台"和"怡"構成古今字。"台"，
《説文》訓｛愉悦｝，在古書中多有用例，當是本字本用無疑。段玉
裁説"怡"字"古多叚台字"，與"台"字的注釋矛盾，是不準確的。
"台"記録｛愉悦｝義不是假借，也不是引申，而是其本義。"怡"本
訓｛調和，和諧｝，實則也是｛愉悦｝之義，《玉篇》就直接訓爲｛愉
悦｝，當是"台"假借爲代詞｛我｝之後在古本字的基礎上加義符爲其
本義重新造的本字，故"台"和"怡"是古本字和重造本字的關係。

（5）左—佐，右—佑

《口部》"右"注："〔助也。〕……今人以左右爲ナ又字，則又製佐
佑爲左右字。"（p58下）

《ナ部》"ナ"注："俗以左右爲ナ又字，乃以佐佑爲左右字。"
（p116下）

《左部》"左"注："〔ナ手相左也。〕……左者，今之佐字。《説文》
無佐也。ナ者，今之左字。"（p200下）

《丶部》"主"注："……正如假左爲ナ，不得不別造佐爲左也。"
（p215上）

按：在｛輔助，佑助｝的義項上，"左"與"佐"、"右"與"佑"
分別構成古今字。"左"和"右"的本義均是｛輔助，佑助｝，後來這

---

① 《説文解字注》原文作"祇"，據《尚書》原文校勘，當爲"祗"字。

兩個字形常被假借爲表示方位詞｛左邊｝、｛右邊｝，於是在此二字的基礎上加義符"人"新造出"佐""佑"二字來專門記録本義。所以，"左"與"佐"、"右"與"佑"是古本字和重造本字的關係。

古本字跟重造本字、古今兩個異體本字都是爲了記録同一個語詞而造的，它們的本用職能完全相同，祇是形體不同。其實古本字跟重造本字就是一種歷時異體字，屬於同一個字符。爲了區分這兩個類別，可將古字没有其他引申或假借義項的古今字算作"異體本字—異體本字"關係。如果古字由於常用來記録引申義、派生義或假借義以致本義隱晦，因而後人爲其本義重造本字，這種古今字就可歸入古本字和重造本字的關係。

（三）古今字爲"同源同義本字—同源同義本字"關係

從構形角度看，同義字是指本義相同的字；但從用字的角度看，無論是本義還是引申義，祇要有一個義項相同就可以被看作同義字。同義字記録的雖然是不同的語詞，但各字對於自己所記的語詞來説無論是記本義還是記引申義，都屬於本字本用。構成古今字的同義字之間除了有共同義項，還具有聲音相同或相近的特點，所以它們也就是音近義通的同源字。這一關係，本書稱之爲"同源同義本字—同源同義本字"關係。如以下幾例。

（1）空—孔

《句部》"笱"注："偃水而爲關空，以笱承其空。偃堰，空孔皆古今字。"（p88 上）

《穴部》"竅"注："〔空也。〕空孔古今字。"（p344 下）

按：在｛孔洞｝的義項上，"空"是古字，"孔"是今字。《穴部》"空"注："〔竅也。〕今俗語所謂孔也，天地之閒亦一孔耳。……〔從穴工聲。〕形聲包會意也。"（p344 下~345 上）"空"表示｛孔洞｝義是本字本用。《乙部》"孔"注："〔通也。〕……孔訓通，故俗作空穴字多作孔。其實空者，竅也。作孔爲叚借。"（p584 上）"孔"的本義是｛通達｝，

{通達}義可以引申出{孔洞}義。段玉裁所謂的"叚借"與我們現在所説的假借不同，往往也包括了一些引申現象。所以，"空"和"孔"表示{孔洞}義都是本字本用，聲音又接近，它們是同源同義本字。

（2）予—與

《予部》"予"注："〔推予也。〕予與古今字。……〔象相予之形。〕象以手推物付之。余吕切。五部。"（p159下~160上）

《舁部》"與"注："〔黨與也。〕黨當作攩。攩，朋群也。與當作与。与，賜予也。〔从舁与。〕會意。共舉而与之也。舁与皆亦聲。余吕切。五部。"（p105下）

按：在{給予}的義項上，"予"是古字，"與"是今字。"予"字"象以手推物付之"，是{給予}義的本字。"與"字的本義是{黨與，朋友}，字"〔从舁与。〕會意。共舉而与之也。舁、与皆亦聲"，記錄{給予}義是引申用法，所以"予"和"與"應該是同源同義本字。

（3）与—與

《勺部》"与"注："〔賜予也。〕賜，予也。予，推予壽人也。〔一勺爲与。〕下从勺。一者，推而予之。余吕切。五部。〔此與予同意。〕……與，攩與也。从舁，義取其舉，不同与也。今俗以與代与，與行而与廢矣。"（p715上下）

按：在{給予}的義項上，"与"是古字，"與"是今俗字。"与"字從一從勺（zhuó），"〔一勺爲与。〕下从勺。一者，推而予之"，而"勺"，"〔枓也。所目挹取也〕"（p715上），字形與詞義切合，所以"与"記錄{給予}義是本字本用。"與"字如"予——與"例的分析，記錄{給予}義是引申用法，所以"予"和"與"也是同源同義本字。

（4）曼—蔓

《艸部》"蔓"注："〔葛屬也。〕此專謂葛屬，則知滋蔓字古袛作曼。"（p35下）

《又部》"曼"注："〔引也。〕《魯頌》毛傳曰：曼，長也。〔从又冒

聲。〕此以雙聲爲聲也。"（p115 下）

按：在 {蔓延} 的義項上，"曼"爲古字，"蔓"爲今字。"曼"的本義是 {引長}，是 {蔓延} 義的本字。而"蔓"字從曼得聲，其本義是 {葛屬植物}，這種植物的特點正是細長蔓生，故而可以引申出 {蔓延} 之義，記錄引申義仍然屬於本字本用，"曼"和"蔓"又音近同源，所以是同源同義本字。

（5）圓—圓，圓—圜

《囗部》"圜"注："〔天體也。〕圜，環也。……許言天體，亦謂其體一氣循環，無終無始，非謂其形渾圜也。下文云：圓，圜全也。斯爲渾圜。許書圓圜圓三字不同。今字多作方圓、方員、方圜，而圓字廢矣。依許則言天當作圜，言平圓當作圓，言渾圓當作圓。"（p277 上）

《囗部》"圓"注："〔規也。〕規，有法度也。〔從囗員聲。〕"（p277 上）

《囗部》"圓"注："〔圜全也。〕……是則毛謂員隕皆圓之假借字。渾圜則無不均之处也。"（p277 上）

按：在 {圓形} 的義項上，"圓"是古字，"圓""員""圜"三字是今字，其中"員"是假借字。按照段玉裁對許慎原文的理解，《說文》中"圓""圜""圓"三字不同，記錄三個相關而不相同的詞："圓"是渾圓的圓形（球形），"圜"是天體的圓形、環形，而"圓"是平面的圓。後來在 {圓形} 的義項上，先後使用了這三個字來記錄，它們聲同而意義相連，是同源同義本字。

（6）㬎—顯

《見部》"覰"注："〔顯也。〕顯當作㬎。㬎顯古今字。㬎者，眾明也。從日中見絲。"（p408 上）

《頁部》"顯"注："〔頭明飾也。〕故字從頁。……頭明飾者，冕、弁、充耳之類。引伸爲凡明之偁。按㬎謂眾明。顯，本主謂頭明飾，乃顯專行而㬎廢矣。《日部》㬎下曰：古文以爲顯字，由今字假顯爲㬎，

乃謂古文假㬎爲顯也。此古今字之變遷，所必當深究也。"（p422 上）

按：在｛明亮｝的義項上，古文文本用"㬎"字形，小篆文本用"顯"字形。《日部》"㬎"："〔衆微杪也。从日中視絲。〕"（p307 上）"㬎"由日和絲會意，在太陽下觀察微小的事物可以被用來表示｛明亮｝的意義，故"㬎"爲｛明亮｝的本字。顯的本義｛頭上明亮的首飾｝，可引申爲｛明亮｝義，也是本字本用。二字音義相關，故爲同源同義本字。

（四）古今字爲"源本字—分化本字"關係

當古字的引申義派生出新詞時，形式上也大多分化出新的本字。這一類古今字往往在形義上都有聯繫。源本字和分化本字先後記錄了同一個義項，甚至在使用分化本字的同時仍然用源本字記錄同一義項，所以源本字和分化本字具有同職能的關係。如以下幾例。

（1）或—域

《戈部》"或"注："〔邦也。〕……既有國字，則國訓邦，而或但訓有。漢人多以有釋或。毛公之傳《詩·商頌》也，曰域，有也。傳《大雅》也，曰囿，所以域養禽獸也。域即或。《攷工記·梓人》注：或，有也。《小雅·天保》箋，鄭《論語》注皆云，或之言有也。高誘注《淮南》屢言或，有也。《毛詩》九有，《韓詩》作九域。……或，古音同域。……〔域，或或从土。〕既从口从一矣，又从土，是爲後起之俗字。"（p631 上）

按：在｛有｝的義項上，"或"是古字，"域"是後起俗字，《説文》列"域"爲"或"的異體。"或"的本義是｛邦國｝，｛邦國｝義可以引申出｛有｝義，當｛有｝義派生爲新詞時，形式上也分化出新的本字"域"。對於｛有｝義而言，"或"是源本字，"域"是分化本字，兩個字在形音義上都有聯繫。

（2）志—識

《心部》"志"注："〔意也。从心㞢，㞢亦聲。〕……蓋古文有志無識，小篆乃有識字。……古文作志，則志者，記也，知也。……今人分志向一字，識記一字，知識一字，古祇有一字一音。又旗幟亦即用識字，則亦可用志字。……在心爲志，發言爲詩。志之所之不能無言，故識从言。……漢時志識已殊字也。"（p502 上）

　　按：在｛記錄｝、｛認識，知道｝、｛旗幟｝等義項上，古字作"志"，今字作"識"。"志"字"〔从心屮，屮亦聲〕"，《言部》"識"："〔一曰知也。从言戠聲。〕"（p92 上）兩個字形都與｛記錄｝、｛認識，知道｝的意義切合，都是本字。"志"和"識"共同承擔記錄｛記錄｝、｛認識，知道｝、｛旗幟｝的意義一段時間後，兩個字形的功能開始分化，｛志向｝義用"志"，｛識記｝義和｛知識｝義用"識"，到漢代時已完全分化爲不同的詞。由此可見，"志"和"識"是源本字和分化本字的關係。

（3）愉—偷

《人部》"佻"注："〔愉也。〕……《心部》曰：愉，薄也。……毛傳曰：佻，愉也。按《釋言》：佻，偷也。偷者愉之俗字。今人曰偷薄，曰偷盜皆从人作偷，他侯切。而愉字訓爲愉悅，羊朱切。此今義今音今形，非古義古音古形也。古無从人之偷。愉訓薄，音他侯切。愉愉者，和氣之薄發於色也。盜者，澆薄之至也。偷盜字古只作愉也。……然可見漢末已有从人之偷，許不之取。"（p379 上）

《心部》"愉"注："〔薄也。〕……此薄也當作薄樂也，轉寫奪樂字。謂淺薄之樂也。引申之，凡薄皆云愉。《唐風》：他人是愉。傳曰：愉，樂也。《禮記》曰：有和氣者，必有愉色。此愉之本義也。……許書《人部》作佻，愉也。《周禮》：以俗教安，則民不愉。鄭注：愉謂朝不謀夕。此引申之義也。淺人分別之，別製偷字，从人，訓爲偷薄，訓爲苟且，訓爲偷盜，絕非古字，許書所無。然自《山有樞》鄭箋云愉讀曰偷，偷，取也。則不可謂其字不古矣。〔从心俞聲。〕羊朱切。"（p509 上）

按：在 { 偷薄，不敦厚 }、{ 苟且 }、{ 偷盜 } 等義項上，"愉"是古字，"偷"是今字，俗字，始見於漢末。"愉"的本義是 { 愉快，薄樂 }，引申爲 { 偷薄，不敦厚 }、{ 苟且 }、{ 偷盜 } 等意義，在今字"偷"出現後，"愉"字就僅用來記錄 { 愉悦 } 的本義。古書中有"偷"字形，見《詩經·山有樞》鄭箋注，義爲 { 取 }，與後人爲"愉"的引申義 { 偷薄，不敦厚 }、{ 苟且 }、{ 偷盜 } 所造的今字"偷"同形。所以"愉"和"偷"是源本字和分化本字的關係。

（4）釋—懌

《采部》"釋"注："〔解也。〕《廣韵》曰：捨也，解也，散也，消也，廢也，服也。按其實一解字足以包之。〔從采。采取其分別。從睪聲。〕"（P50 上）

《言部》"説"注："〔説釋也。〕説釋即悦懌。説悦，釋懌皆古今字。許書無悦懌二字也。説釋者，開解之意，故爲喜悦。"（p93 下）

按：在 { 愉悦 } 的義項上，"釋"與"懌"構成古今字。"釋"的本義是 { 説解 }，引申爲 { 愉悦 }。黄焯説："凡人心於事理有不得解釋者則不悦，一經説明解釋則悦矣，故説釋字引申爲悦懌，後人則改著心旁以別之。"[①]"懌"字《説文》未收，當是爲了分化"釋"字的功能而爲 { 愉悦 } 義所造的本字。"釋"與"懌"是源本字和分化本字的關係。

（5）魚、鱻—灙—漁

《鱻部》"灙"注："捕魚字古多作魚……然則古文本作魚，作鱻。灙其籀文乎。至小篆則媘爲漁矣。"（p582 上）

按：在 { 捕魚 } 的義項上，古文字形作"魚"或"鱻"，籀文字形作"灙"，小篆字形作"漁"。古文字形從一魚或二魚，是象形字，本義即爲 { 魚 }，引申爲動詞 { 捕魚 }。籀文字形在古文的基礎上增加了水的構件，{ 捕魚 } 之義更加明顯，是爲 { 捕魚 } 義造的專字，"魚"

---

① 黄侃：《説文新附考原》（十一）"懌"注，見《説文箋識》，中華書局，2006，第291頁。

則祇作本用記録名詞義。小篆字形是籀文字形的省寫。幾個字形有明顯的承繼關係，對於｛捕魚｝義來説都是本字本用，"魚""鱻"是最早出現的源本字，"瀺"及"漁"是後來出現的分化本字。"魚"和"鱻"構形祇有繁簡之别，是異體字，"瀺""漁"也是如此，互爲異體字。

二　古今字爲"本字—借字"關係

在記録同一個義項的古今字中，古字是本字，今字是通假字或假借字，從而構成本用與借用的字際關係。具體包括兩種情況。

（一）古今字爲"本字—通假字"關係

某詞原有本字，但在文獻中記録這個詞的時候不使用這個本字，而是用另一個跟它音同或者音近的字，這就是通假字。古字爲本字，今字爲通假字。如以下幾例。

（1）气—氣

《气部》"气"注："〔雲气也。〕气氣古今字。"（p20 上）

《米部》"氣"注："〔饋客之芻米也。〕……今字叚氣爲雲氣字。"（p333 上）

按：在｛雲氣｝的義項上，"气"爲古字，"氣"爲今字。"气"是｛雲氣｝的本字。"氣"的本義是｛贈送人的穀物｝，記録｛雲氣｝是通假用法。

（2）杽—杻

《木部》"杽"注："〔械也。〕械當作梏。字從木手，則爲手械無疑也。……杽杻古今字。《廣韵》曰：杽，杻古文。"（p270 上）

按：在｛手銬｝的義項上，"杽"是古字，"杻"是今字。"杽"從木手會意，與｛手銬｝的意義吻合，當是本字。"杻"在《説文》中列爲"杶"的異體字，《木部》"杶"下曰："〔杻，古文杶。〕"（p242 下）《詩經·唐風》有"隰有杻"之語，毛傳、《爾雅·釋木》皆曰："杻，檯也。"又《説文・木部》:"檯,柮也。"① 黄侃曰:"柮之古文作杻,其右旁似屯非屯,似丑非丑,段玉裁以爲屯字側書之,《集韻》竟作杻,非也。浚案:《集韻》是也。柮杻一字,故毛傳杻、檯也,《説文》檯、柮也,互訓也。……杻又有訓械者當作杅。"② 由此可見,"杻"的本義是{柮樹},記録{手銬}義是通假用法。

（3）突—濎,穼—深

《穴部》"突"注:"〔深也。〕此以今字釋古字也。突濎古今字,篆作突濎,隸變作穼深。《水部》濎下但云水名,不言淺之反,是知古深淺字作穼,深行而穼廢矣。"（p344 上）

按:在{深}的義項上,"突"是古字,"濎"是今字。這一對古今字都是小篆字形,在隸書中字形發生了變化,古字字形作"穼",今字字形作"深"。"突"字"〔从穴火,求省。〕穴中求火,突之意也"（p344 下）,是{深}義的本字。《水部》"深":"〔深水。出桂陽南平,西入營道。从水突聲。〕"（p529 下）其本義是水名,表示{深}義是通假用法。

（4）辬—班

《文部》"辬"注:"〔駁文也。〕謂駁裸之文曰辬也。馬色不純曰駁。引伸爲凡不純之偁。……斑者,辬之俗。今乃斑行而辬廢矣,又或假班爲之。……許知爲不純之文,以从辡知之。辦辡字皆从辡。〔从文辡聲。〕此舉形聲包會意。"（p425 下）

按:在{斑駁}的義項上,"辬"是古字,"斑""班"是今字。"辬"從文辡聲,記録{斑駁}義是本字本用。《玨部》"班"注:"〔分瑞玉。从玨刀。〕會意,刀所以分也。"（p19 下）則"班"記録{斑駁}義

---

① 此"檯"字條在《説文解字注》中被刪去,段玉裁以"檯"爲"檯"的今字,認爲"蓋淺人謂不當闕檯字而增之。……今刪檯篆"（"檯"注,p242 上）,故保留"檯"刪去"檯"。文中所引"檯"字説解參見《説文解字》,中華書局,1963,第115頁下。
② 黄侃:《説文外編箋識》,見《説文箋識》,中華書局,2006,第448頁。

是通假用法。

（5）瀞—淨

《水部》“瀞”注：“〔無垢薉也。〕此今之淨字也。古瀞今淨，是之謂古今字。古籍少見。”（p560下）

《水部》“淨”注：“〔魯北城門池也。〕……按今俗用爲瀞字，釋爲無垢薉，切以才性。今字非古字也。”（p536上）

按：在｛潔淨｝的義項上，“瀞”是古字，“淨”是今俗字。“瀞”的本義是｛潔淨｝，字從水靜聲；“淨”的本義是｛魯國北城門池名｝，記錄｛潔淨｝義是通假用法。

（6）㜰—熙

《女部》“㜰”注：“〔説樂也。〕説者，今之悦字。按《老子》《史記》天下熙熙字皆當爲㜰㜰。今熙行而㜰廢矣。熙者，燥也。謂暴燥也。其義別。〔從女熙聲。〕許其切。一部。”（p620上）

《火部》“熙”注：“〔燥也。〕《文選》劉琨《贈盧諶》詩注引此，下有謂暴燥也四字，蓋庾儼默注語。……燥者，熙之本義，又訓興、訓光者，引申之義也。〔從火𦋺聲。〕𦋺見《臣部》。許其切。一部。”（p486下~487上）

按：在｛和樂，喜悦｝的義項上，“㜰”是古字，本字；“熙”是今字，通假字。“熙”從火𦋺聲，本義爲｛曬乾｝，引申表示｛興盛｝、｛光明｝，因與“㜰”字同音而假借爲表示｛和樂，喜悦｝義。

（7）才—纔

《雨部》“霃”注：“〔小雨財零也。〕財當作才，取初始之義。今字作纔。”（p572下~573上）

《糸部》“纔”注：“〔帛雀頭色也。〕……玉裁按今目驗雀頭色赤而微黑。〔一曰㡃黑色如紺。纔，淺也。〕前一説謂黑多，後一説謂微黑，不同。……江沅曰：今用爲才字。乃淺義引伸。〔讀若譏。從糸毚聲。〕士咸切。八部。”（p651下~652上）

《才部》"才"注："〔艸木之初也。〕引伸爲凡始之偁。……凡才材財裁纔字以同音通用。"（p272 上）

按：在 { 開始 } 的義項上，"才"是古字，"纔"是今字。"才"象草木初生之形，是 { 開始 } 義的本字。"纔"的本義一説爲 { 微黑色 }，微黑色則色淺，據江沅説用爲"才"是 { 淺 } 義的引申，從 { 淺 } 義到 { 開始 } 義引申關係不明，本書認爲是通假用法。因此"才"和"纔"是本字和通假字的關係。

（二）古今字爲"假借字—後造本字"關係

某詞原無本字，用假借字記録，後來爲了分化假借字的職能，替某詞造出專用本字，即後造本字。古字爲假借字，今字爲後造本字。如以下幾例。

（1）遹—述

《辵部》"述"注："〔循也。〕……孫炎曰：遹，古述字。蓋古文多以遹爲述，故孫云爾，謂今人用述，古人用遹也。凡言古今字者視此。〔从辵术聲。〕食聿切。"（p70 下 ~71 上）

按：在 { 遵循 } 的義項上，古字作"遹"，今字作"述"。"述"字從辵术聲，是 { 遵循 } 義的本字。"遹"是"述"的假借字。《辵部》"遹"注："〔回辟也。〕……遹古多假爲述字。《釋言》云：遹，述也。言叚借也。"（p73 上）

（2）或—惑

《死部》"殙"注："〔亂或爲惛。〕或惑古今字。"（p164 下）

《心部》"惑"注："〔亂也。〕……古多叚或爲惑。"（p511 上）

《戈部》"或"注："〔邦也。〕……又加心爲惑，以爲疑惑當別於或。此孳乳寖多之理也。"（p631 上）

按：在 { 疑惑 } 的義項上，"或"是古字，"惑"是今字。"或"的本義是 { 邦國 }，{ 疑惑 } 義没有本字，假借"或"來記録，後來爲了分化"或"字的職能，專門造出一個從心的"惑"字來記録"或"的這個假借義，"惑"是｛疑惑｝義的後造本字。

（3）扣—叩

《言部》"訆"注："〔扣也。〕扣叩古今字。《説文》有敂無叩，此扣當作敂。"（p98下）

《手部》"扣"注："〔牽馬也。从手口聲。〕苦后切。四部。"（p611上）

按：在｛擊打｝的義項上，"扣"是古字，"叩"是今字。"扣"字的本義是｛牽馬｝，《周禮注》《史記》中都有用例，表示｛擊打｝義是假借用法。《説文》無"叩"字，《犬部》"狗"注："許書有扣無叩，扣訓牽馬也。疑古本有叩字，而許逸之。叩，觸也。从卩，口聲。叩气者，出其气也。一説叩即敂之俗。敂者，擊也，凡以此擊彼皆曰敂。"（p473上）"訆"字注中也説"《説文》有敂無叩，此扣當作敂"，所以這裏取"叩即敂之俗"説。《攴部》"敂"注："〔擊也。〕……《宋書·山居賦》敂弦，即《江賦》之叩舷也。……自扣叩行而敂廢矣。《手部》扣，牽馬也。無叩字。"（p125下）"叩"的本義即｛擊打｝，是這個義項的後造本字。

（4）挈—栔，契—栔

《韧部》"栔"注："〔刻也。〕……按古經多作契，假借字也。《大雅》：爰契我龜。毛曰：契，開也。……〔从韧木。〕刻之用於木多，故從木。"（p183下）

《大部》"契"注："〔大約也。〕……經傳或叚契爲栔，如爰契我龜，傳曰契，開也是也。……〔从大韧聲。〕"（p493上下）

《手部》"挈"注："〔縣持也。〕……古叚借爲契栔字，如爰挈我龜，傳云：挈，開也。又如紲字下云：樂浪挈令。〔从手韧聲。〕"（p596下）

按：在｛雕刻｝的義項上，"契""挈"都是古字，"栔"是今字。"挈"的本義是｛懸空拿着，提着｝，假借爲｛雕刻｝，"契"的本義是

{契約，書契}，記録{雕刻}也是假借用法。"栔"從韧木，記録{雕刻}義是本字本用，是這個義項的後造本字。所以"契""挈"和"栔"是假借字與後造本字的關係。

（5）母—鵡

《鳥部》"鴟"注："〔鸚鴟也。从鳥母聲。〕……據此知彼時作母、作鴟，不作鵡。至唐武后時，狄仁傑對云：鵡者，陛下之姓，起二子則网翼振矣。其字其音皆與三國時不同，此古今語言文字變移之證也。《釋文》當云母本或作鴟，古茂后反，今作鵡，音武。乃合。"（p156 上）

按：在{鸚鵡}的義項上，古時作"母"或"鴟"，唐武則天時代始出現今字"鵡"。"鴟"字當是{鸚鵡}義的本字，"母"的本義是{母親}，表示{鸚鵡}義是同音假借，"鵡"則是出於政治原因爲這個詞重造的本字。所以，"母"和"鵡"是假借字與後造本字的關係，"鴟"和"鵡"則是古本字與重造本字的關係。

（6）牙—芽

《竹部》"笌"注："牙芽古今字。古書多云十一月物萌，十二月物牙，正月物見也。"（p197 下）

《牙部》"牙"注："〔壯齒也。〕……壯齒者，齒之大者也。統言之皆偁齒，偁牙。"（p80 下）

《艸部》"芽"注："〔萌也。〕……古多以牙爲芽。"（p37 下）

按：在{萌芽}的義項上，"牙"爲古字，"芽"爲今字。"牙"的本義是{大牙}，假借爲{萌芽}義，後來以"牙"爲聲符，取意草木萌芽以"艸"爲義符，造出"芽"字專門記録{萌芽}義。所以，"牙"和"芽"是假借字與後造本字的關係。

三　古今字爲"借字—借字"關係

記録某個義項的古字和今字都不是該義項的本字，而是通假字或假借字，古字和今字相對於這個義項來説都是借用。具體包括兩種情況。

（一）古今字爲"通假字—通假字"關係

在某詞有本字的情況下，可以在不同時代分別借用不同的通假字來記録該詞。古字和今字都是通假字，如以下幾例。

（1）纔—材

《人部》"僅"注："〔材能也。〕材今俗用之纔字也。"（p374下）

《糸部》"纔"注："〔帛雀頭色也。〕……玉裁按今目驗雀頭色赤而微黑。〔一曰微黑色如紺。〕"（p651下）

《木部》"材"注："〔木梃也。〕梃，一枚也。……材引伸之義，凡可用之具皆曰材。"（p252下）

《才部》"才"注："〔艸木之初也。〕引伸爲凡始之偁。……凡才材財裁纔字以同音通用。……艸木之初而枝葉畢寓焉，生人之初而萬善畢具焉，故人之能曰才，言人之所藴也。"（p272上）

按：在｛才能｝的義項上，"纔"與"材"構成一組古今字。"才"象草木初生之形，草木初生枝葉繁茂，就像人之初具有各種優秀品質，故可引申出｛才能｝義，是這個義項的本字。"纔"的本義一説爲｛紅中略帶黑色｝，一説爲｛微黑色｝，都與｛才能｝義無關，所以"纔"記録｛才能｝義是通假用法。"材"字《説文》訓爲｛一棵樹｝，引申爲｛可用的材料｝，表示｛才能｝義也是通假用法。所以，"纔"與"材"是通假字和通假字的關係。

（2）搝—樣

《木部》"樣"注："〔栩實也。〕……今人用樣爲式樣字，像之假借也。唐人式樣字從手作搝。"（p243上）

《人部》"像"注："〔佀也。〕……凡形像、圖像、想像字皆當从人。……〔讀若養字之養。〕古音如此。故今云式搝即像之俗也。或又用樣爲之。"（p375上下）

按：在｛式樣｝的義項上，唐時作"搝"，清代作"樣"。｛式樣｝一詞的本字是"像"，其本義是｛相似｝，可引申爲｛形象，圖像｝，又可引申爲｛式樣｝。"樣"的本義是｛栩樹的果實｝，"揉"字書多未收，從字形看從手羕聲，與｛式樣｝義没有聯繫。因此，"揉"和"樣"記録｛式樣｝義都是假借用法，在有本字的情況下，兩個字是通假字和通假字的關係。

（3）黨—鄘

《邑部》"鄘"注："〔地名。〕……今俗以爲鄉黨字。"（p299下）

《黑部》"黨"注："〔不鮮也。〕……《方言》曰：黨，知也。……《釋名》曰：五百家爲黨。黨，長也，一聚所尊長也。"（p488下~489上）

《手部》"攩"注："〔朋羣也。〕此鄉黨、黨與本字。俗用黨者，叚借字也。"（p600下）

按：在｛鄉黨｝的義項上，"黨"是古字，"鄘"是今字。這一義項的本字是"攩"，"黨"的本義是｛不新鮮｝，"鄘"的本義是｛地名｝，記録｛鄉黨｝義都是假借用法。在有本字的情況下，"黨"和"鄘"是通假字和通假字的關係。

（4）率—帥

《放部》"旞"注："《樂師》注曰：故書帥爲率。然則許作率都者故書，鄭作帥都者今書也。《聘禮》注曰：古文帥皆作率。"（p309上）

《率部》"率"注："〔捕鳥畢也。〕畢者，田网也，所以捕鳥。亦名率。按此篆本義不行。凡衛訓將衛也，達訓先導也皆不用本字而用率，又或用帥。"（p663上）

《辵部》"達"注："〔先道也。〕道，今之導字。達，經典假率字爲之。……大鄭以漢人帥領字通用帥，與周時用率不同故也。此所謂古今字。"（p70上）

《巾部》"帥"注："〔佩巾也。〕……率導、將帥字在許書作達、作衛，而不作帥與率。"（p357下）

按：在｛率領，先導｝的義項上，"率"爲古字，"帥"爲今字。

"率"的本義是{捕鳥的網子}，記録{率領，先導}義是假借用法。"帥"的本義是{佩巾}，記録{率領，先導}義也是假借用法。"達"的本義是{先導}，是這一義項的本字。所以"率"和"帥"這組古今字是通假字和通假字的關係。

（二）古今字爲"假借字—假借字"關係

在本無其字的情況下，可以在不同時代分別借用不同的假借字來記録同一個義項。這樣的古字和今字都是假借字，如以下幾例。

（1）余—予

《八部》"余"注："〔語之舒也。〕……然則余之引伸訓爲我。《詩》《書》用予不用余。《左傳》用余不用予。《曲禮》下篇：朝諸矦分職授政任功，曰予一人。注云：覲禮曰伯父寔來，余一人嘉之。余予古今字。凡言古今字者，主謂同音，而古用彼今用此異字。若《禮經》古文用余一人，《禮記》用予一人。余予本異字異義，非謂予余本即一字也。……〔从八，〕象气之分散。〔舍省聲。〕以諸切。五部。"（p49 下）

《予部》"予"注："〔推予也。〕……按推予之予，假借爲予我之予，其爲予字一也。……予我之予，《儀禮》古文、《左氏傳》皆作余。鄭曰：余予古今字。〔象相予之形。〕象以手推物付之。余吕切。五部。古予我字亦讀上聲。"（p159 下 ~160 上）

按：在代詞{我}的義項上，"余"和"予"構成古今字關係。"余"的本義是{表示舒緩的語氣詞}，假借爲代詞{我}。段玉裁這裏所謂的"余之引伸訓爲我"指的是本義之外的用法，並非今日所説的詞義之引申。{表示舒緩的語氣詞}和代詞{我}之間没有意義聯繫，是假借用法。"予"的本義是{給予}，表示代詞{我}也是假借的用法。而{我}這個詞並没有記録它的本字，所以"余"和"予"是假借字和假借字的關係。

（2）鄉—向

《嵒部》"𨞪"注："〔國離邑。民所封鄉也。〕封猶域也。鄉者今之向字。漢字多作鄉。今作向。所封謂民域其中，所鄉謂歸往也。《釋名》曰：鄉，向也。民所向也。以同音爲訓也。"（p300 下 ~301 上）

《宀部》"向"注："〔北出牖也。〕……引伸爲向背字。經傳皆假鄉爲之。〔从宀从口。〕"（p338 上）

按：在 { 朝向 } 的義項上，"鄉"是古字，"向"是今字。"鄉"的本義是 { 城邑 }，假借爲 { 朝向 } 義。"向"字的本義是 { 窗户 }，《詩經·豳風》《儀禮·士虞禮》中都有用例，表示 { 朝向 } 之義也是假借用法。

（3）霠、侌—陰，昜—陽

《雲部》"霠"注："〔雲覆日也。〕今人陰陽字小篆作霠昜。……〔侌，古文霠省。〕古文雲本無雨耳，非省也。陰字从此。"（p575 上）

《𨸏部》"陰"："〔闇也。〕闇者，閉門也。閉門則爲幽暗，故以爲高明之反。〔水之南，山之北也。〕……按山北爲陰，故陰字从𨸏。自漢以後通用此爲黔字。黔古文作侌。夫造化侌昜之气本不可象，故黔與陰，昜與陽皆段雲日山𨸏以見其意而已。〔侌聲。〕"（p731 上）

《勿部》"昜"："〔開也。〕此陰陽正字也。陰陽行而侌昜廢矣。"（p454 上）

《𨸏部》"陽"注："〔高朙也。〕闇之反也。〔从𨸏。〕不言山南曰昜者，陰之解可錯見也。山南曰陽，故从𨸏。毛傳曰：山東曰朝陽，山西曰夕陽。〔昜聲。〕"（p731 上）

按：在 { 陰陽兩儀 } 的義項上，"霠""侌""昜"是古字，小篆文本的字形；"陰""陽"是今字，漢代以後隸書楷書的字形。"霠""侌"的本義是 { 天氣陰，雲遮日 }，"昜"的本義是 { 雲開見日 }，這三個字形是記錄天氣的。"陰"的本義是 { 幽暗處，山的北面 }，"陽"的本義是 { 高明處，山的南面 }，這兩個字是説地形的。{ 陰陽兩儀 } 是抽象的哲學意義，難以用象形會意等造字方法來記錄，所以先後使用了"霠、侌—陰""昜—陽"這兩組假借字來記錄。

四　小結

　　《說文解字注》中的古今字材料眾多，訓釋用語也繁雜多樣，在不同條目下注釋的古今字有些是相同的。本書以義項爲統計單位，若不同條目中古字與古字字形結構相同，且今字與今字的字形結構相同，並記錄同一個義項，則計作一組古今字；若條目中古字與古字或今字與今字有字形結構的區別，則計爲兩組古今字。

　　有些古今字組可以在不止一個義項上構成。若不同義項之間是引申或派生關係，也計爲一組古今字。若分別在本用和借用的義項上構成古今字，則會出現古今字之間不同的字際關係，故計爲兩組古今字。如"曶"和"忽"，分別在 {倏忽，忽然} 的義項上和 {忘記} 的義項上構成古今字，前一義項上古字和今字是本字和通假字關係，後一義項上古字和今字則是假借字和後造本字關係，所以計作兩組古今字。

　　有時共同記錄一個義項的字形不止兩個，例如一個古字對應若干今字，或者一個今字對應若干古字，由於這些不同字形間的字際關係可能不同，所以按照一個古字對應一個今字的原則來統計。如在 {厚實} 的義項上，"箁"和"篤"、"竺"和"篤"計作兩組古今字。還有些是三個以上的字形構成不同時代的古今字，這種情況有的是由字體演變、書寫習慣或者訛誤造成的，字形區別往往很小，爲簡化統計，計作一組古今字，如"圖（図）—圗"。

　　經過對《說文解字注》古今字材料的統計分析，除掉重複的古今字組，共計 1091 組古今字。其中屬於"異體本字—異體本字"關係的共 351 組，占全部材料的 32.2%；屬於"古本字—重造本字"關係的共 55 組，占 5%；屬於"同源同義本字—同源同義本字"關係的共 181 組，占全部材料的 16.6%；屬於"源本字—分化本字"關係的共 42 組，占 3.8%；屬於"本字—通假字"關係的共 259 組，占 23.7%；屬於

"假借字—後造本字"關係的共 174 組，約占 16%；屬於"通假字—通假字"關係的共 9 組，占 0.8%；屬於"假借字—假借字"關係的共 20組，占 1.8%。詳見以下表格。

字際關係	本字和本字關係				本字和借字關係		借字和借字關係	
	異體本字和異體本字	古本字和重造本字	同源同義本字和同源同義本字	源本字和分化本字	本字和通假字	假借字和後造本字	通假字和通假字	假借字和假借字
數量（組）	351	55	181	42	259	174	9	20
比率（%）	32.2	5	16.6	3.8	23.7	16	0.8	1.8

可以看到，在構成古今字的八類材料中，屬於"異體本字—異體本字"關係的古今字是最多的，其次是"本字—通假字"關係，再次是"同源同義本字—同源同義本字"關係、"假借字—後造本字"關係，剩下的幾種字際關係數量都比較少，依次爲"古本字—重造本字"關係、"源本字—分化本字"關係、"假借字—假借字"關係、"通假字—通假字"關係。

第五章 《説文解字注》中古今字的行廢關係

第一節 《説文解字注》中古今字
注明行廢的材料概況

在《説文解字注》中，段玉裁使用了"某行某廢""某行某不行"這樣的程式性話語來注釋一些字形或字義的存廢情況，其中不少是與古今字有關的。本章以《説文解字注》古今字材料中注明行廢情況的材料爲研究對象，討論古今字存廢的規律性現象和原因。

古今字必須是在某一個義項上構成，即當兩個或兩個以上的字形記録同一個義項的時候，纔能説它們是古今字。古今字的行廢情況都是針對它們共同記録的義項而言的。因此對行廢材料的統計也是以義項爲標準，在一個義項上，一個行字對應一個廢字。如《心部》"悝"注："啁即今之嘲字，悝即今之詼字，謂詼諧啁調也。今則詼嘲行而悝啁廢矣。"（p510上）這一條材料計作兩組廢行字：悝—詼，啁—嘲。再如《立部》"頦"注："〔立而待也。〕……今字多作需，作須，而頦廢矣。"（p500下）也計作兩組廢行字：頦—需，頦—須。

在《説文解字注》古今字的材料中，有些注明行廢情況的材料討論的不是字形問題，而是字義問題，如：

《木部》"核"注："今字果實中曰核，而本義廢矣。……許意果實

中之字當用覈也。"（p262 下）

《衣部》"祖"注："許書但褐字作但，不作祖，今人以祖爲祖褐字，而但祖二篆本義俱廢矣。"（p395 下 ~396 上）

由於不涉及字形的存廢，本書把這種情況排除出統計範圍。

有一些注明行廢情況的材料段玉裁未明言是古今字，也不計入本書的統計研究範圍，如：

《隶部》"隶"注："〔及也。〕此與《辵部》逮音義皆同。逮專行而隶廢矣。"（p117 下）

《攴部》"敝"注："〔閉也。〕杜門字當作此，杜行而敝廢矣。"（p125 上）

《攴部》"敜"注："則敜爲禁禦本字，禦行而敜廢矣。"（p126 上）

根據以上原則，在所統計的《説文解字注》古今字材料中，段玉裁注明"某行"、"某廢"或"某不行"的材料共 189 組，按段玉裁首次訓注爲古今字的順序列舉如下。

（1）尒—爾 ①

《八部》"尒"注："尒之言如此也。後世多以爾字爲之。"（p48 下）

《㸚部》"爾"注："又凡訓如此，訓此者皆當作尒，乃皆用爾。爾行而尒廢矣。"（p128 下）

《手部》"掔"注："尒者，本字。曑之必然也。爾者，叚借字也。爾行而尒廢矣。"（p594 上）

（2）評—呼

《口部》"呼"注："〔外息也。〕……今人用此爲號嘑、評召字，非也。"（p56 上）

《言部》"評"注："〔召也。〕……後人以呼代之，呼行而評廢矣。"（p95 上）

---

① 列在第一個的是在這個義項上的廢字，第二個是行字。下同。

（3）屰—逆

《辵部》"逆"注："〔迎也。〕……今人假以爲順屰之屰，逆行而屰廢矣。"（p71下）

《干部》"屰"注："〔不順也。〕後人多用逆，逆行而屰廢矣。"（p87上）

《午部》"啎"注："屰，不順也。今則逆行而屰廢矣。相迎者必相屰，古亦通用逆爲屰。"（p746上）

（4）徲—夷

《彳部》"徲"注："按凡平訓皆當作徲。今則夷行徲廢矣。"（p76下）

（5）散—微

《彳部》"微"注："〔隱行也。〕散訓眇。……叚借通用微而散不行。"（p76下）①

《人部》"散"注："凡古言散眇者，即今之微妙字。……微行而散廢矣。"（p374上）

（6）㢟—引

《㢟部》"㢟"注："〔長行也。〕《玉篇》曰：今作引。是引弓字行而㢟廢也。"（p77下）

（7）衛—率

《行部》"衛"注："衛，導也，循也。今之率字，率行而衛廢矣。"（p78下）

（8）衛—帥

《行部》"衛"注："將帥字古祇作將衛。帥行而衛又廢矣。"（p78下）

（9）䛐—馨

《只部》"䛐"注："〔聲也。〕謂語聲也。晉宋人多用馨字……馨行

---

① 此條並非《説文解字注》的古今字材料，但聯繫下條可知，條目中所述廢字和行字構成古今字關係。《説文解字注》中注明行廢的材料凡在本條或其他相關條目中說明爲古今字關係的，本書取用，其他未言明古今字關係的行廢材料則不收入。

而靮廢矣。"（p87 下）

（10）䚈—謡

《言部》"䚈"注："䚈謡古今字也，謡行而䚈廢矣。"（p93 下）

（11）龢—和

《言部》"調"注：《龠部》曰：龢，調也。與此互訓。和本係唱和字，故許云相應也。今則㮣用和而龢廢矣。"（p93 下）

（12）纍—累

《言部》"䜅"注："纍累正俗字。今人㮣作累而纍廢矣。"（p93 下）

《厽部》"纍"注："纍之隸變作累。累行而纍廢。古書時見纍字，乃不識爲今之累字。"（p737 上）

（13）龔—供

《共部》"龔"注："〔給也。〕……此與《人部》供音義同。今供行而龔廢矣。"（p105 上）

（14）鬥—鬭

《鬥部》"鬭"注："〔遇也。〕……古凡鬥接用鬭字，鬥爭用鬥字。俗皆用鬭爲爭競，而鬥廢矣。"（p114 上）

《犬部》"獨"注："凡爭鬥字許作鬥。鬭者，遇也，其義各殊。今人乃謂鬭正，鬥俗，非也。"（p475 下）

（15）攺—施

《攴部》"攺"注："〔敭也。〕今字作施，施行而攺廢矣。"（p123 上）

（16）敨—扞

《攴部》"敨"注："〔止也。〕敨扞古今字，扞行而敨廢矣。"（p123 下）

（17）葡—備

《用部》"葡"注："〔具也。〕具，供置也。《人部》曰：備，慎也。然則防備字當作備，全具字當作葡，義同而略有區別。今則專用備而葡廢矣。"（p128 上下）

《人部》"備"注："《用部》曰'葡，具也'。此今之備字，備行而

葡廢矣。”（p371 下）

（18）翟—罩

《隹部》“翟”注：“今則罩行而翟廢矣。”（p144 上）

（19）雔—讎

《雔部》“雔”注：“度古書必有用雔者，今則讎行而雔廢矣。”（p147 下）

（20）冓—構

《冓部》“冓”注：“按結冓當作此，今字構行而冓廢矣。”（p158 下）

（21）㥯—隱

《𠬪部》“㥯”注：“〔有所依也。〕……此與《𨸏部》隱音同義近，隱行而㥯廢矣。”（p160 下）

（22）殨—潰

《歺部》“殨”注：“今殨爛字作潰而殨廢矣。”（p163 上）

（23）殠—臭

《歺部》“殠”注：“〔腐气也。〕……今字專用臭而殠廢矣。”（p163 上）

（24）㱙—朽

《歺部》“㱙”注：“〔腐也。〕……今字用朽而㱙廢矣。”（p163 上下）

（25）殀（殄）[1]—殘

《歺部》“殘”注：“今俗用爲殀餘字。按許意殘訓賊，殀訓餘，今則殘專行而殀廢矣。”（p163 下）

《田部》“畸”注：“殘者，賊也。殄者，禽獸所食餘也。因之凡餘謂之殄，今則殘行而殄廢矣。”（p695 下）

（26）臚—膚

《肉部》“臚”注：“今字皮膚從籒文作膚，膚行而臚廢矣。”（p167 下）

① 此字《説文》本作“殄”，《説文解字注》中作“殀”，詳見本書第 170 頁分析。

（27）胜—腥

《肉部》"胜"注："今經典膏胜、胜肉字通用腥爲之而胜廢矣，而腥之本義廢矣。"（p175 下）

（28）腌—淹

《肉部》"腌"注："今淹漬字當作此，淹行而腌廢矣。"（p176 下）

（29）副—劈

《刀部》"劈"注："〔破也。〕此字義與副近而不同，今字用劈爲副。劈行而副廢矣。"（p180 上下）

（30）㞡—展

《㞡部》"㞡"注："凡展布字當用此，展行而㞡廢矣。《玉篇》曰：㞡今作展。"（p201 下）

（31）猒—厭

《甘部》"猒（猒）"注："〔飽也，足也。〕……淺人多改猒爲厭，厭專行而猒廢矣。猒與厭音同而義異。"（p202 上）

（32）曶—忽

《曰部》"曶"注："〔出气詞也。〕……此與《心部》忽音同義異。忽，忘也。……今則忽行而曶廢矣。"（p202 下）

（33）寍—寧

《丂部》"寧"注："今字多假寧爲寍，寧行而寍廢矣。"（p203 下）

《宀部》"寍"注："此安寧正字，今則寧行而寍廢矣。"（p339 上）

（34）号—號

《号部》"号"注："〔痛聲也。〕号，嘑也。凡嘑號字古作号。《口部》曰：嘑，号也。今字則號行而号廢矣。"（p204 下）

（35）尌—樹

《壴部》"尌"注："〔立也。〕……今字通用樹爲之，樹行而尌廢矣。"（p205 上）

（36）盉—和

《皿部》"盉"注："〔調味也。〕調聲曰龢，調味曰盉，今則和行而龢盉皆廢矣。"（p212 下）①

（37）盅—沖

《皿部》"盅"注："盅虛字今作沖，《水部》曰：沖，涌繇也。則作沖非也。沖行而盅廢矣。"（p212 下 ~213 上）

（38）盈—溫

《皿部》"盈"注："〔仁也。〕……凡云溫和、溫柔、溫暖者，皆當作此字，溫行而盈廢矣。"（p213 上）

《水部》"溫"注："〔溫水。〕……今以爲溫煗字。許意當用盈爲溫煗。"（p519 上下）

（39）盍—蓋

《血部》"盍"注："〔覆也。〕……《艸部》之蓋从盍會意。訓苫，覆之引伸耳。今則蓋行而盍廢矣。"（p214 下）

（40）丶—主

《丶部》"主"注："〔鐙中火主也。〕……按丶主古今字……凡主人、主意字本當作丶，今假主爲丶而丶廢矣。"（p214 下 ~215 上）

（41）鬗—裨

《會部》"鬗"注："〔益也。〕鬗裨古今字。今字作裨益，古字作鬗益。裨行而鬗廢矣。"（p223 下）

（42）匋—陶

《缶部》"匋"注："〔作瓦器也。〕……今字作陶，陶行而匋廢矣。"（p224 下）

（43）𩫖—郭

《𩫖部》"𩫆（𩫖）"注："按城𩫖字今作郭，郭行而𩫖廢矣。"

---

① "龢—和"也是一對注明了行廢關係的古今字，見本節第（11）條，此處不重出。

（p228 下）

（44）𦎫—純

《亯部》“𦎫”注：“〔孰也。〕今俗云純熟，當作此字。純醇行而𦎫廢矣。”（p229 下）

（45）𦎫—醇

同（44）。

（46）管—篤

《亯部》“管”注：“𣆪厚古今字，管篤亦古今字。管與《二部》竺音義皆同，今字篤行而管竺廢矣。”（p229 下）

（47）竺—篤

同（46）。

（48）𣆪—厚

《㫗部》“㫗”注：“〔厚也。〕……今字厚行而𣆪廢矣。凡經典𣆪薄字皆作厚。”（p229 下）

（49）畐—偪

《畗部》“畗”注：“今乃知逼仄、逼迫字當作畐。偪逼行而畐廢矣。”（p230 上）

（50）畐—逼

同（49）。

（51）夌—淩

《夊部》“夌”注：“〔越也。〕凡夌越字當作此。今字或作淩，或作凌，而夌廢矣。”（p232 下）

（52）夌—凌

同（51）。

（53）夌—陵

《夊部》“夌”注：“〔一曰夌徲也。〕……凡言陵遲、陵夷當作夌徲，今字陵遲、陵夷行而夌徲廢矣。”（p232 下）

（54）恚—懮

《夊部》"愛（懮）"注："今字假懮爲恚，而恚廢矣。"（p233 上）

（55）韋—違

《韋部》"韋"注："〔相背也。〕故从舛。今字違行而韋之本義廢矣。"（p234 下）

（56）槙—顚

《木部》"槙"注："人頂曰顚，木頂曰槙。今顚行而槙廢矣。"（p249 下）

（57）桜—接

《木部》"桜"注："〔續木也。〕……今接行而桜廢。"（p264 下）

（58）楬—揭

《木部》"楬"注："〔楬櫫也。〕……今字揭行而楬廢矣。"（p270下 ~271 上）

（59）㡿—㡿

《㡿部》"㡿"注："〔艸木華葉㡿。〕引伸爲凡下㡿之偁，今字㡿行而㡿廢矣。"（p274 下）

（60）琴—花

《琴部》"琴"注："〔艸木華也。〕……今字花行而琴廢矣。"（p274 下）

（61）桼—漆

《桼部》"桼"注："今字作漆而桼廢矣。"（p276 上）

（62）圜—圓

《囗部》"圜"注："許書圓圜圓三字不同。今字多作方圓、方員、方圜，而圓字廢矣。"（p277 上）

（63）圜—員

同（62）。

（64）圜—圓

同（62）。

（65）貦—絾

《員部》"貦"注："〔物數紛貦亂也。〕貦今字作絾，絾行而貦廢矣。"（p279上）

（66）賞—瑣

《貝部》"賞"注："引伸爲細碎之偁，今俗瑣屑字當作此。瑣行而賞廢矣。……按瑣者，賞之假借字。"（p279下）

（67）啚—鄙

《邑部》"鄙"注："〔五酇爲鄙。〕……又引伸爲輕薄之偁。而鄙夫字古作啚。……今則鄙行而啚廢矣。"（p284上）

（68）鄭—薊

《邑部》"鄭"注："〔周封黃帝之後於鄭也。〕……按鄭薊古今字也，薊行而鄭廢矣。"（p284下）

（69）嶲—裴

《邑部》"嶲"注："〔河東聞喜鄉。〕……按今字裴行而嶲廢矣。"（p289上）

（70）鄒—奄

《邑部》"鄒"注："奄鄒二字周時竝行，今則奄行而鄒廢矣。"（p296下）

（71）晢—褻

《日部》"晢"注："〔日狎習相嫚也。〕……晢與褻音同義異，今則褻行而晢廢矣。"（p308上）

（72）晐—該

《日部》"晐"注："按此晐備正字，今字則該賅行而晐廢矣。"（p308上）

（73）晐—賅

同（72）。

（74）仈—偃

《仈部》"仈"注："今之經傳皆變作偃，偃行而仈廢矣。"（p309 上）

（75）䍃—飄

《仈部》"䍃"注："䚐今之摇字，小徐作摇。䍃今字作飄。飄摇行而䍃䚐廢矣。"（p311 上）

（76）䚐—摇

同（75）。

（77）龓—籠

《有部》"龓"注："〔兼有也。〕今牢籠字當作此，籠行而龓廢矣。"（p314 上）

（78）瘳—夢

《夕部》"夢"注："夢之本義爲不明，今字叚爲瘳寐字。夢行而瘳廢矣。"（p315 上）

《瘳部》"瘳"注："今字叚夢爲之，夢行而瘳廢矣。"（p347 上）

（79）毌—貫

《毌部》"毌"注："古貫穿用此字，今貫行而毌廢矣。"（p316 上）

《手部》"擐"注："今人廢毌而專用貫矣。"（p605 上）

（80）朿—刺

《朿部》"朿"注："〔木芒也。〕……朿今字作刺，刺行而朿廢矣。"（p318 上）

（81）爯—稱

《禾部》"稱"注："按爯，并舉也。偁，揚也。今皆用稱，稱行而爯偁廢矣。"（p327 上）

（82）偁—稱

同（81）。

《人部》"偁"注："凡古偁舉、偁謂字皆如此作。……自稱行而偁廢矣。"（p373 下）

（83）稘—期

《禾部》"稘"注："今皆假期爲之，期行而稘廢矣。"（p328下）

（84）耑—端

《耑部》"耑"注："古發端字作此，今則端行而耑廢，乃多用耑爲專矣。"（p336下）

（85）罙—深

《穴部》"突"注："是知古深淺字作罙，深行而罙廢矣。"（p344上）

（86）冡—蒙

《冃部》"冡"注："凡蒙覆，僮蒙之字，今字皆作蒙，依古當作冡，蒙行而冡廢矣。"（p353下）

（87）㒳—兩

《㒳部》"㒳"注："〔再也。〕……凡物有二，其字作㒳不作兩。兩者，二十四銖之偁也。今字兩行而㒳廢矣。"（p354下）

（88）常—裳

《巾部》"常"注："〔下帬也。〕……今字裳行而常廢矣。〔从巾尚聲。〕从巾者，取其方幅也，引伸爲經常字。市羊切。十部。〔裳，常或从衣。〕"（p358下）

（89）幖—標

《巾部》"幖"注："今字多作標牓，標行而幖廢矣。"（p359下）

（90）竢—俟

《人部》"俟"注："〔大也。〕此俟之本義也。自經傳假爲竢字，而俟之本義廢矣。《立部》曰：竢，待也。廢竢而用俟，則竢俟爲古今字矣。"（p369上）

（91）俌—輔

《人部》"俌"注："〔輔也。〕……蓋輔專行而俌廢矣。"（p372下）

《車部》"輔"注："〔《春秋傳》曰：輔車相依。〕……引申之義爲凡相助之偁。今則借義行而本義廢，尠有知輔爲車之一物者矣。《人部》曰：俌，輔也。以引申之義釋本義也。今則本字廢而借字行矣。”
（p726下）

（92）侸—樹

《人部》“侸”注：“按侸，《玉篇》作偀，云今作樹。《廣韵》曰：
偀同尌。葢樹行而侸尌豎廢，并偀亦廢矣。”（p373下）①

（93）豎—樹

同（92）。

（94）偀—樹

同（92）。

（95）儥—覿

《人部》“儥”注：“按經傳今皆作覿，覿行而儥廢矣。”（p374下）

（96）埤—裨

《人部》“俾”注：“俾與埤朇裨音義皆同，今裨行而埤朇俾皆廢
矣。”（p376下）②

（97）俾—裨

同（96）。

（98）僊—仙

《人部》“僊（傊）”注：“〔長生僊去。〕……仙，遷也。……師古曰：
古以僊爲仙。《聲類》曰：仙，今僊字。葢仙行而僊廢矣。”（p383下）

（99）七—化

《七部》“化”注：“〔化，教行也。〕……今以化爲變七字矣。”
（p384下）

《七部》“七”注：“今變七字盡作化，化行而七廢矣。”（p384上）

（100）頃—傾

《匕部》“頃”注：“〔頭不正也。〕……引伸爲凡傾仄不正之偁。今

則傾行而頃廢，專爲俄頃、頃畝之用矣。"（p385 上）

（101）印—仰

《匕部》"印"注："印與仰義別，仰訓舉，印訓望。今則仰行而印廢，且多改印爲仰矣。"（p385 下）

（102）从—從

《从部》"从"注："按从者今之從字，從行而从廢矣。"（p386 上）

（103）朢—望

《壬部》"朢"注："望从朢省聲，今則望專行而朢廢矣。"（p387 下）

（104）褱—抱

《衣部》"褱"注："〔褢也。〕……今字抱行而褱廢矣。"（p392 下）

（105）袥—拓

《衣部》"袥"注："〔衣衸。〕……袥之引伸爲推廣之義。……今字作開拓，拓行而袥廢矣。"（p392 下）

（106）凥—居

《尸部》"居"注："今字用蹲居字爲凥處字，而凥字廢矣。"（p399 下）

（107）兂—簪

《兂部》"兂"注："〔簪，俗兂。〕今俗行而正廢矣。"（p406 上）

（108）覍—弁

《兒部》"覍"注："〔㝸（弁），或覍字。〕今則或字行而正字廢矣。"（p406 下）

（109）㵣—渴

《欠部》"㵣"注："今則用竭爲水渴字，用渴爲飢㵣字，而㵣字廢矣，渴之本義廢矣。"（p412 下）

（110）頁—稽

《頁部》"頁"注："小篆百，古文作𦣻。小篆𩠐，古文作頁。今隷則百用古文，𩠐用稽字，而百頁𩠐皆不行矣，从百儿爲頁首字。"

（p415 下）

（111）韹（韽）—稽

同（110）。

（112）百—𩠐（首）

同（110）。

《百部》"百"注："〔頭也。〕……自古文𩠐行而百廢矣。"（p422 上）

《首部》"首"注："〔𩠐，古文百也。〕……今字則古文行而小篆廢矣。"（p423 上）

（113）𠬩—沒

《頁部》"頝（頮）"注："今則𠬩頝廢而沒專行矣。"（p418 下）

（114）頝—沒

同（113）。

（115）頛—類

《頁部》"頛"注："頛類古今字。類本專謂犬，後乃類行而頛廢矣。"（p421 下）

（116）㬎—顯

《頁部》"顯"注："按㬎謂衆明。顯本主謂頭明飾，乃顯專行而㬎廢矣。《日部》㬎下曰：古文以爲顯字，由今字假顯爲㬎，乃謂古文假㬎爲顯也。此古今字之變遷，所必當深究也。"（p422 上）

（117）琱—彫

《彡部》"彫"注："〔琢文也。〕……今則彫雕行而琱廢矣。"（p424 下）

（118）琱—雕

同（117）。

（119）辡—斑

《文部》"辡"注："斑者，辡之俗。今乃斑行而辡廢矣，又或假班爲之。"（p425 下）

（120）鬣—鬣

《髟部》"鬣"注："許意鬣爲今馬鬣字，鬣爲顛動之字，今則鬣行而鬣廢矣。"（p428 上）

（121）擘—乂

《辟部》"擘"注："今則乂訓治而擘廢矣。"（p432 下）

（122）勹—包

《勹部》"勹"注："〔裹也。〕今字包行而勹廢矣。〔象人曲形有所包裹。〕"（p432 下）

（123）匈—胷

《勹部》"匈"注："〔膺也。〕……今字胷行而匈廢矣。"（p433 下）

（124）匊—周

《勹部》"匊"注："今字周行而匊廢，槩用周字，或又作週。"（p433 下）

（125）複—復

《勹部》"復"注："〔重也。〕今則複行而復廢矣。"（p433 下）

（126）厶—私

《厶部》"厶"注："〔姦衺也。〕……公私字本如此，今字私行而厶廢矣。私者，禾名也。"（p436 下）

（127）敓—奪

《厶部》"篡"注："〔屰而奪取曰篡。〕奪當作敓。奪者，手持隹失之也。引伸爲凡遺失之偁。今吳語云奪落是也。敓者，彊取也。今字奪行敓廢。"（p436 下）

（128）厶—誘

《厶部》"厶"注："〔相訹呼也。〕……今人以手相招而口言厶，正當作此字。今則誘行而厶廢矣。"（p436 下）

（129）彌—彌

《長部》"彌"注："彌今作彌。蓋用《弓部》之彊代彌而又省王也。

彌行而瓕廢矣。漢碑多作壐，可證。"（p453 下）

（130）会（霒）—陰

《勿部》"昜"注："〔開也。〕此陰陽正字也。陰陽行而会昜廢矣。"（p454 上）

《雲部》"霒"注："〔雲覆日也。〕今人陰陽字小篆作霒昜。……〔会，古文霒省。〕"（p575 上）

（131）昜—陽

同（130）。

（132）譣—驗

《馬部》"驗"注："〔馬名。〕今用爲譣字，證也，徵也，效也。不知其何自始。驗行而譣廢矣。"（p464 上）

（133）麤—粗

《麤部》"麤"注："今人㮣用粗，粗行而麤廢矣。"（p472 上）

（134）毚—赴

《兔部》"毚"注："〔疾也。〕……今作趡。……按赴、趡皆即毚字。今字毚、趡皆廢矣。"（p472 下）

（135）趡—赴

同（134）。

（136）查—桓

《大部》"查"注："桓之本義爲亭郵表，自經傳皆借爲查字，乃致桓行查廢矣。"（p492 下）

（137）竪—需

《立部》"竪"注："〔立而待也。〕……今字多作需，作須，而竪廢矣。……需與竪音義皆同。……須者，竪之叚借。"（p500 下）

（138）竪—須

同（137）。

（139）愻—遜

《心部》"愻"注："訓順之字作愻。古書用字如此。凡愻順字从心，凡遜遁字从辵。今人遜專行而愻廢矣。"（p504下）

（140）恤—勔

《心部》"恤"注："〔勉也。〕……是則《説文》之恤爲正字，而作勔，作黽，作𪐄，作蜜，作密，作黽，作僶皆其別字也。今則不知有恤字，而恤字廢矣。"（p506下）

（141）恤—黽

同（140）。

（142）恤—𪐄

同（140）。

（143）恤—蜜

同（140）。

（144）恤—密

同（140）。

（145）恤—黽

同（140）。

（146）恤—僶

同（140）。

（147）悝—詼

《心部》"悝"注："啁即今之嘲字，悝即今之詼字，謂詼諧啁調也。今則詼嘲行而悝啁廢矣。"（p510上）

（148）啁—嘲

同（147）。

（149）慊—嫌

《心部》"慊"注："〔疑也。〕……今字多作嫌。按《女部》嫌者，不平於心也。一曰疑也。不平於心爲嫌之正義，則嫌疑字作慊爲正。

今則嫌行而慊廢。"（p511 上）

（150）休—溺

《水部》"溺"注："按今人用爲休沒字，溺行而休廢矣。"（p521 上）

（151）趣—漸

《水部》"漸"注："按《走部》有趣字，訓進也。今則皆用漸字而趣廢矣。"（p531 下）

（152）渻—省

《水部》"渻"注："〔少減也。〕今減省之字當作渻，古今字也。"（p551 下）

《女部》"媘"注："〔減也。〕……作省者叚借字也。省行而媘渻廢矣。"（p623 上）

（153）巛—災

《川部》"巛"注："巛害字本如此作。《玉篇》云：天反時爲巛。今凡作灾、災、菑，皆叚借字也。災行而巛廢矣。"（p569 上）

（154）零—落

《雨部》"零"注："〔雨零也。〕此下雨本字。今則落行而零廢矣。"（p572 下）

（155）霑—染

《雨部》"霑"注："〔濡也。〕……今人多用霑染、濡染，染行而霑廢矣。"（p573 下）

（156）屚—漏

《雨部》"屚"注："〔屋穿水入也。〕今字作漏。漏行而屚廢矣。"（p573 下）

（157）霸—廓

《雨部》"霸"注："今俗字作廓，廓行而霸廢矣。"（p573 下）

（158）鱻—鮮

《魚部》"鱻"注："凡鮮明、鮮新字皆當作鱻。自漢人始以鮮代鱻，

如《周禮》經作鱻，注作鮮是其證。……今則鮮行而鱻廢矣。"（p581下~582上）

（159）肁—肇

《戶部》"肁"注："〔始開也。〕引申爲凡始之偁。凡經傳言肇始者，皆肁之叚借。肇行而肁廢矣。"（p586下~587上）

《戈部》"肇"注："蓋伏侯作肁，與許作肇不同。……實則漢人肁字不行，祇用肇字訓始。"（p629下）

（160）搏—捕

《手部》"搏"注："古捕盜字作搏。……今則捕行而搏廢，但訓爲搏擊。"（p597上）

（161）挩—脫

《手部》"挩"注："〔解挩也。〕今人多用脫，古則用挩，是則古今字之異也。今脫行而挩廢矣。"（p604下）

（162）捆—因

《手部》"捆"注："〔就也。〕捆與因音義同，今則因行而捆廢矣。"（p606下）

（163）嫛—熙

《女部》"嫛"注："今熙行而嫛廢矣。"（p620上）

（164）娭—嬉

《女部》"娭"注："〔戲也。〕……然則今之嬉字也。今嬉行而娭廢矣。"（p620上）

（165）嫥—專

《女部》"嫥"注："〔壹也。〕……凡嫥壹字古如此作，今則專行而嫥廢矣。"（p620下）

（166）媟—褻

《女部》"媟"注："〔嬻也。〕……今人以褻衣字爲之，褻行而媟廢矣。"（p622下）

（167）嬻—瀆

《女部》"嬻"注："〔媟嬻也。〕……今人以溝瀆字爲之，瀆行而嬻廢矣。"（p622下）

（168）婎—雖

《女部》"婎"注："今用雖爲語詞，有縱恣之意，葢本當作婎，叚雖爲之耳，雖行而婎廢矣。"（p624上）

（169）孃—攘

《女部》"孃"注："今人用擾攘字，古用孃。……今攘行而孃廢矣。"（p625上）

（170）嬎—濫

《女部》"嬎"注："〔過差也。〕……今字多以濫爲之。……濫行而嬎廢矣。"（p625下）

（171）嫯—傲

《女部》"嫯"注："〔侮傷也。〕……今則傲行而嫯廢矣。"（p625下）

（172）婬—淫

《女部》"婬"注："婬之字今多以淫代之，淫行而婬廢矣。"（p625下）

（173）戔—殘

《戈部》"戔"注："〔賊也。〕此與殘音義皆同，故殘用以會意。今則殘行而戔廢矣。"（p632上）

（174）瓶—碎

《瓦部》"瓶"注："〔破也。〕……瓶與碎音同義異。碎者，糜也。瓶則破而已，不必糜也。今則碎行而瓶廢矣。"（p639下）

（175）轙—戾

《弦部》"轙"注："〔弼戾也。〕按此乖戾正字。今則戾行而轙廢矣。"（p642上）

（176）緟—重

《糸部》"緟"注："〔增益也。〕增益之曰緟。經傳統叚重爲之，非

字之本。……今則重行而緟廢矣。"（p655 下）

（177）纕—攘

《糸部》"纕"注："〔援臂也。〕……今則攘臂行而纕臂廢矣。"（p655 下）

（178）坙—坐

《土部》"坙"注："〔止也。……坐，古文坙。〕今古文行而小篆廢矣。"（p687 上下）

（179）畸—奇

《田部》"畸"注："〔殘田也。〕……凡奇零字皆應於畸引申用之，今則奇行而畸廢矣。"（p695 下）

（180）畕—疆

《畕部》"畕"注："〔界也。〕……〔疆，畕或从土彊聲。〕今則疆行而畕廢矣。"（p698 上）

（181）勥—强

《力部》"勥"注："〔迫也。〕……勥與彊義別。彊者，有力。勥者，以力相迫也。……今則用強彊而勥勥廢矣。……〔勥，古文从彊。〕"（p699 下）

（182）勥—彊

同（181）。

（183）勥—强

同（181）。

（184）勥—彊

同（181）。

（185）券—倦

《刀部》"券"注："〔勞也。〕……據此則漢時已倦行券廢矣。……今皆作倦。蓋由與契券从刀相似而避之也。"（p700 下）

（186）与—與

《勺部》"与"注："〔賜予也。〕……與，黨與也。从舁，義取其舉，不同与也。今俗以與代与，與行而与廢矣。"（p715上下）

（187）酺—輔

《車部》"輔"注："〔《春秋傳》曰：輔車相依。〕……《面部》曰：酺，頰車也。面酺自有本字。《周易》作輔，亦字之叚借也。今亦本字廢而借字行矣。"（p726下）

（188）隊—墜

《𨸏部》"隊"注："〔從高隊也。〕隊墜正俗字，古書多作隊，今則墜行而隊廢矣。"（p732下）

（189）隒—淰

《𨸏部》"隒"注："〔山𨸏陷也。〕今則淰行而隒廢矣。"（p736下）

第二節 《説文解字注》中古今字行廢的
規律性現象和原因

　　根據第四章對段玉裁訓注的古今字字際關係的分析，這189組注明行廢情況的古今字中，屬於"本字—通假字"關係的共83組，占全部行廢材料的43.9%；屬於"同源同義本字—同源同義本字"關係的共67組，占35.4%；屬於"異體本字—異體本字"關係的共29組，占15.3%；屬於"古本字—重造本字"關係的共6組，占3.2%；屬於"假借字—假借字"關係的共3組，占1.6%；屬於"假借字—後造本字"關係的共1組，占0.5%。源本字和分化本字、通假字和通假字這兩種字際關係都沒有出現。列表見下頁。

字際關係	本字和本字關係				本字和借字關係		借字和借字關係	
	異體本字和異體本字	古本字和重造本字	同源同義本字和同源同義本字	源本字和分化本字	本字和通假字	假借字和後造本字	通假字和通假字	假借字和假借字
數量（組）	29	6	67	0	83	1	0	3
比率（％）	15.3	3.2	35.4	0	43.9	0.5	0	1.6

在這 189 組注明行廢情況的古今字中，廢字共 171 個，行字共 175 個。通過對這些行廢字的統計分析，並參考碩士學位論文楊懷源的《〈段注〉"廢、行字"研究》、亢瑶的《〈説文解字注〉行廢字研究》和張娟的《〈段注〉"通行字"與"廢棄字"研究》的有關結論，可以發現古今字行廢的規律性現象和原因主要有以下幾點。

一 理據喪失或理據弱化的字符易被理據明晰的字符所替代

（一）整個字符記號化，喪失理據，形義聯繫牽強，從而被替代

（1）屰—逆

《干部》"屰"注："〔不順也。〕後人多用逆，逆行而屰廢矣。〔從干下凵。屰之也。〕凵，口犯切。凶下云：象地穿交陷其中也。方上干而下有陷之者，是爲不順。屰之也當作屰之意也。"（p87 上）

《辵部》"逆"注："〔迎也。〕……今人假以爲順屰之屰，逆行而屰廢矣。"（p71 下）

按：在｛不順｝的義項上，今字"逆"替代了古字"屰"來記錄這一義項。"屰"的甲骨文作"𡳿"，羅振玉《增訂殷虛書契考釋》："（甲文）爲倒人形。"[1]以顛倒的人形表示｛不順｝之義。小篆作"𡴀"，《説文》訓爲"從干下凵"已誤，從字形上也難以看出與｛不順｝之義的聯繫，可以説整個字符已經記號化，喪失了理據。不再符合形義統

---

① 轉引自湯可敬《説文解字今釋》，岳麓書社，1997，第 308 頁。

一原則的"屵"字就被廢棄了。

（2）冓—構

《冓部》"冓"注："〔交積材也。〕高注《淮南》曰：構，架也。材木相乘架也。按結冓當作此，今字構行而冓廢矣。《木部》曰：構，蓋也。義別。〔象對交之形。〕冓造必鉤心鬪角也。"（p158下）

按：在｛結構｝的義項上，古字"冓"被今字"構"代替。"冓"字甲骨文作"𣎥"，李孝定《甲骨文字集釋》："疑象兩魚相遇之形。爲遭遇之本字。"① 小篆作"冓"，《説文》訓爲"象對交之形"，已是字形演變後的強解，説是｛結構｝義的本字，更是不符合事實。隸變以後作"冓"形，無論是與｛遭遇｝義的聯繫還是與｛結構｝義的聯繫都不明顯，可以説已經變成一個記號字，喪失了理據，故而被從木冓聲的"構"字所替代。

（3）旱——厚

《𣆓部》"旱"注："〔厚也。〕厚當作筤。上文曰筤，旱也。此曰旱，篤也。是爲轉注。今字厚行而旱廢矣。凡經典旱薄字皆作厚。〔從反亯。〕倒亯者，不奉人而自奉，旱之意也。"（p229下）

按：在｛厚，不薄｝的義項上，古字"旱"被今字"厚"所替代。"旱"字小篆作"𣆓"，《説文》説"從反亯"，王筠《説文解字句讀》："亯是飲食之亯。"② 湯可敬《説文解字今釋》："反復烹煮，故味厚。"③ 楷化作構字部件時作"旱"，完全看不出是"從反亯"，形義聯繫喪失，字形記號化，故而被記録｛山陵高厚｝義的"厚"字所替代。

（二）字符的部分構件記號化，喪失理據，從而被替代

（1）歹—殘

《歺部》"殘"注："〔賊也。〕……今俗用爲歹餘字。按許意殘訓賊，

---

① 轉引自湯可敬《説文解字今釋》，岳麓書社，1997，第542頁。

② （清）王筠：《説文解字句讀》，中華書局，1988，第188頁。

③ 湯可敬：《説文解字今釋》，岳麓書社，1997，第719頁。

歺訓餘，今則殘專行而歺廢矣。……〔从歺戔聲。〕"（p163下）

《歺部》"歺"注："〔禽獸所食餘也。〕引伸爲凡物之餘。凡殘餘字當作歺。〔从歺从月。〕月各本作肉，篆體作ὴ，今正。禽獸所食不皆肉。歺者，殘也。月者，缺也。……《廣韵·十五鎋》有此字，與刜聏同音，是其字之从月可知矣。"（p163下~164上）

按：在{殘餘}的義項上，古字"歺"被今字"殘"代替。《説文》"歺"字本作"歹"，從歺從肉，"歺"表示殘殺，肉代表野獸的主要食物，會合{殘餘}之義。段玉裁改爲從月，認爲月有缺義，從而會合{殘餘}之義。"肉"形與"月"形的小篆非常近似，因此楷化後有一系列字的"肉"形構件都變成"月"形，例如"肖""肌""膚""脯""脩""胸""胥""脘"等等，"歹"字也是如此。《説文》各本篆體都作從肉之"歹"，段玉裁改"肉"爲"月"，根據不足。當"歹"字楷化，"肉"字構件變爲"月"時，實際上已經成爲一個記號，字符的形義聯繫變得不再明晰，故而後來被從歺戔聲的"殘"字所替代。

（2）畐—隱

《受部》"畐"注："〔有所依也。〕……此與《㠯部》隱音同義近，隱行而畐廢矣。凡諸書言安隱者當作此。今俗作安穩。〔从受工。〕受工者，所落之處巧得宜也。〔讀與隱同。〕"（p160下）

按：在{隱蔽}的義項上，今字"隱"代替了古字"畐"。"畐"字小篆作"畐"，從受工，"受"是落的意思，"受"下的"又"楷化後變成"彐"，"受"變成了"畐"，成爲一個記號，"畐"字的理據喪失，故而後來被形聲結構的"隱"字所代替。

（3）盈—溫

《水部》"溫"注："〔溫水。〕……今以爲溫煗字。許意當用盈爲溫煗。"（p519上下）

《皿部》"盈"注："〔仁也。从皿，㠯食囚也。官溥説。〕凡云溫和、溫柔、溫暖者，皆當作此字，溫行而盈廢矣。《水部》溫篆下但云水名，不云一曰煗者，許謂煗義自有囚皿字在也。"（p213 上）

按：在｛溫和，溫柔，溫暖｝的義項上，今字"溫"代替了古字"盈"。"盈"從皿從囚，楷化以後"囚"變成了"日"，成爲一個記號，從而使"盈"字變成了失去理據的"昷"，所以後來被形聲結構的"溫"所代替。

（三）字符的義符與字形所記録的義項聯繫不緊密的字易被替代

（1）椄—接

《木部》"椄"注："〔續木也。〕今栽華植果者以彼枝移椄此樹而華果同彼樹矣。椄之言接也。今接行而椄廢。〔從木妾聲。〕"（p264 下）

按：在｛嫁接｝的義項上，"椄"是古字，"接"是今字。嫁接花木是動作，與義符"木"的聯繫不緊密，因此被從"手"的"接"所替代。

（2）稘—期

《禾部》"稘"注："〔復其時也。〕言帀也。十二月帀爲期年，《中庸》一月帀爲期月，《左傳》旦至旦亦爲期。今皆假期爲之，期行而稘廢矣。"（p328 下）

按：在｛周期｝的義項上，"稘"爲古字，"期"爲今字。"稘"以禾木按季節生長成熟來表示周而復始之義，相比之下，月缺月圓的周期更加直觀常見，｛周期｝以"月"爲義符與字形聯繫更緊密，故"稘"被"期"替代。

（3）袥—拓

《衣部》"袥"注："〔衣衸。〕……袥之引伸爲推廣之義。玄瑩曰：天地開闢，宇宙袥坦。《廣雅·釋詁》曰：袥，大也。今字作開拓，拓行而袥廢矣。"（p392 下）

按：在｛開拓｝的義項上，"袥"爲古字，"拓"爲今字。"袥"的本義是｛衣裙中分的地方｝，引申爲｛推廣，開拓｝。｛開拓｝是動詞性意義，從"手"更合，故"拓"代替了"袥"。

（4）麹—誘

《厶部》“麹”注：“〔相訹呼也。〕……今人以手相招而口言麹，正當作此字。今則誘行而麹廢矣。〔从厶羑。〕《羊部》曰：羑者，進善也。訹之若進善然，故从羑，與久切。”（p436下）

按：在｛呼叫｝的義項上，“麹”爲古字，“誘”爲今字。呼叫需要使用言語，從言形義更加貼切，故“誘”字專行而“麹”字被廢棄。

（四）表音構件喪失功能的形聲字易被替代

漢字在朝着表音化的方向發展，一般説來，形聲字較象形字、指事字、會意字有競争力，但是當形聲字的聲符喪失了表音功能時，其表音的優勢不復存在，往往會被其他理據更爲明晰的字符所替代。如以下幾例。

（1）詧—謡

《言部》“詧”注：“〔徒歌。从言肉聲。〕……詧謡古今字也，謡行而詧廢矣。”（p93下）

按：在｛徒歌，没有音樂的歌謡｝的義項上，“詧”和“謡”構成古今字。“詧”從言肉聲，小篆作“詧”，楷化以後“肉”變成“夕”，與其他從“肉”的字作“月”（如“脯”）迥異，已經不是一個成字部件，而是替代性的記號。且“肉”的中古音在日母屋部，“謡”在以母宵部，“肉”的表音功能已經喪失，所以在古字的基礎上加“言”作“謡”，“詧”整體成爲一個表音的構件。

（2）敓—奪

《厶部》“篡”注：“〔屰而奪取曰篡。〕奪當作敓。奪者，手持隹失之也。引伸爲凡遺失之偁。今吴語云奪落是也。敓者，彊取也。今字奪行敓廢。”（p436下）

按：在｛强取，奪取｝的義項上，“敓”是古字，“奪”是今字。“敓”字從攴兑聲，“兑”的中古音在定母泰部，而“奪”在定母末部。“兑”的表音功能已經喪失，於是“敓”字失去了作爲形聲字的强大競爭力，被會意結構的"奪"字所代替。

（3）恩—愛（憂）

《夂部》"愛（憂）"注："〔行兒也。〕《心部》曰：恩，惠也。今字假憂爲恩，而恩廢矣。憂，行兒也，故从夂。〔从夂恩聲。〕"（p233上）

按：在{仁愛}的義項上，"恩"爲古字，"愛（憂）"爲今字。"恩"字從心先聲，"先"的中古音爲心母未韵，而"憂（愛）"爲影母代韵。"先"的表音功能已經喪失，於是"恩"字失去了作爲形聲字的優勢，被"愛（憂）"所代替，整體成爲一個表音的構件。

（4）蒡—花

《蒡部》"蒡"注："〔艸木華也。〕……今字花行而蒡廢矣。〔从巫亏聲。〕況于切。"（p274下）

按：在{花朵}的義項上，"蒡"爲古字，"花"爲今字。"蒡"字從巫亏聲，"亏"（即"于"）的中古音在云母虞部，而"花"在曉母麻部，"亏"的表音功能已經喪失，於是"蒡"字被新的形聲字"花"所代替。

二 區別功能較弱的字符易被區別功能得到强化的字符所替代

某字符與另一字符形同或形近，或某字符的構件與另一字符的構件形同或形近，其區別功能就會弱化，這樣的字符多被區別功能得到强化的字符所替代。如以下幾例。

（1）廴—引

《廴部》"廴"注："〔長行也。〕《玉篇》曰：今作引。是引弓字行而廴廢也。〔从彳引之。〕引長之也。"（p77下）

按：在{長久地行走}的義項上，"廴"是古字，"引"是今字。"廴"的小篆作"弓"，楷化後作"廴"，與"辶"形近易混，故而被區別性較强的"引"字替代。

（2）鬥—鬬

《犬部》"獨"注："凡争鬥字許作鬥。鬬者，遇也，其義各殊。今人乃謂鬬正，鬥俗，非也。"（p475下）

《鬥部》"鬬"注："〔遇也。〕……古凡鬬接用鬬字，鬥争用鬥字。俗皆用鬬爲争競，而鬥廢矣。"（p114上）

按：在｛争鬥｝的義項上，"鬥"是古字，"鬬"爲今字。"鬥"字小篆作"鬥"，象"网士相對，兵杖在後"（《鬥部》"鬥"注，p114上），楷化後作"鬥"，與"門"字形近，故而被區别性較强的"鬬"字替代。

（3）丶—主

《丶部》"主"注："〔鐙中火主也。象形。〕謂象鐙形。〔从丶，〕謂火主。〔丶亦聲。〕……按、主古今字，主炷亦古今字。凡主人、主意字本當作丶，今假主爲丶而丶廢矣。"（p214下~215上）

按：在｛主人｝、｛主意｝等義項上，"丶"爲古字，"主"爲今字。"丶"字的小篆字形作"丶"，與用於斷句或作省代用的符號"丶"非常近似，在行文中易引起混淆，故而被區别性較强的"主"字替代。

（4）七—化

《七部》"化"注："〔教行也。〕……今以化爲變七字矣。"（p384下）

《七部》"七"注："〔變也。〕……今變七字盡作化，化行而七廢矣。"（p384上）

按：在｛變化｝的義項上，"七"爲古字，"化"爲今字。"七"字小篆作"七"，楷化後作"七"，與數詞"七"形近易混，故而被區别性較强的"化"字替代。

（5）昜—陽

《雲部》"霒"注："〔雲覆日也。〕今人陰陽字小篆作霒昜。"（p575上）

《勿部》"昜"注："〔開也。〕此陰陽正字也。陰陽行而霒昜廢矣。"（p454上）

按：在 { 與陰相對的古代哲學概念 } 的義項上，"昜"是古字，"陽"是今字。"昜"字小篆作"昜"，"易"字小篆作"易"，兩個字符的小篆和楷書都非常近似，很容易混淆，故而"昜"字被區別性較强的"陽"字替代。

三 結構不方正平衡的字符被結構比較方正平衡的字符所替代

漢字字形空間配置具有"中庸精神"，一個字有如一個方陣，其内部結構要不偏不倚、四平八穩、均匀方正。不符合這個原則的字容易被廢棄。例如：

勹—包

《勹部》"勹"注："〔裹也。〕今字包行而勹廢矣。〔象人曲形有所包裹。〕"（p432 下）

按：在 { 包裹 } 的義項上，"勹"是古字，"包"是今字。"勹"字字形過於簡單，給人以獨佔一角的感覺，不符合漢字平衡方正的審美感覺，故而被結構方正均匀的"包"字所替代。

另外上文所舉的"丶—主"和"ㄓ—引"例的替代現象也有同樣的原因，"丶"和"ㄓ"字形都太過簡單，且偏佔一角，替代它們的"主"和"引"的字形則方正平衡得多。

四 常用於兼用或借用職能的字符在本用職能上易被替代

（1）副—劈

《刀部》"劈"注："〔破也。〕此字義與副近而不同，今字用劈爲副。劈行而副廢矣。"（p180 上下）

按：在 { 破開 } 的義項上，"副"是古字，"劈"是今字。"副"的本義《説文》訓爲"判也"，即｛破開｝之義，破開則一分爲二，故引申爲｛與正相對，副的｝義、｛幫助｝義、｛相稱｝義、量詞｛一副｝等意義。"副"常用來記録引申義，故而本用湮没，爲"劈"字所替代。

（2）竺—篤

《言部》"管"注："〔鼻也。〕……管與《二部》竺音義皆同，今字篤行而管竺廢矣。《公劉》毛傳曰：篤，厚也。此謂篤即竺管字也。"（p229下）

《二部》"竺"注："〔鼻也。〕……今經典絶少作竺者，惟《釋詁》尚存其舊。段借之字行而真字廢矣。篤，馬行鈍遲也。聲同而義略相近，故段借之字專行焉。"（p681下）

按：在｛厚實｝的義項上，"竺"是古字，"篤"是今字。"竺"的本義即爲｛厚實｝，但絶少使用，其常用義爲｛印度的古譯名，天竺的簡稱｝、｛山名｝、｛姓氏｝、｛有關佛教的、佛學的｝等，其本用職能被通假字"篤"所替代。

（3）常—裳

《巾部》"常"注："〔下帬也。〕……今字裳行而常廢矣。〔从巾尚聲。〕从巾者，取其方幅也，引伸爲經常字。市羊切。十部。〔裳，常或从衣。〕"（p358下）

按：在｛下裙｝的義項上，"常"爲古字，"裳"爲今字。"常"的本義爲｛下裙｝，但在實際使用中常被假借來記録｛經常｝、｛固定的｝、｛平常、普通｝等意義，本義被湮没，於是在本用職能上被異體字"裳"所替代。

（4）俾—裨

《人部》"俾"注："〔益也。〕俾與埤鼜裨音義皆同，今裨行而埤鼜俾皆廢矣。經傳之俾皆訓使也，無異解，蓋即益義之引伸。《釋詁》：俾，從也。《釋言》：俾，職也。亦皆引伸之義。"（p376下）

按：在｛裨益，益處｝的義項上，"埤""鼜""俾"是古字，"裨"

是今字。“俾”字《説文》訓爲“益也”，但在經典中常用的是其引申義{使}、{從}、{職，門役}等，其本用職能被其同源同義字“裨”所替代。

（5）頃—傾

《匕部》“頃”注：“〔頭不正也。〕……引伸爲凡傾仄不正之偁。今則傾行而頃廢，專爲俄頃、頃畝之用矣。”（p385 上）

按：在{傾斜}的義項上，“頃”爲古字，“傾”爲今字。“頃”字從頭部傾斜引申爲凡傾斜之稱，但在經典中的常用義則是假借義{俄頃，一會兒}、{土地單位，頃畝}，其本用則被加旁重造的本字“傾”所代替。

五 字形繁複、書寫繁難的字符易被字形簡單、書寫簡易的字符所替代

漢字字形和結構的演變都在追求簡易化，在記録一個義項的書寫形式有多個時，如果其他因素相同，字形簡單、書寫簡易的字符往往會代替字形繁複、書寫繁難的字符，如：

龢—和，龔—供，敔—扞，歾—朽，盉—和，殠—臭，盅—沖，䵒—純，蕚—花，繇—摇，寱—夢，竢—俟，僊—仙，裦—抱，覍—弁，㪿—乂，麤—粗，趨—赴，趞—赴，㯮—染，鱻—鮮，捆—因，渻—省，盭—戾，緟—重，纕—攘，䂳—坐，畸—奇，勥—强，彊—强。

六 抽象感强的字符易被形象感强的字符所替代

蘇新春先生認爲漢族的具象思維方式“直接地制約着漢字的産生、演變和發展及其意藴”，“具象思維方式使漢民族太習慣於用相應的具

體形象以使概念生動可感而有所依托"①。在記録同一義項的書寫形式的更替中，具象的思維方式也起着重要的作用，在其他因素相同的條件下，形象感强的字符往往會代替形象感比較弱、相對抽象的字符。如以下幾例。

（1）尌—樹，侸—樹，豎—樹，偠—樹

《壴部》"尌"注："〔立也。〕……今字通用樹爲之，樹行而尌廢矣。"（p205 上）

《人部》"侸"注："葢樹行而侸尌豎廢，并偠亦廢矣。"（p373 下）

按："尌""侸""豎""偠""樹"五個字符都可以記録﹛竪立﹜這一義項，比較而言，"樹"訓﹛木﹜，是極其常見的事物，樹木直立的形象也是人們非常熟悉的，用"樹"來記録﹛竪立﹜義，極易引起人們的聯想，形象感非常强。

（2）僊—仙

《人部》"僊（僊）"注："〔長生僊去。〕……仙，遷也。……師古曰：古以僊爲仙。《聲類》曰：仙，今僊字。葢仙行而僊廢矣。"（p383 下）

按：神仙給人的聯想是縹緲神秘和超凡脱俗的，"仙"以人在山上會﹛神仙﹜之義，形象感比"從人釁，釁亦聲"表示"長生僊去"的"僊"要强得多。

（3）罙—深

《穴部》"突"注："是知古深淺字作罙，深行而罙廢矣。"（p344 上）

按："深"本是河流名，被借用表示﹛深﹜義。河流是常見事物，用它來表示深淺是形象可感的，較之"〔從穴火，求省〕"（p344 下）的"罙"字，更容易讓人們記住。

---

① 蘇新春：《漢字文化引論》，廣西教育出版社，1996，第 76~77 頁。

（4）媟—褻

《女部》"媟"注："〔嬻也。〕……今人以褻衣字爲之，褻行而媟廢矣。"（p622下）

按："褻"訓｛褻衣｝，是貼身的内衣，由此可引申出｛昵狎，輕慢｝的意義，形象感很强；"媟"訓｛昵狎，輕慢｝，是抽象的意義。

（5）龓—籠

《有部》"龓"注："〔兼有也。〕今牢籠字當作此，籠行而龓廢矣。"（p314上）

按："龓"從｛兼有，籠統｝引申出｛牢籠｝的意義，是比較抽象的；"籠"訓"〔舉土器〕"（p195上），即運土的草筐，是人們生活中常見的工具，形象可感，用它來記録｛牢籠｝義，更容易引起人們的聯想，從而便於記憶。

一組古今字的行廢往往不是取決於一種原因，而是多種因素共同作用的結果。如"朓"字的廢棄，既是由於其部件訛變，喪失理據，也是由於"月"與"肉"的構件區別性不强。再如"曶"被"忽"字替代，一方面是由於上部"象氣出形"的"𠂤"楷化後作"勿"，由於訛變失去了理據，另一方面則與表示｛旗幟｝和｛不要｝義的"勿"同形易混。再如"𦾔"字的廢棄，一方面是由於"亏"聲的表音功能喪失，另一方面也是由於"𦾔"作爲成字部件時黏合成"芌"形，完全喪失了構意，整個字符記號化，形義聯繫缺失，故而被新的理據明晰的"花"字所替代，同時"花"字形體簡單，書寫便易，又符合漢字朝形聲化發展的趨勢，故而一直通行到現在。

結　語

　　從漢代到清代，"古今字"一直都是一個訓詁學術語，訓詁學家提出這個概念的目的是溝通古今的不同用字。它是從訓詁學角度進行的一個命名，而不是從文字學、語言學角度，但是今天對古今字這個術語的使用和研究，已經脱離了訓詁學術語的原意，不僅從文字、語言、詞彙發展的角度對古字和今字各個方面的關係進行了全方位的剖析，而且將古今字引入了文字學，並把關注點集中於古今字與異體字、通假字或假借字、同源字、分化字、區别字這些術語的聯繫和區别上，衆説紛紜，莫衷一是。本書認爲，這些混亂主要是由於這些術語來自不同的學科層面，是從不同的角度進行的分類和命名，如果不理會這一大前提，必然會造成内涵的混淆和界限的模糊，而要進行清晰的劃界工作，必須以確定古今字的本質爲前提。要確定一個歷史概念的本質，就要從古人的原意出發，所以，必須從古人對古今字術語的使用中來挖掘和澄清這一術語的原意，正本清源，恢復其本來面目和學科定位。

　　從漢代到段玉裁之前，雖然有大量的古今字訓詁條例，但對古今字的理論闡述極少，且零散不成體系。段玉裁在繼承漢儒有關古今字訓釋傳統的同時，對古今字這種現象進行了比較細緻的分析，明確提出了"古今人用字不同，謂之古今字"的古今字理論，同時用"古今字”“古字”“今字”“古作”“今作”等表述方式標明了大量的古今字。因此，本書選取《説文解字注》作爲語料範圍，對其中的古今字材料進行全面整理研究。

　　經過對《説文解字注》古今字材料的全面梳理，可以發現，段玉裁所説的古今字就是記録同一個義項的不同時代的聲音相同或者相近的不同用字。因此，一組古今字的古字和今字之間必須具備四個條件：一是記録同一個義項；二是聲音相同或相近；三是處於不同的時代；四是古字和今字的字形不同。

　　古今字之間的字形關係是多種多樣的。有些今字和古字具有形體相承的特點，今字往往由古字增加義符、改換義符或聲符造成，或者由改變古字的構件位置造成，少量今字是由古字的字體變化或訛誤造成的。有些今字和古字的字形没有相承關係，還有些今字表面看來是在古字的基礎上增加或改換構件，實爲假借用法，字形之間也没有相承關係。古今字字形之間還有幾種特殊情況，有時一組或幾組古今字之間會出現古字或今字同形的現象，有時一組古今字會涉及三個及以上的字形，在同一個義項上，一個古字對應若干今字，或者一個今字對應若干古字，或者三個及以上的字形構成不同時代的古今字。無論古今字的字形之間有多麽複雜的關係，構成這組古今字的核心仍然是古字和今字的共同義項。

　　段玉裁認爲古今字不是古今字體的不同。在他注釋的古今字材料中所説的“古文”“小篆”“隸”等並非單指字體，而是指用字的材料範圍，也就是某種字體的文獻中所使用的字形。應該把段玉裁有關這類古今字的注釋表述看作字體材料而不是字體風格。古今字就是用來溝通不同時代記録同一義項的不同字形的訓詁術語，當這些不同的字形分別屬於不同字體的文獻材料時，當然也可以構成古今字關係。這與古今字不同於古今字體的觀點並不矛盾。

　　古今字和古今語是既有聯繫又有區别的一對術語。使用古今語的目的是通古今異言，使用古今字的目的是溝通古今的不同用字，表現在作爲書面語的文獻中都是不同的字形，這是它們有聯繫的一面。但是，古今語反映的是同一個事物在不同時代的不同稱呼、名稱，屬語言學範疇，古今字反映的是同一個義項在不同時代的不同用字，屬訓詁學範疇。它們的性質不同。另外，古今語和古今字還有一個很重要的區別，就是聲音。記錄同一個義項的古字和今字一定要聲音相同或相近，古今語則不一定。在這個問題上，段玉裁對兩個不同領域的術語發生了混淆，例如他認爲"未豆古今語，亦古今字"就是錯誤的。但他並沒有把所有的古今語都當作古今字，可見他注意到了古今字的不同書寫形式一定要有聲音聯繫這一特點，這與他對古今字的論述和認識也是一致的。

古今字和正俗字是從不同角度設立的兩組概念，古今字屬於訓詁學範疇，反映的是同一個義項在不同時代的不同用字；正俗字屬於文字學範疇，是站在文字整理的角度反映同一個義項的不同書寫形式，這些不同的字形有可能是共時的，也有可能是歷時的。它們在理論上彼此無關，但對具體材料的判定有時可以交叉，即就某組字而言，既可以說是古今字，也可以說是正俗字。從大量古今字的注釋條目中可以看出，段玉裁是把正俗字當作構成古今字關係的一種手段或條件的，即古今字可以由正字和俗字來構成。

經過對段玉裁訓注的古今字材料的多角度分析，以及對段玉裁古今字觀念的認識，本書認爲應該這樣來看待古今字。第一，古今字是針對某一義項而言的，即古字與今字的對應範圍是記錄同一個義項的字，離開了這個義項，則無所謂古字和今字。第二，異體字、通假字、同源字、分化字等等祇是可以充當古今字的材料或條件，跟古今字不是平列的概念，它們屬於不同的範疇，因而沒有辨析的必要。第三，古今字是一個訓詁學術語，對《説文解字注》古今字材料的考察也是站在訓詁學（解讀文獻用字）的角度來進行的，但這並不意味着不能够從文字學的角度來考察古字和今字的字際關係。當兩個或兩個以上的字符在某一個義項上構成古今字的時候，古今字的關係已經確立，完全可以轉換到另一個層面，從文字學的角度把它們作爲字用系統的字符來對待，從而分析什麽樣的字可以構成古今字。第四，古今字的關係是變化的，古字和今字的存廢是有原因和規律的。

從字用系統來認識漢字的字際關係，可以發現，在記錄同一義項的條件下，不同字形之間實際出現的職能對應關係和字用屬性關係主要有三種：本字和本字的關係，本字和借字的關係，借字和借字的關係。這三種關係可以具體分爲八種情況。經過對段玉裁訓注的古今字材料的排查分析，除掉重複的古今字組，共計1091組古今字。在構成古今字的八類材料中，屬於"異體本字—異體本字"關係的古今字是最多的，共351組，占全部材料的32.2%；其次是"本字—通假字"關係，共259組，占23.7%；再次是"同源同義本字—同源同義本字"關係，共181組，占16.6%；"假借字—後造本字"關係共174組，約占16%；以下依次爲"古本字—重造本字"關係（共55組，占5%）、"源本字—分化本字"關係（共42組，占3.8%）、"假借字—假借字"關係（共20組，占1.8%）、"通假字—通假字"關係（共9組，占0.8%）。

在《說文解字注》中，段玉裁使用了"某行某廢""某行某不行"這樣的程式性話語來注釋一些字形或字義的存廢情況，其中不少是與古今字有關的。經過統計，《說文解字注》中注明行廢情況的古今字材料共189組，其中廢字共171個，行字共175個。通過對以上材料的分析，可以發現古今字行廢的規律性現象和原因主要有六點：一是理據喪失或理據弱化的字符易被理據明晰的字符所替代；二是區別功能較弱的字符易被區別功能得到强化的字符所替代；三是結構不方正平衡的字符易被結構比較方正平衡的字符所替代；四是常用於兼用或借用職能的字符在本用職能上易被替代；五是字形繁複、書寫繁難的字符易被字形簡單、書寫簡易的字符所替代；六是抽象感强的字符易被形象感强的字符所替代。當然，一組古今字的行廢往往不是取決於某一種原因，而是多種因素共同作用的結果。

《説文解字注》古今字表

字表説明：

1. 本字表按古今字組在《説文解字注》中第一次出現的先後次序排序。

2. 一組古今字在《説文解字注》中可能出現不止一次，本文以義項、古字和今字字形爲標準統計古今字組，所屬注釋條目依照頁碼順序排列，字組不再重複列出。所標注《説文解字注》頁碼爲該古今字組所屬條目字頭所在的頁碼，與段玉裁對古今字進行訓注的實際表述位置可能不一致。

3. 若不同條目中古字與古字字形結構相同，今字與今字的字形結構相同，並記録同一個義項，則算作一組古今字，如《示部》"祦"下和《气部》"气"下均有古字爲"气"，今字爲"氣"的古今字條目，記録｛雲氣，氣體｝的義項，計爲同一組古今字。若條目中古字與古字或今字與今字有字形結構的區別，則計爲兩組古今字，如《白部》"疇（𤲝）"下古字有"𤲝""𣆡"兩個字形，今字有"疇"一個字形，計爲兩組古今字。

4. 有些古今字組可以在不止一個義項上構成。如"落—絡"，既可以在名詞｛網狀物｝的義項上構成，也可以在動詞｛籠絡｝的義項上構成，不同義項之間是引申關係，爲簡化表格，不同義項不分開列舉，置於一格内用分號隔開，表示爲"網狀物；籠絡"，計爲一組古今字。

5. 有些古今字組的古字和今字可以在本用的義項和借用的義項上均構成古今字，形成不同的字際關係，則按照字際關係計爲不同的古今字組，如"㠭—展"，既可以在本用義項｛極巧地視察｝上構成古今字組，古字和今字是本字和通假字關係；也可以在借用義項｛展布，陳列｝上構成古今字組，古字和今字是假借字和假借字關係，則統計爲兩組古今字。

6. 有些不同條目下的古字或今字是由於字體演變、書寫習慣或者訛誤造成的區别轻微的異寫字，爲簡化統計，合併計爲一組古今字，以一個通行字形爲主，其他異寫字形以括號附在其後，如"囟（囟）—囱"。或字頭的楷書字形與小篆楷定字形、注解中的相應字形雖有不同，但行文中以同一字形對待的，也作爲相同字形統計，以一個通行字形爲主，其他異寫字形以括號附在其後，如"㫗（𣆪）—厚（𠪋）"，計爲一組古今字。[①]

7. 連綿詞構成的古今字，兩對古字今字的字際關係可能不同，爲便於説明區别，本字表將連綿詞兩個字的古今字組分别統計。如《口部》"嗞"下出現"古言𧪚嗞，今人作嗟咨"，《言部》"訏"下出現"〔一曰訏𧪚。〕今字作吁嗟"的古今字條目，則計爲"𧪚—嗟""嗞—咨""訏—吁"三組古今字，其字際關係分别爲"異體""本通""同義"關係。

8. 字表中所屬《説文》條目使用的楷體字形以上海古籍出版社1988年版《説文解字注》表欄上方的楷體爲準，有與小篆楷化不一

① 《説文解字注》第229頁下，《𣆪部》"厚"字條，楷體字頭作"厚"，小篆作"𠪋"，楷定作"𠪋"；《𣆪部》"𣆪"字條楷體字頭作"𣆪"。在第229頁下《亯部》"䈞"字條、《𣆪部》"𣆪"字條、《𣆪部》"厚"字條内段玉裁論及古今字的注解中均使用"㫗""厚"形，未使用"𣆪"和"𠪋"形，而第157頁上《烏部》"舄"字條中使用"𣆪"和"𠪋"形，第503頁上《心部》"惲""惇"字條中使用"𣆪"和"厚"形，可見段玉裁是將"㫗"與"𣆪"、"厚"與"𠪋"作爲一個字形對待的，故統計爲同一組古今字。

致者，若與本組古今字有關，則將小篆的楷化字形括注附在其後，如《夂部》愛（㤅）"，表欄上方的楷體字形爲"愛"，小篆作㤅，楷化字形爲"㤅"，是條目内所涉及的古今字組的今字。

9. 相對於前文分析具體文字時所舉義項，字表中的義項更爲全面，因爲分析時爲行文方便，説明較爲簡略，多舉直接相關的義項，比如"鄉—向"條，前文僅舉﹛朝向﹜義，字表中還有﹛嚮往﹜義；"㴱—深"條，前文所舉義項爲﹛深﹜，字表中細化爲﹛深，與淺相對﹜。

10. 字際關係簡稱説明如下：

簡稱	字際關係
異體	異體本字—異體本字
古重	古本字—重造本字
同義	同源同義本字—同源同義本字
源分	源本字—分化本字
本通	本字—通假字
假後	假借字—後造本字
通通	通假字—通假字
假假	假借字—假借字

《說文解字注》古今字總彙（共 1091 組）

序號	義項	古字	今字	字際關係	所屬《說文》條目	《段注》頁碼
1	大	丕	丕	異體	《一部》丕	1 下
2	上	二	上	異體	《二部》二	1 下
3	下	二	下	異體	《二部》二	2 上
4	神靈護佑；輔助，幫助	右	祐	古重	《示部》祐	3 上
5	封禪，祭祀天地的儀典	墠	禪	源分	《示部》禪	7 上
6	封禪，祭祀天地的儀典	襢	禪	異體	《示部》禪	7 上
7	禁止，阻止	御	禦	同義	《示部》禦	7 上
8	雲氣	气	氣	本通	《示部》禂	8 下
					《气部》气	20 上
					《皀部》既	216 下
					《米部》氣	333 上
9	開始，開頭	鼻	自	假假	《王部》皇	9 下
10	一種玉	璏	珹	異體	《玉部》珹	10 上
11	一種玉	賣	璜	假後	《玉部》瑩	10 下
12	古禮器，用以盛鬯酒灌祭，也用於賓客行爵	贊	瓚	假後	《玉部》瓚	11 上
13	環繞，旋轉	還	環	同義	《玉部》環	12 上
					《辵部》還	72 上
					《舟部》般	404 上
					《糸部》繯	647 上
					《車部》轉	727 下

序號	義項	古字	今字	字際 關係	所屬《説文》 條目	《段注》 頁碼
14	早晨	晁	朝	假後	《玉部》瑅	13 上
15	刀鞘下端的裝飾	璑	珌	異體	《玉部》璏	13 下
16	璀璨	灌	璀	假後	《玉部》玼	15 上
17	灑水，灑掃	洒	灑	假後	《屮部》屮	21 下
18	大雅，周代的 樂歌	疋（疋）	雅	假假	《屮部》屮	21 下
					《疋部》疋	84 下
19	巧妙，精巧	丂	巧	假後	《屮部》屮	21 下
					《丂部》丂	203 下
20	賢能，有才能的	臤	賢	假後	《屮部》屮	21 下
21	魯鈍，遲鈍	劦	魯	假後	《屮部》屮	21 下
22	歌唱，歌曲	哥	歌	古重	《屮部》屮	21 下
					《可部》哥	204 上
23	偏頗，不正	詖	頗	假後	《屮部》屮	21 下
					《言部》詖	91 上
					《頁部》頗	421 上
24	慚愧	屵	靦	假後	《屮部》屮	21 下
25	車轅，車前用來架 牲畜拉車的長木	爰	輨	假後	《屮部》屮	21 下
26	古代男子的美稱	甫 （𡴆）①	士	異體	《艸部》莊	22 上

① 《説文解字注》中未出現此楷化字形，僅有古文字形體，因此將楷定字形括注於古文字
形體之後。下同不注。

序號	義項	古字	今字	字際關係	所屬《説文》條目	《段注》頁碼
27	植物吐穗開花，多指代莊稼	莠	秀	假後	《艸部》莠	23 上
28	葵菜	菜	葵	異體	《艸部》葵	23 下
29	氣味刺激的菜	薰	菫	同義	《艸部》菫	24 下
30	蘋草	蕢	蘋	異體	《艸部》蕢	25 上
31	鳧葵	蘮	尊	異體	《艸部》蘮	26 下
32	鳧葵	蘮	莼	異體	《艸部》蘮	26 下
33	小	蘱	眇	假後	《艸部》蘱	30 下
34	治理	艾	乂	假後	《艸部》艾	31 下
35	茂密，茂盛	蔚	鬱	假後	《艸部》蔚	35 上
36	梓樹，一種落葉喬木	萩	楸	假後	《艸部》萩	35 上
37	蔓延	曼	蔓	同義	《艸部》蔓	35 下
38	皮衣	求	裘	異體	《艸部》菜	37 上
39	水青衣，海苔	菭	苔	異體	《艸部》菭	37 上
40	萌芽	牙	芽	假後	《艸部》芽	37 下
					《竹部》筦	197 下
41	湊集	襍	集	同義	《艸部》蓮	39 上
					《口部》噍	60 下
					《雥部》龘	148 上
42	生長，增益	茲	滋	同義	《艸部》茲	39 上
43	絲綫	丝	絲	異體	《艸部》茲	39 上

續表

序號	義項	古字	今字	字際關係	所屬《説文》條目	《段注》頁碼
44	白茅，草名	苗	茅	假後	《艸部》苗	40 上
45	荒蕪多草	薉	穢	異體	《艸部》薉	40 上
46	蔬菜	采	菜	假後	《艸部》菜	40 下
47	朝會時放置束茅來標明位次	蒩	纂	異體	《艸部》蒩	42 下
48	覆蓋，籠罩	蔽	霸	本通	《艸部》蔽	43 上
49	醋	酢	醋	本通	《艸部》菹	43 上
					《齒部》齭	80 上
					《髟部》鬣	426 下
50	喂牛馬	萎	餧	異體	《艸部》萎	44 上
51	埋葬	薶	埋	異體	《艸部》薶	44 下
52	菫草	菫	堇	本通	《艸部》菫	45 下
53	初生的荻	藿	萑	本通	《艸部》藿	45 下
54	蒙蔽，蒙蓋	冡	蒙	本通	《艸部》蒙	46 上
					《冃部》冡	353 下
55	草叢生的樣子	藂	叢	同義	《艸部》藂	47 上
56	詞語	𧦝	詞	異體	《八部》㐱	48 下
57	表必然的語氣詞	尒	爾	本通	《八部》㐱	48 下
58	界畫	介	畍	古重	《八部》介	49 上
59	坼裂分開	仌	兆	異體	《八部》仌	49 上
60	相背，違背	北	背	古重	《八部》公	49 下
					《北部》北	386 下

191

續表

序號	義項	古字	今字	字際關係	所屬《説文》條目	《段注》頁碼
61	木樁	弋	杙	本通	《八部》必	49 下
					《木部》杙	243 上
					《木部》橜	263 上
62	我	余	予	假假	《八部》余	49 下
					《予部》予	159 下
63	散布，傳布	嶓	播	假後	《采部》番	50 上
					《手部》播	608 上
64	反叛，背叛	畔	叛	假後	《半部》叛	50 下
65	龍，傳説中的一種神異動物	犥	龍	假後	《牛部》犥	51 上
66	用草喂牲口	犓	芻	同義	《牛部》犓	52 上
67	用牦牛尾裝飾的旗子	旄	氂	同義	《牛部》氂	53 下
68	伯益，人名	嗌（䜲）	益	假後	《口部》嗌	54 下
69	號叫，呼喊	嘑	呼	本通	《口部》呼	56 上
70	呼召	評	呼	本通	《口部》呼	56 上
					《言部》評	95 上
					《宀部》寣	348 上
71	領唱，領奏；倡導	倡	唱	同義	《口部》唱	57 上
72	恚怒	謓	嗔	本通	《口部》嗔	58 上

續表

序號	義項	古字	今字	字際關係	所屬《説文》條目	《段注》頁碼
73	愉悦；開解	説	悦	源分	《口部》台	58 上
					《言部》説	93 下
					《喜部》憙	205 上
					《儿部》兑	405 上
					《心部》懘	504 上
					《心部》慆	507 上
					《雨部》霅	572 下
					《女部》媚	617 下
					《女部》嬽	618 上
					《女部》嬰	620 上
					《女部》婇	624 上
					《女部》嬄	624 上
74	愉快	台	怡	古重	《口部》台	58 上
75	右邊	又	右	本通	《口部》右	58 下
					《又部》又	114 下
76	左邊	𠂇	左	本通	《口部》右	58 下
					《左部》左	200 下
					《女部》姐	615 上
77	輔助，佑助	左	佐	古重	《口部》右	58 下
					《𠂇部》𠂇	116 下
					《左部》左	200 下
					《力部》助	699 上

續表

序號	義項	古字	今字	字際關係	所屬《説文》條目	《段注》頁碼
78	輔助，佑助	右	佑	古重	《口部》右	58 下
79	陂塘	唐	塘	古重	《口部》唐	58 下
80	調笑戲謔	啁	嘲	異體	《口部》啁	59 下
					《心部》悝	510 上
81	抗拒，拒絶	歫	拒	異體	《口部》否	59 下
					《心部》㦸	510 下
82	大聲斥責，責備	荷	訶	假後	《口部》呧	59 下
83	大聲斥責，責備	苛	訶	假後	《口部》呧	59 下
84	表感歎，哎呀	譱	嗟	異體	《口部》嗞	60 下
					《言部》訮	99 下
85	表感歎，哎呀	嗞	咨	本通	《口部》嗞	60 下
86	啼哭，痛哭	諦	嗁	假後	《口部》嗁	61 上
87	呼喚雞的聲音	粥	喌	假後	《吅部》喌	63 上
88	迅疾	趠	躁	異體	《走部》趠	64 上
89	打結；髮髻	結	髻	源分	《走部》趨	64 下
					《髟部》鬏	427 下
					《馬部》駃	467 下
					《糸部》結	647 上
90	吝惜，寶愛	赾	靳	假假	《走部》赾	65 下
91	行走遲緩	趌	慢	本通	《走部》趌	65 下
92	半步	趌	跬	異體	《走部》趌	66 上
93	像雀鳥一樣跳躍着行走	越	跳	異體	《走部》越	67 上

序號	義項	古字	今字	字際關係	所屬《説文》條目	《段注》頁碼
94	支撐抵擋	歫	撐	異體	《止部》歫	67 下
95	收藏；隱藏	臧	藏	源分	《此部》紫	69 上
					《臣部》臣	745 下
96	引導	道	導	源分	《辵部》達	70 上
97	率領，先導	率	帥	通通	《辵部》達	70 上
					《㐬部》旗	309 上
98	遵循	遹	述	假後	《辵部》述	70 下
					《辵部》遹	73 上
99	輕慢，不尊敬	遺	瀆	本通	《辵部》遺	71 上
100	輕慢，不尊敬	嬻	瀆	本通	《辵部》遺	71 上
					《女部》嬻	622 下
101	輕慢，不尊敬	黷	瀆	本通	《辵部》遺	71 上
102	窄迫，逼窄	迮	窄	同義	《辵部》迮	71 上
103	不順	屰	逆	本通	《辵部》逆	71 下
					《干部》屰	87 上
					《午部》啎	746 上
104	交會	迻	交	本通	《辵部》迻	71 下
105	遷移，移動	迻	移	本通	《辵部》迻	72 上
106	徘徊不前	遁	巡	同義	《辵部》遁	72 上
107	回避；邪僻	辟	僻	源分	《辵部》遹	73 上
					《犬部》狋	476 下
108	車轝	連	輦	同義	《辵部》連	73 下
					《車部》輦	730 上

續表

序號	義項	古字	今字	字際關係	所屬《説文》條目	《段注》頁碼
109	連屬	聯	連	本通	《辵部》連	73 下
					《尾部》屬	402 上
					《耳部》聯	591 下
110	攔阻，古代王宮或車駕出行列隊以警戒	迣	迾	異體	《辵部》迾	74 下
111	平坦	徲	夷	本通	《彳部》徲	76 下
112	來到，到達	徦	格	異體	《彳部》徦	77 上
113	巡視，巡行示衆	循	徇	同義	《彳部》徇	77 上
114	巡視，巡行示衆	巡	徇	同義	《彳部》徇	77 上
115	長久地行走	廴	引	同義	《廴部》廴	77 下
116	通道	衕	衝	異體	《行部》衕	78 上
117	帶領，遵循	衛	率	本通	《行部》衛	78 下
118	將帥	衛	帥	本通	《行部》衛	78 下
119	啃嚙	狠	齦	異體	《齒部》齦	80 上
120	齒齦	齗	齦	本通	《齒部》齦	80 上
121	磋磨，摩切	差	磋	源分	《齒部》齹	80 上
122	斷絕	𧿒	絕	異體	《足部》躠	81 下
123	倉促	倉	蒼	本通	《足部》踔	82 下
124	倉促	卒	猝	假假	《足部》踔	82 下
					《穴部》窣	346 上
125	踐踏	獵	躐	同義	《足部》跟	83 上

序號	義項	古字	今字	字際關係	所屬《説文》條目	《段注》頁碼
126	記録	疋	疏	假後	《疋部》疋	84 下
					《言部》記	95 上
127	一種像笛子的竹管樂器	龠	籥	本通	《龠部》龠	85 上
128	和諧	龤	諧	同義	《龠部》龤	85 下
129	和諧；調和	龢	和	同義	《龠部》龤	85 下
					《言部》調	93 下
					《皿部》盉	212 下
130	皇帝的詔書	笧	冊	異體	《冊部》冊	85 下
131	呼唤	嚻	唤	古重	《㗊部》囂	86 下
132	竹上青皮	笝	筠	同義	《𠬛部①》丙	87 下
					《竹部》笝	189 下
133	增益，添加	沾	添	異體	《𠬛部》丙	87 下
					《水部》沾	526 下
134	僅僅	衹	只	假假	《只部》只	87 下
135	這樣，如此	旔	馨	本通	《只部》旔	87 下
136	低矮的堤壩	偃	堰	假後	《竹部》笝	88 上
137	孔洞	空	孔	同義	《竹部》笝	88 上
					《穴部》窾	344 下
138	伸展	信	伸	假後	《言部》信	92 下
					《人部》伸	377 下
					《大部》奄	492 下
					《虫部》蠖	666 上

---

① 此𠬛（jué）部，非谷（gǔ）部。

續表

序號	義項	古字	今字	字際關係	所屬《説文》條目	《段注》頁碼
139	告訴，以言告人	詻	告	同義	《言部》詻	92 下
140	驗證，證驗	證	証	本通	《言部》証	93 上
141	徒歌，没有音樂的歌謡	䚻	謡	古重	《言部》䚻	93 上
142	欣喜	訢	欣	異體	《言部》訢	93 下
					《欠部》欣	411 上
143	愉悦；開解	釋	懌	源分	《言部》説	93 下
144	計算	筭	算	同義	《言部》計	93 下
145	積累；拖累，連累	絫	累	異體	《言部》誺	93 下
					《木部》樏	249 上
					《水部》灅	542 上
					《女部》娷	626 上
					《厽部》厽	737 上
					《厽部》絫	737 上
146	仁義	誼	義	本通	《言部》誼	94 上
					《人部》儀	375 上
					《我部》義	633 上
					《十五卷上》【諸生競逐説字解經誼】	762 下
147	威儀	義	儀	古重	《言部》誼	94 上
					《人部》儀	375 上
					《我部》義	633 上

序號	義項	古字	今字	字際關係	所屬《説文》條目	《段注》頁碼
148	捏造，誣陷；架設，構築	加	架	同義	《言部》誣	97 上
149	祝禱，詛咒	祝	呪	同義	《言部》詶	97 上
150	擊打	扣	叩	假後	《言部》訆	98 下
151	謬誤，差錯	繆	謬	假後	《言部》謬	99 上
152	感歎語，吁嗟	訏	吁	同義	《言部》訏	99 下
153	歌頌	訟	頌	本通	《言部》訟	100 上
154	嗔怒	謓	嗔	本通	《言部》謓	100 上
155	僕人	童	僮	本通	《辛部》童	102 下
156	童子	僮	童	本通	《辛部》童	102 下
					《人部》僮	365 上
157	辨別	釆	辨	同義	《収部》釆	104 下
158	供給	共	供	古重	《廾部》具	104 下
					《共部》共	105 上
					《人部》供	371 上
159	攀引	𠬪	攀	異體	《𠬪部》𠬪	104 下
					《門部》閼	588 下
160	供給	龔	供	同義	《共部》龔	105 上
161	物體的中空部分	空	腔	源分	《革部》鞚	108 上
					《殳部》㲉	119 上
					《糸部》縛	655 上
					《甲部》甲	740 上

續表

序號	義項	古字	今字	字際關係	所屬《說文》條目	《段注》頁碼
162	可以踢着玩的球	鞠	毬	異體	《革部》鞠	108 上
163	刀鞘	削	鞘	異體	《革部》鞞	108 下
					《刀部》削	178 上
164	馬腹帶	顯	鞏	假後	《革部》鞏	109 上
165	網狀物；籠絡；籠罩，纏繞	落	絡	假後	《革部》勒	110 上
					《竹部》答	193 上
					《网部》纙	355 上
					《网部》罵	356 下
					《糸部》繾	647 上
					《糸部》絡	659 下
166	陶製的鍋	鬻	鍋	異體	《鬲部》鬻	111 下
167	鍋	鬴	釜	異體	《鬲部》鬴	111 下
168	水開	涫	滾	異體	《鬲部》鬻	111 下
169	沸騰	鬻	沸	本通	《鬲部》鬻	111 下
					《水部》涫	549 下
					《水部》沸	553 上
170	納入，放入	內	納	本通	《弼部》鬻	113 上
171	在沸水中焯肉或菜	鬻	瀹	同義	《弼部》鬻	113 上
172	在沸水中焯肉或菜	鬻	汋	同義	《弼部》鬻	113 上
173	手足指甲	叉	爪	本通	《爪部》爪	113 上
					《又部》叉	115 上
					《耒部》桂	184 上
					《車部》轑	726 下

序號	義項	古字	今字	字際關係	所屬《説文》條目	《段注》頁碼
174	六藝，古代教育子弟的六種科目	埶	藝	異體	《丮部》埶	113 下
175	權勢，勢力	埶	勢	假後	《丮部》埶	113 下
176	爭鬥	鬥	鬭	本通	《鬥部》鬭	114 上
					《犬部》獨	475 下
177	上臂	弓	厷	假後	《又部》厷	115 上
178	上臂	厷	肱	異體	《又部》厷	115 上
179	釵，一種首飾	叉	釵	源分	《又部》叉	115 上
					《魚部》鰕	579 上
					《虫部》蠆	672 上
					《龜部》攂	678 下
180	老人	叜	叟	異體	《又部》叜	115 上
181	擦拭	飾	拭	古重	《又部》㪤	115 下
					《聿部》書	117 下
					《刀部》刷	181 上
					《工部》工	201 上
					《丹部》肜	215 下
					《巾部》飾	360 上
					《人部》佩	366 上
					《彡部》修	424 下
					《水部》濺	560 下
					《手部》擎	606 上

續表

序號	義項	古字	今字	字際關係	所屬《説文》條目	《段注》頁碼
182	洗臉	沬	靧	異體	《又部》叟	116 上
183	借	瑕	叚	假後	《又部》叚	116 下
184	士大夫,古代的一個社會階層	事	士	同義	《史部》事	116 下
185	箭矢	吳	矢	異體	《聿部》鞞	117 上
186	到,及	隶	逮	古重	《隶部》隶	117 下
187	臣子,臣下	悤	臣	異體	《臣部》臣	118 下
188	貪污盜竊所得的財物	臧	贓	假後	《臣部》臧	118 下
189	聯繫,連綴	毄	繫	通通	《殳部》毄	119 上
190	捶打	毆	歐	異體	《殳部》毆	119 下
191	椎物,鍛造	段	鍛	古重	《殳部》段	120 上
					《石部》碫	449 下
192	分段	斷	段	本通	《殳部》段	120 上
193	禁止、阻止;防禦、守禦	圉	禦	假後	《殳部》役	120 上
194	殺戮	杀	殺	異體	《殺部》殺	120 下
195	紡專,一種紡紗工具	專	甎	古重	《寸部》專	121 下
					《土部》塼	687 上
196	紡專,一種紡紗工具	專	塼	古重	《寸部》專	121 下
197	專一	嫥	專	本通	《寸部》專	121 下
					《女部》嫥	620 下
198	車轍,軌迹	徹	轍	同義	《支部》徹	122 下

序號	義項	古字	今字	字際關係	所屬《説文》條目	《段注》頁碼
199	大脚趾，拇指	母	拇	假後	《攴部》敏	122 下
200	效力	效	効	源分	《攴部》效	123 上
201	布施，施予	攷	施	本通	《攴部》攷	123 上
202	救止，捍衛	敔	扞	同義	《攴部》敔	123 下
203	告誡	敕	勅	本通	《攴部》敕	124 上
204	軍陣，戰陣	敶	陳	本通	《攴部》敶	124 上
205	軍陣，戰陣	陳	陳	本通	《攴部》敶	124 上
206	插入	舀	插	源分	《攴部》敕	124 上
207	匹敵；敵對	適	敵	假後	《攴部》敵	124 下
208	强取，奪取	攲	奪	本通	《攴部》攲	124 下
					《衣部》褫	396 上
					《厶部》篡	436 下
209	關閉	敳	杜	本通	《攴部》敳	125 上
210	投擲	摘	擲	異體	《攴部》敵	125 下
					《手部》摘	601 上
211	禁止，阻止	敫	禦	同義	《攴部》敫	126 上
212	駕馭車馬	敔	御	假後	《攴部》敔	126 上
213	監獄，監禁罪人的場所	敔	圉	同義	《攴部》敔	126 上
214	占卜，卜兆	兆	掛	古重	《卜部》掛	127 下
215	防備；具備，齊備	葡	備	同義	《用部》葡	128 上
					《人部》備	371 下

續表

序號	義項	古字	今字	字際關係	所屬《説文》條目	《段注》頁碼
216	欺瞞	謾	瞞	本通	《目部》瞞	130 上
217	凹下	窅	坳	同義	《目部》窅	130 下
					《肉部》朕	172 上
218	凸出	朕	突	本通	《目部》窅	130 下
					《肉部》朕	172 上
219	觀看，察看	眠	視	異體	《目部》眠	131 上
220	眺望	希	睎	假後	《目部》睎	133 下
221	直視	眙	瞪	異體	《目部》眙	133 下
222	開始；剛剛	財	纔	通通	《目部》瞥	134 上
					《貝部》財	279 下
					《手部》撮	608 上
223	小；微妙	眇	妙	同義	《目部》眇	135 上
					《日部》杳	307 上
					《人部》㣲	374 上
					《糸部》細	646 下
224	眼睛	圁	目	異體	《眉部》省	136 上
225	魯鈍，遲鈍	旅	魯	假後	《白部①》魯	136 下
226	軍隊的編制單位，上古以五百人爲旅	㫃	旅	異體	《白部》者	137 上
227	誰	畧	疇	本通	《白部》疇（畧）	137 上

---

① 此白（zì）部，非白（bái）部。226~228 條同。

續表

序號	義項	古字	今字	字際關係	所屬《説文》條目	《段注》頁碼
228	誰	膠	疇	本通	《白部》疇（膠）	137 上
229	剪除，除去	前	翦	本通	《羽部》翦	138 下
					《刀部》剪	178 下
230	前方	歬	前	本通	《羽部》翦	138 下
231	殺戮	弱	戮	假後	《羽部》翏	139 下
232	從左右兩旁夾擁，挾持	俠	夾（夾）	假後	《羽部》翼	139 下
					《广部》廖	444 下
					《大部》夾	492 下
233	離黄，倉庚鳥	離	鸝	古重	《隹部》離	142 下
234	罩子	瞿	罩	同義	《隹部》瞿	144 上
235	遺失，脱落	奪	脱	同義	《奞部》奪	144 上
236	鸛鳥	雚	鸛	異體	《雈部》雚	144 下
237	羊肉的氣味，腥膻	羴	羶	異體	《羴部》羴	147 下
238	匹敵	雔	讎	同義	《雔部》雔	147 下
239	聚集	雧	集	異體	《雔部》雧	148 上
240	鳳凰，傳説中的神鳥	鵬	鳳	異體	《鳥部》鳳	148 上
241	舸鵝	駕	舸	異體	《鳥部》舸	152 上
242	鶃鳥	鶃	鶃	異體	《鳥部》鶃	153 下
243	鵜鶘鳥	鵜	鵜	異體	《鳥部》鵜	153 下
244	鷙鳥，凶猛的鳥	鷙	鷐	異體	《鳥部》鷙	154 上

續表

序號	義項	古字	今字	字際關係	所屬《説文》條目	《段注》頁碼
245	懶惰	墮	惰	假後	《鳥部》鸓	154 下
246	凶鳥，善於擊殺的鳥	摯	鷙	假後	《鳥部》鷙	155 上
247	鸚鵡	母	鵡	假後	《鳥部》鵡	156 上
248	鸚鵡	鵡	鵡	異體	《鳥部》鵡	156 上
249	助詞，嗚呼	烏	嗚	假後	《烏部》烏	157 上
250	助詞，嗚呼	于	於	本通	《烏部》烏	157 上
					《亏部》亏	204 下
251	喜鵲	舄	䧿	古重	《烏部》烏	157 上
					《糸部》續	645 下
252	厚，不薄	旱（畠）	厚（厚）	同義	《烏部》烏	157 上
					《㫗部》管	229 下
					《㫗部》㫗	229 下
					《㫗部》厚（厚）	229 下
					《心部》惲	503 上
					《心部》惇	503 上
253	功勛	勛	勳	異體	《烏部》烏	157 上
					《力部》勳	699 上
254	盡，完	戠	畢	本通	《華部》畢	158 上
255	丟棄	棄（�棄）	棄	異體	《華部》棄	158 上
256	結構	冓	構	同義	《冓部》冓	158 下

序號	義項	古字	今字	字際關係	所屬《説文》條目	《段注》頁碼
257	舉手；並舉	爯	稱	本通	《冓部》爯	158 下
					《禾部》稱	327 上
258	稱揚	偁	稱	本通	《冓部》爯	158 下
					《禾部》稱	327 上
					《人部》偁	373 下
259	給予	予	與	本通	《予部》予	159 下
260	隱蔽	晉	隱	同義	《受部》晉	160 下
261	安穩	隱	穩	同義	《受部》晉	160 下
262	向前拿取，進取	叚	敢	異體	《受部》叡	161 上
263	枯萎	殘	萎	本通	《歺部》殘	161 下
264	枯萎	菸	蔫	同義	《歺部》殘	161 下
265	胎兒死在腹中	牘	殰	異體	《歺部》殰	161 下
266	死亡	殂	徂	同義	《歺部》殂	162 上
267	腐臭，臭氣	殠	臭	同義	《歺部》殠	163 上
268	潰爛	殨	潰	本通	《歺部》殨	163 上
269	腐朽	歺	朽	異體	《歺部》歺	163 上
270	殘餘	奻（殘）	殘	本通	《歺部》殘	163 下
					《田部》畸	695 下
271	豐厚，美好	殄	腆	假後	《歺部》殄	163 下
272	極盡，窮盡	單	殫	假後	《歺部》殫	163 下
273	敗壞	殬	斁	本通	《歺部》殬	163 下
274	肢解，分裂肢體	茈	辜	異體	《歺部》殆	164 上

207

續表

序號	義項	古字	今字	字際關係	所屬《説文》條目	《段注》頁碼
275	疑惑	或	惑	假後	《死部》歾	164 下
					《心部》惑	511 上
276	果核，内核	覈	核	本通	《死部》骨	164 下
					《木部》核	262 下
					《疒部》瘶	351 上
277	皮膚	臚	膚	異體	《肉部》臚	167 下
278	大腿	脾	髀	假後	《肉部》脾	168 下
279	腋下	亦	腋	古重	《肉部》胳	169 下
					《亦部》亦	493 下
280	凹下	凹	坳	異體	《肉部》胅	172 上
281	凹下	窊	坳	異體	《肉部》胅	172 上
282	凸出	凸	突	本通	《肉部》胅	172 上
283	乾肉	昔	腊	異體	《肉部》膴	174 下
284	不熟的肉	胜	腥	本通	《肉部》腥	175 下
285	凝結	冰	凝	古重	《肉部》膩	176 上
					《仌部》冰	570 下
286	醃製	腌	淹	本通	《肉部》腌	176 下
287	筋腱	笏	腱	異體	《筋部》笏	178 上
288	刀劍刃	劄	劖	異體	《刀部》劋（劋）	178 上
289	齊斷	薊	剪	古重	《刀部》薊	178 下
290	行列	烈	列	假後	《刀部》列	180 上
291	破開	副	劈	同義	《刀部》劈	180 上
292	藥劑	齊	劑	源分	《刀部》劑	181 上

續表

序號	義項	古字	今字	字際關係	所屬《説文》條目	《段注》頁碼
293	刮摩	刉	刮	異體	《刀部》刮	181 上
294	制裁，裁决	折	制	假後	《刀部》制	182 上
295	缺點，缺口	刮	玷	異體	《刀部》刮	182 上
296	割鼻子	劓	劓	異體	《刀部》劓	182 上
297	減少，減損	劀	摶	異體	《刀部》劀	182 下
298	雕刻	契	栔	假後	《㓞部》栔	183 下
					《手部》挈	596 下
299	枝柯，樹的枝丫	挌	格	本通	《耒部》挌	183 下
300	農具，耒的下端	枱	耜	異體	《耒部》耒	183 下
					《木部》枱	259 上
301	耕種	耤	藉	本通	《耒部》耤	184 上
302	除田間雜草	耒賴	耘	異體	《耒部》耒賴	184 上
303	除田間雜草	耤	耘	異體	《耒部》耒賴	184 上
304	門的欄木，門前的木栅欄	衡	横	假後	《角部》衡	186 上
					《木部》横	268 上
305	一種飲酒器	觖	觚	異體	《角部》觶	187 上
306	小竹	筱	篠	異體	《竹部》筱	189 上
307	竹子名	薇	箇	異體	《竹部》薇	189 下
308	竹笋，竹的嫩芽	笋	笋	異體	《竹部》笋	189 下
309	參差不齊	篸	參	本通	《竹部》篸	190 上
310	簡牘	箝	簿	異體	《竹部》箝	190 下
311	梳子，篦子	比	篦	同義	《竹部》笓	191 下
					《髟部》髲	427 上

續表

序號	義項	古字	今字	字際關係	所屬《説文》條目	《段注》頁碼
312	竹簾	薄	箔	假後	《竹部》簾	191 下
313	窄迫，逼窄	笮	窄	異體	《竹部》笮	191 下
					《𡿨部》孱	744 上
314	篩子	籭	簁	本通	《竹部》籭	192 上
					《竹部》簁	193 上
315	淘米的器具	籔	藪	本通	《竹部》籔	192 下
316	篩子	簛	簁	異體	《竹部》簁	193 上
317	籠絡	筡	絡	同義	《竹部》筡	193 上
318	古代盛食物的一種器具	軌	簋	假後	《竹部》簋	193 下
319	古代盛食物的一種器具	九	簋	假後	《竹部》簋	193 下
320	喂牛的圓筐	篆	筥	同義	《竹部》篆	195 上
321	馬鞭	箠	檛	異體	《竹部》箠	196 上
322	馬鞭	箠	簻	異體	《竹部》箠	196 上
323	笛子	篴	笛	異體	《竹部》笛	197 下
324	第三人稱代詞；指示代詞	丌	其	假假	《丌部》丌	199 下
325	供給設置	畀	巽	異體	《丌部》畀	200 上
326	供給設置；卦名	顨	畀	異體	《丌部》顨	200 上
327	規矩，用以矯正的尺子	巨	矩	異體	《工部》巨	201 上
328	極巧地視察	㠭	展	本通	《㠭部》㠭	201 下

續表

序號	義項	古字	今字	字際關係	所屬《說文》條目	《段注》頁碼
329	展布，陳列	㞡	展	假假	《㞡部》㞡	201 下
330	飽足，厭倦	猒	厭	本通	《甘部》猒（猒）	202 上
331	意思，意旨	恉	旨	本通	《旨部》旨	202 下
					《心部》恉	502 下
332	忽然	曶（昌、曶、曶）	忽	本通	《曰部》曶	202 下
					《木部》楂	251 上
333	古代君臣朝會時手中所拿的狹長板子	曶	笏	古重	《曰部》曶	202 下
334	原告和被告	遭	曹	假後	《曰部》曹	203 上
335	原告和被告	造	曹	假後	《曰部》曹	203 上
336	安寧	寍	寧	本通	《丂部》寧	203 下
					《宀部》寍	339 上
337	偶數	耦	偶	本通	《可部》奇	204 上
					《人部》偶	383 上
338	呼號	号	號	同義	《号部》号	204 下
339	想要，喜好	憙	喜	同義	《心部》憙	205 上
340	豎立	尌	樹	同義	《壴部》尌	205 上
					《人部》侸	373 下
341	伏羲	虑	伏	假假	《虍部》虑	209 上
342	黑虎	篪	䖈	異體	《虎部》䖈	210 下
343	猫	苗	貓	假後	《虎部》虦	210 下

序號	義項	古字	今字	字際關係	所屬《説文》條目	《段注》頁碼
344	用於祭祀的黍稷	齍	粢	異體	《皿部》齍	211 下
					《㐭部》㐭	230 上
					《禾部》齋	322 上
345	和諧	盉	和	同義	《皿部》盉	212 下
346	大丘；村落；廢墟	虛	墟	源分	《皿部》盅	212 下
					《邑部》郭	298 下
					《丘部》虛	386 下
347	器物中空	盅	沖	本通	《皿部》盅	212 下
348	憂愁	卹	恤	異體	《血部》卹	214 下
349	覆蓋	盍	蓋	同義	《血部》盍	214 下
350	主人；主意	丶	主	本通	《丶部》主	214 下
351	燈盞	主	炷	古重	《丶部》主	214 下
352	刑罰	荆	刑	同義	《井部》㓝（荆）	216 上
353	黑黍	鬯	秬	異體	《鬯部》鬯	218 上
354	迅疾	敻	駛	古重	《鬯部》敻	218 上
355	米熬煮後漲開肥大的樣子	張	餦	假後	《會部》饊	219 上
356	米熬煮後漲開肥大的樣子	皇	餭	假後	《會部》饊	219 上
357	飯，食物	飯	餅	源分	《會部》飯	220 上
358	飯，食物	餅	餠	異體	《會部》飯	220 上
359	饋贈食物	饋	餽	本通	《會部》饋	220 下

序號	義項	古字	今字	字際關係	所屬《説文》條目	《段注》頁碼
360	安逸無事地飲宴	餙	飫	異體	《皀部》餙	221 上
361	安穩，安定	妥	綏	本通	《皀部》餒	222 上
362	裨益，益處	韠	裨	同義	《會部》韠	223 下
					《人部》俾	376 下
363	日月相會	曟	辰	同義	《會部》曟	223 下
364	完全，完整	仝	全	異體	《入部》仝	224 上
365	製作瓦器	匋	陶	本通	《缶部》匋	224 下
366	城郭，外城	亭	郭	本通	《亯部》亭（亭）	228 下
					《邑部》郭	298 下
367	輪廓	亭	廓	源分	《亯部》亭（亭）	228 下
368	進獻神明；烹飪	亯	亨	異體	《亯部》亯	229 上
369	進獻神明	亯	享	異體	《亯部》亯	229 上
370	烹飪	亯	烹	古重	《亯部》亯	229 上
371	成熟	臺	純	本通	《亯部》臺	229 下
372	成熟	臺	醇	本通	《亯部》臺	229 下
373	厚實	管	篤	本通	《亯部》管	229 下
374	厚實	竺	篤	本通	《亯部》管	229 下
					《二部》竺	681 下
375	用	亯	庸	異體	《亯部》亯	229 下
376	逼仄，逼迫	畐	偪	異體	《畗部》畐	230 上
377	逼仄，逼迫	畐	逼	異體	《畗部》畐	230 上

續表

序號	義項	古字	今字	字際關係	所屬《説文》條目	《段注》頁碼
378	拖鞋	躧	屣	異體	《夊部》夊	232下
379	越過，跨越	夌	淩	本通	《夊部》夌	232下
380	越過，跨越	夌	凌	本通	《夊部》夌	232下
381	侵犯，干犯	夌	陵	本通	《夊部》夌	232下
382	從容不迫地行走	憂	優	古重	《夊部》憂	233上
383	仁愛	㤅	愛	本通	《夊部》愛（愛）	233上
384	車軸端	軎	轊	異體	《舛部》舝	234上
385	違背	韋	違	同義	《韋部》韋	234下
386	幫貼	貼	帖	源分	《韋部》韍	235下
387	絲織品名	段	緞	假假	《韋部》韍	235下
388	鋒刃，兵器的尖端	夆	鏠	假後	《夊部》夆	237上
389	山峰	夆	峯	假後	《夊部》夆 《金部》鏠	237上 711上
390	降服	夅	降	同義	《夊部》夅	237上
391	姑且	夃	姑	假假	《夊部》夃	237上
392	買賣，交易	夃	沽	本通	《夊部》夃	237上
393	藤類植物	縢	藤	古重	《木部》藟	241下
394	一種樹	楮	檍	異體	《木部》楮	242上
395	滿	意	億	本通	《木部》楮	242上
396	薏苡，一種草本植物	蓄	薏	異體	《木部》楮	242上

序號	義項	古字	今字	字際關係	所屬《説文》條目	《段注》頁碼
397	江河名	澹	濇	異體	《木部》檣	242 上
398	安定	億	億	異體	《木部》檣	242 上
399	山樗	柷	栲	異體	《木部》柷	242 下
400	式樣	揲	樣	通通	《木部》樣	243 上
401	繳射，用帶繩子的箭射獵	雉	弋	本通	《木部》代	243 上
402	枹樹	樸	樸	本通	《木部》樸	244 上
403	絡絲的架子	欄	柅	本通	《木部》柅	244 下
404	樗樹	樗	樓	異體	《木部》樗	244 下
405	樺樹	華	樺	源分	《木部》樗	244 下
406	欄樹	欄	棟	異體	《木部》欒	245 下
407	欅樹	柜	欅	異體	《木部》柜	246 上
408	車輪外網	牙	枒	假後	《木部》枒	246 上
409	强韌	刃	韌	假後	《木部》檀	246 下
410	兄弟中排行第一的，最大的	柏	伯	假後	《木部》柏	248 上
					《人部》伯	367 上
411	迫近，逼迫	柏	迫	假後	《木部》柏	248 上
412	机樹	机	橙	異體	《木部》机	248 上
413	梅子	某	梅	本通	《木部》某	248 上
414	樹頂；樹倒下	槙	顛	同義	《木部》槙	249 下
415	長；柔軟	挺	埏	異體	《木部》槤	251 上
416	枯萎	槀	槁	異體	《木部》槀	252 上
417	禾稈	槀	稿	異體	《木部》槀	252 上

序號	義項	古字	今字	字際關係	所屬《説文》條目	《段注》頁碼
418	犒勞	槀	犒	同義	《木部》槀	252 上
419	裂開，拆分	㭎	拆	古重	《木部》柝（㭎）	252 上
420	底下	氐	底	源分	《木部》楮	254 上
421	肩挑，背負	檐	儋	假後	《木部》檐	255 下
					《人部》儋	371 上
422	盾牌	楯	盾	異體	《木部》楯	256 上
423	塗抹	涂	塗	異體	《木部》杇	256 上
424	用以塗抹的工具	杇	釫	異體	《木部》杇	256 上
425	用以塗抹的工具	槾	鏝	異體	《木部》杇	256 上
426	相迎爭鬥	槍	鎗	異體	《木部》槍	256 下
427	便桶，厠所	清	圊	異體	《木部》槭	258 上
					《广部》廁	444 上
428	農具，刺土之器	䥷	耒	同義	《木部》耒	258 下
429	農具，刺土之器	耒	鏵	異體	《木部》耒	258 下
430	農具，刺土之器	斛	鏨	異體	《木部》耒	258 下
					《金部》銚	704 下
					《自部》陜	735 下
431	種植	穜	種	同義	《木部》橃	260 上
432	種植工具	樓	耬	假後	《木部》橃	260 上
433	承接水的器皿	槃	盤	異體	《木部》槃	260 下
434	支撐，架子	柎	趺	異體	《木部》欛	262 上

續表

序號	義項	古字	今字	字際關係	所屬《説文》條目	《段注》頁碼
435	堵塞	雝	壅	假後	《木部》桴	263 上
436	嫁接	椄	接	同義	《木部》椄	264 下
437	灶上使用的火棒	栖	标	異體	《木部》桰	264 下
438	射得準，準確	壇	準	本通	《木部》臬	264 下
439	明亮	旳	的	異體	《木部》臬	264 下
440	箭靶	藝	臬	假後	《木部》臬	264 下
441	充滿	横	枕	假後	《木部》枕	268 下
442	樹木被砍伐後剩下的根部	欁	櫱	異體	《木部》欁	268 下
443	終盡，窮盡，周遍	梱	亘	異體	《木部》梱	270 上
444	手鋯	杻	杻	本通	《木部》杅	270 上
445	表識	楬	揭	本通	《木部》楬	270 下
446	下垂	巫	巫	本通	《巫部》巫	274 下
447	花朵	琴	花	古重	《琴部》琴	274 下
448	漆樹汁，油漆	桼	漆	本通	《桼部》桼	276 上
449	圍繞，周圍	囗	圍	同義	《囗部》囗	276 下
450	圓形	圓	圓	同義	《囗部》圜	277 上
					《囗部》囗	635 下
451	圓形	圓	員	本通	《囗部》圜	277 上
452	圓形	圓	圜	同義	《囗部》圜	277 上
					《囗部》囗	635 下
453	攝取	囡	罨	異體	《囗部》囡	278 上
454	紛紜，多	賑	紜	異體	《員部》賑	279 上

序號	義項	古字	今字	字際關係	所屬《説文》條目	《段注》頁碼
455	紛紜，多	芸	賱	假後	《員部》賱	279 上
456	貨幣，錢幣	泉	錢	本通	《貝部》貝	279 上
					《巾部》布	362 上
457	細碎，瑣屑	貟	瑣	同義	《貝部》貟	279 下
458	財物	悔	賄	假後	《貝部》賄	279 下
459	資財	賵	貨	異體	《貝部》賵	279 下
460	奔跑	賁	奔	假後	《貝部》賁	279 下
461	讚美	賀	嘉	假後	《貝部》賀	280 上
462	差錯	貣	忒	假後	《貝部》貣	280 上
463	積存	宁	貯	古重	《貝部》貯	281 上
					《宁部》宁	737 下
464	債務	責	債	源分	《貝部》責	281 下
465	商人；商業	賈	商	通通	《貝部》賈	282 上
466	價格	賈	價	源分	《貝部》賤	282 上
					《人部》儥	378 上
467	傭	庸	傭	同義	《貝部》賃	282 下
468	徭役	繇	傜	本通	《貝部》貲	282 下
469	邊走邊賣	賣（賣）	鬻	本通	《貝部》賣	282 下
					《人部》儥	374 下
470	相見	儥	覿	異體	《貝部》賣	282 下
					《人部》儥	374 下
471	輕薄淺陋	啚	鄙	同義	《邑部》鄙	284 上
472	有窮國	竆	窮	本通	《邑部》竆	284 下

續表

序號	義項	古字	今字	字際關係	所屬《説文》條目	《段注》頁碼
473	黄帝後代的封地	鄭	薊	本通	《邑部》鄭	284 下
					《邑部》扈	286 上
474	地名	邰	釐	本通	《邑部》鄭	284 下
					《邑部》邰	285 上
					《邑部》扈	286 上
475	地名	酆	穰	本通	《邑部》鄭	284 下
					《邑部》邯	294 下
476	地名	邠	豳	異體	《邑部》邠	285 下
477	夏后氏同姓所封之地	扈	鄠	異體	《邑部》扈	286 上
478	亭名	屠	酈	假後	《邑部》酈	287 上
479	姓	邳	裴	本通	《邑部》邳	289 上
480	地名，趙地常山郡之井陘縣	邢	井	本通	《邑部》邢	290 上
481	地名，潁川許縣	鄦	許	本通	《邑部》鄦（鄦）	290 下
482	地名，潁川許縣	鄦	許	本通	《邑部》鄦（鄦）	290 下
483	地名	鄘	庸	本通	《邑部》鄘	293 下
484	地名	丹	邯	假後	《邑部》邯	294 上
485	地名	邡	沛	本通	《邑部》邡	294 下
486	地名	郎	息	本通	《邑部》郎	294 下
487	地名	耒	未	本通	《邑部》郎	294 下
488	沛國縣名	酇	鄼	異體	《邑部》酇	294 下

序號	義項	古字	今字	字際關係	所屬《説文》條目	《段注》頁碼
489	地名；國名	鄒	驟	本通	《邑部》鄒	296 上
490	地名；國名	郱	詩	本通	《邑部》郱	296 下
491	魯國孟氏的城邑	郕	成	本通	《邑部》郕	296 下
492	國名	郗	奄	本通	《邑部》郗	296 下
493	國名	鄲	譚	本通	《邑部》鄲	299 上
					《米部》糧	332 下
494	鄉黨	黨	鄘	通通	《邑部》鄘	299 下
495	朝向；嚮往，歸向	鄉	向	假假	《䭫部》䭫	300 下
					《人部》偭	376 上
					《衣部》衺	388 下
					《門部》闞	589 下
					《弓部》弙	641 上
496	巷子，巷道	巷	巷	異體	《䭫部》䭫	301 上
497	天快亮的時候	晤	曙	異體	《日部》晤	302 下
498	晴朗	星	晴	同義	《日部》晏	304 上
499	影子	景	影	源分	《日部》暑	305 上
500	從前，以往	嚮	向	本通	《日部》嚮	306 上
501	微妙	散	微	本通	《日部》㬎	307 上
					《人部》散	374 上
502	熟悉；輕慢	褺	褻	同義	《日部》褺	308 上
503	完備	晐	該	本通	《日部》晐	308 上
504	完備	晐	賅	異體	《日部》晐	308 上
505	大，遍及	溥	普	本通	《日部》普	308 上

序號	義項	古字	今字	字際關係	所屬《説文》條目	《段注》頁碼
506	偃蹇，人名用字	㪔	偃	本通	《放部》㪔	308 下
507	飄動	旚	飄	本通	《放部》旚	311 上
508	搖動	䍃	搖	假後	《放部》旚	311 上
					《禾部》秢	325 上
					《水部》沖	547 下
509	旗上的裝飾	旛	旛	異體	《放部》旇	311 下
510	箭頭的接縫	族	鏃	古重	《放部》族	312 上
					《金部》鏃	714 上
511	星名；數字三；參差	曑	參	異體	《晶部》曑	313 上
512	星名	曟	晨	異體	《晶部》曟	313 上
513	明亮	朖	朗	異體	《月部》朗	313 下
514	牢籠	龓	籠	同義	《有部》龓	314 上
515	明亮；忙碌	莔	忙	異體	《朙部》朙	314 下
516	明亮；忙碌	莔	茫	本通	《朙部》朙	314 下
517	盟會	盟	盟	異體	《囧部》盟	314 下
518	明亮	朙	明	異體	《囧部》盟	314 下
519	睡醒；做夢	瘮	夢	同義	《夕部》夢	315 上
					《瘮部》瘮	347 上
520	節制	卩	節	同義	《夕部》夗	315 上
521	晴朗	姓	晴	同義	《夕部》姓	315 下
522	晴朗	暒	晴	同義	《夕部》姓	315 下
523	晴朗	精	晴	假後	《夕部》姓	315 下

序號	義項	古字	今字	字際關係	所屬《説文》條目	《段注》頁碼
524	貫穿	毌	貫	同義	《毌部》毌	316 上
					《心部》患	514 上
					《手部》擐	605 上
525	鋒芒	芒	鋩	源分	《束部》束	318 上
526	尖刺	束	刺	同義	《束部》束	318 上
527	木板	版	板	異體	《爿部》版	318 上
528	稚嫩	稺	稚	異體	《禾部》稙	321 上
					《禾部》稺	321 上
529	先種後熟	種	稑	同義	《禾部》種	321 上
530	細緻, 緻密	致	緻	源分	《禾部》積	321 下
					《見部》覾	408 上
					《糸部》緊	649 上
					《素部》素（繛）	662 下
531	個人的, 暗地裏的, 與公相對	厶	私	本通	《禾部》私	321 下
					《厶部》厶	436 下
532	稷	粢	粲	本通	《禾部》齋	322 上
533	外殼	殼	殼	異體	《禾部》穀	326 下
534	周期	稘	期	本通	《禾部》稘	328 下
535	粟米的重量單位	糒	糩	異體	《米部》糒	331 上
536	牡蠣	蠣	蠣	異體	《米部》糒	331 上
537	雜飯	餌	糅	異體	《米部》粗	333 上
538	雜飯	粗	糅	異體	《米部》粗	333 上

序號	義項	古字	今字	字際關係	所屬《説文》條目	《段注》頁碼
539	舂麥	臿	䵂	異體	《臼部》臿	334 下
540	豆類	尗	菽	古重	《尗部》尗	336 上
541	發端	耑	端	本通	《耑部》耑	336 下
542	寂静	宋	寂	異體	《宀部》宋	339 下
543	容貌	頌	容	本通	《宀部》容	340 上
					《兒部》兒	406 上
					《頁部》頌	416 上
544	睡卧	寑	寢	同義	《宀部》寑	340 下
545	迅速，迅疾	㨷	寁	假後	《宀部》寁	341 上
546	做飯的灶台	竈	竈	異體	《穴部》竈	343 下
547	燒瓦的窯灶	匋	窯	同義	《穴部》窯	344 上
548	深，與淺相對	突	深	本通	《穴部》突	344 上
					《心部》愻	505 下
549	深，與淺相對	突	濬	本通	《穴部》突	344 上
550	深，與淺相對	罙	深	本通	《穴部》突	344 上
551	病卧	癮	寢	異體	《寢部》癮	347 下
552	癲狂	瘨	顛	本通	《疒部》瘨	348 下
553	脹滿	張	脹	假後	《疒部》瘨	348 下
554	毛病，缺點	玼	疵	假後	《疒部》疵	348 下
555	癢	癢	痒	本通	《疒部》痒	349 上
556	瘦	瘃	瘦	異體	《疒部》瘃	351 下
557	吹起	欰	欱	異體	《疒部》疢	352 上

序號	義項	古字	今字	字際關係	所屬《説文》條目	《段注》頁碼
558	頭衣，帽子	冃	帽	異體	《冃部》冃	353 下
559	兩，二	㒳	兩	本通	《㒳部》㒳	354 下
560	釣絲，魚綫	緡	罠	異體	《网部》罠	356 上
561	馬絡頭	䩭	羈	異體	《网部》羈	356 下
562	頸項，領子	衿	領	異體	《巾部》帣	358 上
563	下裙	常	裳	異體	《巾部》常	358 下
564	標識，標榜	幖	標	本通	《巾部》幖	359 下
565	拂拭，擦拭	揩	扐	古重	《巾部》幱	361 下
					《手部》揩	601 上
566	拂拭，擦拭	擱	扐	異體	《巾部》幱	361 下
					《手部》揩	601 上
567	白皙	晢	皙	異體	《白部》晢	363 下
568	恇忪	佂	恇	假後	《人部》忪	367 下
569	恇忪	伀	忪	假後	《人部》忪	367 下
570	等待	俟	俟	本通	《人部》俟	369 上
571	勇壯	仡	仡	異體	《人部》仡（仡）	369 下
572	引導，儐相	儐	擯	同義	《人部》儐	371 下
573	豎立	侸	樹	同義	《人部》侸	373 下
574	豎立	倲	樹	同義	《人部》侸	373 下
575	豎立	豎	樹	同義	《人部》侸	373 下
576	稱量，稱	稱	秤	古重	《人部》偁	373 下

續表

序號	義項	古字	今字	字際關係	所屬《説文》條目	《段注》頁碼
577	伺探，伺候	司	伺	源分	《人部》俟	374 下
					《人部》伏	381 下
					《見部》瞵	408 下
					《見部》䙾	410 上
					《頁部》顙	421 上
					《司部》司	429 下
					《豸部》豸	457 上
					《狀部》獄	478 上
					《卒部》睪	496 上
578	才能	纔	材	通通	《人部》僅	374 下
579	式樣	像	樣	本通	《人部》像	375 上
580	面向，面對	面	偭	源分	《人部》偭	376 上
581	裨益，益處	埤	裨	同義	《人部》俾	376 下
582	裨益，益處	俾	裨	同義	《人部》俾	376 下
583	迅疾	使	駛	同義	《人部》使	376 下
584	酷烈，猛烈	㹴	駛	古重	《人部》使	376 下
585	送嫁、陪嫁的人	伕	媵	異體	《人部》伕（侟）	377 上
586	屈伸，伸長	申（申）	伸	同義	《人部》伸	377 下
					《尾部》屈	402 上
					《申部》申	746 下
587	笨拙	伹	粗	本通	《人部》伹	377 下

225

序號	義項	古字	今字	字際關係	所屬《說文》條目	《段注》頁碼
588	伴侶；同類，同輩	儔	儔	本通	《人部》儔	378 上
					《鬼部》醜	436 上
589	障蔽	廱	壅	同義	《人部》佈	378 下
590	偷薄，不敦厚；苟且；偷盜	愉	偷	源分	《人部》佻	379 上
591	摻和	傝	攙	異體	《人部》傝	380 上
592	疲乏，疲憊	憍	憊	異體	《人部》侉	381 上
593	祖露，露出身體的一部分	但	袒	本通	《人部》但	382 上
					《衣部》袒	395 下
594	姑且	僇	聊	本通	《人部》僇	382 下
595	懷孕	身	身	古重	《人部》身	383 下
596	神仙	僊	仙	異體	《人部》僊（僊）	383 下
597	神仙	僊	仙	異體	《人部》僊（僊）	383 下
598	兌換	倒	兌	本通	《人部》倒	384 上
599	變化	匕	化	同義	《匕部》匕	384 上
					《匕部》化	384 下
600	顛倒	到	倒	假後	《匕部》匕	384 上
					《尾部》尾	402 上
					《県部》県	423 下
					《厸部》厶	744 上
601	傾斜	頃	傾	古重	《匕部》頃	385 上

序號	義項	古字	今字	字際關係	所屬《説文》條目	《段注》頁碼
602	仰望	卬	仰	同義	《匕部》卬	385下
603	跟從，順從，從屬	从	從	同義	《从部》从	386上
604	昆侖，地名	昆	崑	假後	《丘部》虚	386下
605	昆侖，地名	侖	崙	假後	《丘部》虚	386下
606	月滿，月圓	朢	望	本通	《壬部》朢	387下
607	沈水，沈州	𧞃	沈	異體	《衣部》𧞃	388下
					《水部》沈	527下
608	交領	衿	袷	異體	《衣部》襘	390下
609	懷抱	褱	抱	同義	《衣部》褱	392下
					《手部》捊	600上
610	懷抱	褱	懷	本通	《衣部》褱	392下
611	腋下夾物	夾	挾	同義	《衣部》裹	392下
612	開拓	祐	拓	古重	《衣部》祐	392下
613	套褲	騫	褰	本通	《衣部》褰	393上
614	怪誕，乖僻	蕶	回	本通	《衣部》袤	396下
615	怪誕，乖僻	袤	邪	本通	《衣部》袤	396下
616	年老	耉	耊	異體	《老部》耉	398上
617	九十歲	薹	耄	異體	《老部》薹	398上
618	開始	才	纔	本通	《老部》𦒴	398下
					《雨部》霽	572下
					《糸部》纔	651下
619	長壽	佐	𦒿	異體	《老部》壽	398下

序號	義項	古字	今字	字際關係	所屬《説文》條目	《段注》頁碼
620	蹲踞	居	踞	古重	《尸部》居	399 下
					《几部》几	715 下
621	居處	凥	居	本通	《尸部》居	399 下
					《几部》几	715 下
622	行動不便；至，到	艘	屆	同義	《尸部》屆	400 上
623	棲息，休歇	屖	栖	異體	《尸部》屖	400 下
624	屍體	屍	尸	本通	《尸部》屍	400 下
625	尾巴	㞑	尾	異體	《尾部》尾	402 上
626	連屬；種屬	豬	屬	異體	《尾部》屬	402 上
627	彎曲，縮短	詘	屈	本通	《尾部》屈	402 上
					《大部》奄	492 下
					《糸部》紌	646 上
					《申部》申	746 下
628	履歷	厤	歷	同義	《履部》厤	402 下
629	簪子	先	簪	異體	《先部》先	405 下
630	容貌	皃	貌	異體	《兒部》皃	406 上
631	帽子	覍	弁	異體	《兒部》覍	406 上
632	頹喪，有病的樣子	積	頹	異體	《禿部》積	407 上
633	顯示	視	示	同義	《見部》視	407 下
634	行走而有所得	尋	得	異體	《見部》尋	408 上
635	明亮	㬎	顯	同義	《見部》題	408 上
					《頁部》顯	422 上

續表

序號	義項	古字	今字	字際關係	所屬《説文》條目	《段注》頁碼
636	窺伺	覘	狙	本通	《見部》覘	408 上
637	吉祥而免去災禍	欹	冀	本通	《欠部》欹	411 上
638	吉祥而免去災禍	覬	冀	本通	《欠部》欹	411 上
639	嗤笑，戲笑	欽	嗤	異體	《欠部》欽	412 上
640	口渴	歠	渴	同義	《欠部》歠	412 下
					《水部》渴	559 下
641	水枯竭	渴	竭	本通	《欠部》歠	412 下
					《水部》渴	559 下
642	飲食氣逆，呼吸不暢	炁	先	異體	《旡部》旡	414 下
643	頭	百	旨	異體	《頁部》頁	415 下
					《首部》首（旨）	423 上
644	稽首，跪拜禮	覓	稽	本通	《頁部》頁	415 下
645	稽首，跪拜禮	䭫（䭫）	稽	本通	《頁部》頁	415 下
646	額頭	頟	額	異體	《頁部》頟	416 下
647	顴骨，頰間骨	權	顴	假後	《頁部》䪼	416 下
648	没入水中	旻	没	同義	《頁部》頢（頢）	418 下
649	没入水中	頭	没	同義	《頁部》頢（頢）	418 下
650	低頭，低下	頫	俯	異體	《頁部》頫	419 下
651	低頭，低下	頫	俛	異體	《頁部》頫	419 下
652	偏頗，不正	陂	頗	同義	《頁部》頗	421 上

續表

序號	義項	古字	今字	字際關係	所屬《説文》條目	《段注》頁碼
653	寒顫，顫抖	頊	頒	異體	《頁部》頒	421 上
654	寒顫，顫抖	疢	疕	異體	《頁部》頒	421 上
655	類似	頪	類	同義	《頁部》頪	421 下
656	憔悴	醮	憔	異體	《頁部》顦	421 下
657	憔悴	顦	悴	同義	《頁部》顦	421 下
658	面部柔和	脜	柔	同義	《百部》脜	422 下
659	文章，文采	彣	文	同義	《彡部》彰	424 下
660	文章，文采	彰	章	本通	《彡部》彰	424 下
661	雕琢玉石	瑂	彫	同義	《彡部》彫	424 下
662	雕琢玉石	瑂	雕	本通	《彡部》彫	424 下
663	細緻的花紋，精美	曑	穆	本通	《彡部》曑	425 上
664	斑駁	辡	斑	異體	《文部》辬	425 下
665	斑駁	辡	班	本通	《文部》辬	425 下
666	毫釐	嫠	釐	本通	《文部》嫠	425 下
667	馬頸上的長毛	鬃	鬣	異體	《髟部》鬣	427 下
668	剃頭髮	鬎	剔	異體	《髟部》鬎	428 上
669	髮釵	擿	剔	本通	《髟部》鬎	428 上
670	治理	燮	乂	同義	《辟部》燮	432 下
671	包裹	勹	包	同義	《勹部》勹	432 下
672	聚集	勼	鳩	本通	《勹部》勼	433 上
673	包覆；生育	勹	抱	同義	《勹部》勹	433 下
674	胸	匈	智	古重	《勹部》匈	433 下
675	周遍，遍及	匊	周	同義	《勹部》匊	433 下

序號	義項	古字	今字	字際關係	所屬《説文》條目	《段注》頁碼
676	周遍，遍及	匊	週	同義	《勹部》匊	433 下
677	重複	復	複	同義	《勹部》復	433 下
678	重複	夏	復	異體	《勹部》復	433 下
679	魂魄	覓	魂	異體	《鬼部》覓	435 上
680	呼叫	麹	誘	異體	《厶部》麹	436 下
681	呼叫	羑	麹	古重	《厶部》麹	436 下
682	高大的山，五嶽	嶽	岳	異體	《山部》嶽	437 下
683	高峻	陵	峻	異體	《山部》陵	440 上
684	極其高	棧	巉	異體	《山部》棧	440 上
685	高峻的樣子	崝	崢	異體	《山部》崝	441 上
686	高大	佳	崔	假後	《山部》崔	441 下
687	會稽山	盍	塗	本通	《屾部》盍	441 下
688	廣闊，廣大	庨	佟	本通	《广部》庨	444 下
689	窄小	廉	斂	同義	《广部》庨	444 下
690	敞開的屋子	庇	秅	異體	《广部》庇	444 下
691	阻礙	庢	窒	同義	《广部》庢	445 上
692	駐扎，停止	茇	廢	同義	《广部》廢	445 上
693	勤勞，勞累	廑	勤	假後	《广部》廑	446 上
694	勤勞，勞累	厪	勤	假後	《广部》廑	446 上
695	僅能，祇能	廑	僅	同義	《广部》廑	446 上
696	空虛	廫	寥	異體	《广部》廫	446 上
697	精細的磨刀石	厎	砥	異體	《厂部》厎	446 下
698	仄，窄	厤	偪	同義	《厂部》厤	448 上

續表

序號	義項	古字	今字	字際關係	所屬《説文》條目	《段注》頁碼
699	壓迫	厭	壓	古重	《厂部》厭	448上
700	不正，傾側	佹	攲	異體	《危部》佹	448下
701	不正，傾側	佹	欹	異體	《危部》佹	448下
702	多石，貧瘠	确	埆	異體	《石部》确	451下
703	堅硬	确	確	異體	《石部》确	451下
704	石製樂器	硜	磬	古重	《石部》磬	451下
705	摘取，挑出	晢	擿	同義	《石部》晢	452上
706	石磨	礳	磨	異體	《石部》礳	452下
707	久長	镾	彌	本通	《長部》镾	453下
708	鳥類用嘴叩擊吃東西	啄	啄	異體	《豖部》豖	454下
709	雕刻玉石	琢	琢	異體	《豖部》豖	454下
710	蟲蚣食樹木	蠡	蠡	異體	《豖部》豖	454下
					《心部》㦟	511下
711	像狐狸，喜歡睡覺的野獸	貈	貉	本通	《豸部》貈	458上
					《水部》涸	559下
712	北方與豸獸共處的種族	貉	貊	古重	《豸部》貈	458上
					《水部》涸	559下
713	狖，像獼猴的一種動物	蜼	狖	異體	《豸部》狖	458下
714	如野牛的一種野獸	㺎	兕	異體	《嵒部》㺎	458下
715	蜥蜴	易	蜴	古重	《易部》易	459上
716	公馬	陟	隲	假後	《馬部》隲	460下

續表

序號	義項	古字	今字	字際關係	所屬《説文》條目	《段注》頁碼
717	蝦	鰕	蝦	本通	《馬部》騢	461 下
					《魚部》鰕	580 下
718	驗證，效驗，徵兆	譣	驗	本通	《馬部》驗	464 上
719	附近	駙	附	本通	《馬部》駙	465 下
720	附近	駙	傅	本通	《馬部》駙	465 下
721	輕輕擊打	攴	扑	異體	《馬部》驅	466 下
722	快馬飛奔	駃	軼	本通	《馬部》駃	467 上
723	俊逸	駃	逸	同義	《馬部》駃	467 上
724	騾子	贏	騾	異體	《馬部》贏	469 上
725	魯莽	麤	粗	本通	《麤部》麤	472 上
726	迅疾	㲋	趧	異體	《兔部》㲋	472 下
727	迅疾	趧	赴	異體	《兔部》㲋	472 下
728	母猴	夒	獿	異體	《犬部》獿	474 上
729	母猴	夒	猱	異體	《犬部》獿	474 上
730	很，程度高	很	狠	本通	《犬部》狠	474 上
731	畏懼	犺	怯	異體	《犬部》犺	475 上
732	迅疾；急躁	獧	狷	異體	《犬部》獧	475 上
733	圖謀	猶	猷	古重	《犬部》猶	477 上
734	黄柏	檗	柏	本通	《犬部》狛	477 下
735	伺察	獄	伺	同義	《㹜部》獄	478 上
736	伺察	獄	覗	同義	《㹜部》獄	478 上
737	蒸煮，用火使熟	炰	炰	異體	《火部》炮	482 下
738	光焰	爓	燄	同義	《火部》爓	485 下

續表

序號	義項	古字	今字	字際關係	所屬《説文》條目	《段注》頁碼
739	温暖	煗	煖	同義	《火部》煗	486 上
740	不明亮，晦暗，不新鮮	黭	曬	古重	《黑部》黭	488 下
741	癡呆，憨傻	黰	憨	異體	《黑部》黰	489 下
742	宗廟祭祀中用火烤熟的肉	燔	膰	異體	《炙部》燔	491 上
743	宗廟祭祀中用火烤熟的肉	燔	燔	同義	《炙部》燔	491 上
744	伸展	信	申	假後	《大部》奄	492 下
745	大	查	桓	本通	《大部》查	492 下
746	跛脚	尳	跛	異體	《尢部》尳	495 上
747	伺察，伺探	睪（罪）	睪	異體	《卒部》睪	496 上
748	捕捉罪犯	執（𡙕）	執	異體	《卒部》執	496 下
749	拘留罪犯的牢獄	盩	圉	異體	《卒部》圉	496 下
750	牽拉撲打	盩	盩	異體	《卒部》盩	496 下
751	判決罪人	䪉	報	異體	《卒部》報	496 下
752	服罪，按照其罪行判決	𠬝	服	本通	《卒部》報	496 下
753	站着等待	頿	需	異體	《立部》頿	500 下
754	站着等待	頿	須	本通	《立部》頿	500 下
755	顱骨會合處	囟（𠃈）	囟	異體	《囟部》囟	501 上
756	記録；認識，知道；旗幟	志	識	源分	《心部》志	502 上
757	記憶	意	憶	源分	《心部》意	502 上

續表

序號	義項	古字	今字	字際關係	所屬《説文》條目	《段注》頁碼
758	意思，意旨	恉	指	本通	《心部》恉	502 下
759	痛快	懕	愜	異體	《心部》懕	502 下
760	遲鈍，遲緩	憧	重	同義	《心部》憧	503 上
761	渾厚，厚重	惲	渾	本通	《心部》惲	503 上
762	敦厚	憞	敦	本通	《心部》惇（憞）	503 上
763	聰慧	憭	了	本通	《心部》憭	503 下
764	順從	愻	遜	本通	《心部》愻	504 下
765	恭敬	窓	恪	異體	《心部》窓	505 下
766	猶豫不決	簹	蹐	異體	《心部》簹	506 下
767	猶豫不決	躊	躇	異體	《心部》簹	506 下
768	勉力	恓	勔	異體	《心部》恓	506 下
769	勉力	恓	蠠	本通	《心部》恓	506 下
770	勉力	恓	蠠	本通	《心部》恓	506 下
771	勉力	恓	蜜	本通	《心部》恓	506 下
772	勉力	恓	密	本通	《心部》恓	506 下
773	勉力	恓	黽	本通	《心部》恓	506 下
774	勉力	恓	俹	異體	《心部》恓	506 下
775	貪欲	嘾	憛	異體	《心部》念	509 上
776	貪欲	念	悰	異體	《心部》念	509 上
777	心静	憪	閒	本通	《心部》憪	509 上
778	不敬	惰	惰	異體	《心部》惰	509 下
779	無憂無愁	忩	愬	異體	《心部》忩	510 上

序號	義項	古字	今字	字際關係	所屬《説文》條目	《段注》頁碼
780	忘記	冒	忽	假後	《心部》忽	510 上
781	嘲謔，誇語	悝	詼	異體	《心部》悝	510 上
782	變化	愧	詭	本通	《心部》愧	510 下
783	懷疑，嫌疑	慊	嫌	異體	《心部》慊	511 上
784	怨恨	憿	憿	異體	《心部》憿	511 下
785	花蕊	蕊	蘂	源分	《蕊部》蕊	515 下
786	花蕊	蕊	蘂	源分	《蕊部》蕊	515 下
787	㳂水，河流名	㳂	㳂	異體	《水部》㳂	518 上
788	温和，温柔，温暖	盈	温	本通	《水部》温	519 上
789	溺水	伏	溺	本通	《水部》溺	520 下
					《水部》伏	557 上
790	小便	屎	溺	本通	《水部》溺	520 下
791	邦國	或	國	古重	《水部》漢	522 下
					《戈部》或	631 上
792	霸水，河流名	霸	灞	假後	《水部》滻	524 上
793	沇水，沇州	沇	兖	異體	《水部》沇	527 下
794	汨水，河流名	潿	汨	異體	《水部》潿	529 下
795	漸漸，漸進	趣	漸	本通	《水部》漸	531 上
796	洇水，河流名	洇	細	本通	《水部》洇	533 下
797	齊魯間河流名	濼	泊	本通	《水部》濼	535 下
798	潔净	瀞	净	本通	《水部》净	536 上
					《水部》瀞	560 下
799	鉅定，地名	定	淀	假後	《水部》洋	538 下

續表

序號	義項	古字	今字	字際關係	所屬《説文》條目	《段注》頁碼
800	水中的小塊陸地	州	洲	古重	《水部》渚	540 下
801	村莊，地名	保	堡	假後	《水部》浦	543 下
802	淺水	洦	泊	異體	《水部》洦	544 下
803	水流搖動的樣子，蕩漾	漾	瀁	異體	《水部》漾	546 下
804	水流搖動的樣子，蕩漾	瀁	蕩	本通	《水部》漾	546 下
805	深沉，沉没	湛	沈	本通	《水部》淑	550 上
					《水部》湛	556 下
					《水部》没	557 上
806	澄清	澂	澄	異體	《水部》澂	550 上
807	水流動的樣子	潤	浼	本通	《水部》潤	550 下
808	擾亂；治理	淈	汩	同義	《水部》淈	550 下
809	減少	消	省	本通	《水部》消	551 下
810	水的支流	辰	派	異體	《水部》派	553 上
811	滎澤，河流名；滎陽，地名	熒	滎	本通	《水部》滎	553 下
812	小雨	溦	微	同義	《水部》溦	558 上
813	濕	溼	濕	異體	《水部》溼	559 下
814	洗，清除污垢	洒	洗	同義	《水部》洒	563 上
815	飲，喝	瀐	涮	異體	《水部》瀐	563 下
816	洗衣服	瀚	澣	異體	《水部》瀚	564 下
817	房屋漏水	屚	漏	同義	《水部》漏	566 下
					《雨部》屚	573 下

續表

序號	義項	古字	今字	字際關係	所屬《説文》條目	《段注》頁碼
818	水邊	瀕	濱	異體	《水部》瀕	567 下
819	岸邊	厓	涯	異體	《水部》瀕	567 下
820	小水流	甽（畎）	吠	異體	《く部》く	568 上
821	水大的樣子	冥	溟	本通	《川部》巠	568 下
822	水大的樣子	巠	泙	同義	《川部》巠	568 下
823	堵塞	雝	壅	假後	《川部》巛	569 上
824	災害	巛	灾	同義	《川部》巛	569 上
825	災害	巛	災	同義	《川部》巛	569 上
826	災害	巛	菑	本通	《川部》巛	569 上
827	山色青青	千	芊	假後	《谷部》谸	570 下
828	冰	仌	冰	同義	《仌部》冰	570 下
829	霎那	霅	霎	異體	《雨部》霅	572 上
830	下雨	零	落	同義	《雨部》零	572 下
831	沾染	霑	染	同義	《雨部》霑	573 下
832	雨停雲散的樣子	霩	廓	同義	《雨部》霩	573 下
833	霧氣	霢	霧	異體	《雨部》霢	574 上
834	與陽相對的古代哲學概念	霒	陰	同義	《雨部》霒	575 上
835	與陰相對的古代哲學概念	昜	陽	同義	《雨部》霒	575 上
836	鱏魚，魚名	鱏	鱘	異體	《魚部》鱏	578 上
837	鯇魚，魚名	鯇	鯶	異體	《魚部》鯇	578 上
838	鰥魚，魚名	鰥	鰥	異體	《魚部》鰥	578 下

序號	義項	古字	今字	字際關係	所屬《説文》條目	《段注》頁碼
839	捕取	搏	捕	同義	《魚部》鯛	579 下
					《鱟部》灤	582 上
					《手部》搏	597 上
840	鯽魚,魚名	鰈	鯽	本通	《魚部》鰂	579 下
841	新魚	精	鯖	假後	《魚部》鱻	581 下
842	新魚;新鮮,鮮明	鱻	鮮	本通	《魚部》鱻	581 下
843	捕魚	魚	灤	源分	《鱟部》灤	582 上
844	捕魚	鱟	灤	源分	《鱟部》灤	582 上
845	捕魚	灤	漁	異體	《鱟部》灤	582 上
846	刺殺;用武力平定	龕	戡	假後	《龍部》龕	582 下
847	能够,承受	龕	堪	假假	《龍部》龕	582 下
848	魚鰭	耆	鰭	假後	《龍部》龖	582 下
849	樓上的房子	閣	闍	異體	《門部》闍	587 下
850	打開	辟	闢	源分	《門部》闢	588 下
851	打開	闢	闢	異體	《門部》闢	588 下
852	自由	闌	由	本通	《門部》闌	589 下
853	關門,閉門	閇	閉	異體	《門部》閉(閇)	590 上
854	割掉耳朵	聝	馘	異體	《耳部》聝	592 下
855	推讓	攘	讓	本通	《手部》攘	595 上
856	剜,挖削	掐	剜	異體	《手部》掐	595 下

序號	義項	古字	今字	字際關係	所屬《説文》條目	《段注》頁碼
857	墜落	隊	墜	古重	《手部》擠	596 下
					《𨸏部》隊	732 下
858	摧折,折斷	挫	莝	本通	《手部》挫	596 下
859	攙扶	牂	將	本通	《手部》牂	596 下
860	雕刻	挈	栔	假後	《手部》挈	596 下
861	附近	搏	附	本通	《手部》搏	597 上
862	憑藉,依持	據	据	本通	《手部》據	597 上
863	滿手把住	搹	扼	異體	《手部》搹	597 下
864	滿手把住	捖	扼	異體	《手部》搹	597 下
865	撫摸	揗	循	本通	《手部》揗	598 下
					《手部》拊	598 下
866	撫摸	拊	撫	異體	《手部》拊	598 下
867	用手扒取	掊	刨	同義	《手部》掊	598 下
868	料理,整理	撩	料	本通	《手部》撩	599 上
869	捎帶	撫	帶	本通	《手部》撫	600 上
870	拂拭	挩	拂	本通	《手部》挩	600 下
871	煩擾	擾	擾	異體	《手部》擾	601 下
872	向上舉	拯	抍	異體	《手部》拯	603 上
873	遍布,滿布	攤	溥	本通	《手部》攤	604 下
874	解脫	挩	脫	同義	《手部》挩	604 下
875	兩手相摩擦	挼	挪	異體	《手部》挼	605 下
876	依靠,憑藉	捆	因	異體	《手部》捆	606 下

序號	義項	古字	今字	字際關係	所屬《説文》條目	《段注》頁碼
877	渣滓	沮	渣	假後	《手部》揟	607下
878	收起	捲	卷	同義	《手部》捲	608下
879	有力	攇	拳	同義	《手部》捲	608下
880	側擊	扺	抵	異體	《手部》扺	609上
881	以舟渡江河	斻	杭	異體	《手部》抗	609下
882	格鬥	挌	格	本通	《手部》挌	610上
883	媚悦	嫷	畜	本通	《女部》嫷	618上
884	美麗	嬽	娟	異體	《女部》嬽	618下
885	柔順，順從	孌	嬐	異體	《女部》嬐	618下
					《女部》孌	622上
886	戀慕	孌	戀	異體	《女部》嬐	618下
					《女部》孌	622上
887	嫺雅	閒	嫺	假後	《女部》嫺	620上
888	和樂，喜悦	嬰	熙	本通	《女部》嬰	620上
889	嬉戲	娭	嬉	異體	《女部》娭	620上
890	宗法制度中指正妻	適	嫡	假假	《女部》嫡	620下
891	見面禮	贄	贊	同義	《女部》贄	621上
892	蟬聯，連續不斷	嬗	嬋	本通	《女部》嬗	621上
893	相傳授，傳位	嬗	禪	本通	《女部》嬗	621上
894	幫助	妠	侑	異體	《女部》妠	621下
895	微細	㜏	些	異體	《女部》㜏	621下
896	歌舞伎或樂伎	伎	妓	本通	《女部》妓	621下

序號	義項	古字	今字	字際關係	所屬《説文》條目	《段注》頁碼
897	昵狎，輕慢	媟	褻	同義	《女部》媟	622下
898	異於常態的，怪異的	袄	娸	本通	《女部》娸	622下
899	雖然	姓	雖	假假	《女部》姓	624上
900	擾攘，煩擾	孃	攘	本通	《女部》孃	625上
901	超過限度，過度而不相當	嬔	濫	同義	《女部》嬔	625下
902	輕侮怠慢	嫯	傲	同義	《女部》嫯	625下
903	奸邪放縱	婬	淫	同義	《女部》婬	625下
904	姦淫	姦	奸	同義	《女部》姦	625下
905	擊打	肇	肇	異體	《戈部》肇	629上
906	開始	肁	肇	本通	《戈部》肇	629上
907	毀壞	賊	賊	異體	《戈部》賊	630下
908	鋒利	戩	載	異體	《戈部》戩	630下
909	國家	或	域	異體	《戈部》或	631上
910	有	或	域	通通	《戈部》或	631上
911	毀傷	戔	殘	異體	《戈部》戔	632上
912	古琴，一種弦樂器	珡	琴	異體	《琴部》琴（珡）	633下
913	給予	匄	給	同義	《亼部》匄	634下
914	箱子	匪	筐	古重	《匚部》匪	636下
915	彎折	骫	委	本通	《曲部》凵	637下
916	彎折	凵	曲	同義	《曲部》凵	637下

序號	義項	古字	今字	字際關係	所屬《説文》條目	《段注》頁碼
917	破碎	瓶	碎	同義	《瓦部》瓶	639 下
918	打結成的疙瘩	紛	結	異體	《弓部》弲	640 上
919	輪廓；恢廓，廣大；擴大	郭	廓	假後	《弓部》彉	641 下
					《金部》鍢	706 上
920	輔正，輔助	殭	弼	異體	《弜部》弼（殭）	642 上
921	弓弦	弦	弦	異體	《弦部》弦	642 上
922	乖戾	盭	戾	本通	《弦部》盭	642 上
923	精微	玅	妙	異體	《弦部》玅	642 下
924	束縛	毄	係	假後	《系部》系	642 下
925	退讓，遜讓	孫	遜	源分	《系部》孫	642 下
926	生絲	宵	綃	假後	《糸部》綃	643 下
927	生絲	繡	綃	假後	《糸部》綃	643 下
928	標誌，記號	織	識	假後	《糸部》織	644 下
929	欺騙	紿	詒	假後	《糸部》紿	645 下
930	進入，納入	納	内	假後	《糸部》納	645 下
931	連續	賡	續	異體	《糸部》續	645 下
932	彎曲	詘	曲	同義	《糸部》紆	646 上
933	牦牛尾裝飾的旗幟	氂	旄	源分	《糸部》緢	646 下
934	禁止	綝	禁	同義	《糸部》綝	647 下
935	輕細的絲麻織物	沙	紗	假後	《糸部》縠	648 上
936	降職，罷免	絀	黜	假後	《糸部》絀	650 上
937	僅僅	祇	之	假假	《糸部》緹	650 下

序號	義項	古字	今字	字際關係	所屬《説文》條目	《段注》頁碼
938	僅僅	之	只	假假	《糸部》緹	650 下
939	花紋	文	紋	源分	《糸部》縛	651 上
940	黑色帛	紑	緇	異體	《糸部》緇	651 下
941	繫冠的帶子打結後下垂的部分	蕤	緌	同義	《糸部》緌	653 上
942	繫冠的帶子打結後下垂的部分	綏	緌	假後	《糸部》緌	653 上
943	用於遮擋衣服前面的蔽膝	市	韍	異體	《糸部》綬	653 下
944	衣服的鑲邊	純	緣	假後	《糸部》緣	654 下
945	套褲	綺	袴	異體	《糸部》綺	654 下
946	襁褓，包裹嬰兒的被子	保	緥	假後	《糸部》緥	654 下
947	襁褓，包裹嬰兒的被子	葆	緥	假後	《糸部》緥	654 下
948	增益，添加	緟	重	同義	《糸部》緟	655 下
949	推出	纕	攘	同義	《糸部》纕	655 下
950	拉，引	援	撋	異體	《糸部》纕	655 下
951	布縷，絲縷	線	綫	異體	《糸部》綫	656 上
952	布縷，絲縷	綫	線	異體	《糸部》綫	656 上
953	褶皺，不伸展	戚	蹙	假後	《糸部》緛 《辛部》辠	656 上 741 下
954	衣褶	簡	襇	假後	《糸部》緛	656 上
955	衣褶	簡	襇	假後	《糸部》緛	656 上

序號	義項	古字	今字	字際關係	所屬《説文》條目	《段注》頁碼
956	縫補	組	綻	假後	《糸部》組	656 上
957	收捲	卷	捲	同義	《糸部》縈	657 下
958	繩索	纆	繹	異體	《糸部》纆	659 上
959	把絲綿裝入衣服	絟	褚	假後	《糸部》絟	660 下
960	細麻布	錫	緆	假後	《糸部》緆	660 下
961	寬緩	緯	綽	異體	《緐部》緯	662 下
962	寬緩	緩	緩	異體	《緐部》緩	662 下
963	蜥蜴；毒蛇	蜺	虺	假後	《虫部》蜺	664 上
964	蟋蟀	蟗	蛬	本通	《虫部》蟗	666 下
965	蛁蟟，一種蟲	蟟	蟟	本通	《虫部》蟭	668 下
966	蜻蜓	蛉	蟧	異體	《虫部》蛉	668 下
967	蜻蜓	蛉	蜓	本通	《虫部》蛉	668 下
968	蟲子螫人或動物	奭	螫	假後	《虫部》螫	669 下
969	帶有螺紋硬殼的軟體動物	贏	螺	異體	《虫部》蝸	671 上
970	帶有螺紋硬殼的軟體動物	蠡	贏	假後	《虫部》蝸	671 上
971	小蟲	肙	蜎	異體	《虫部》蜎	671 下
972	彩霞	蝦	霞	假後	《虫部》蝦	671 下
973	鱔魚，一種似蛇的魚	鮮	鱓	假後	《虫部》蟺	672 上
974	螃蟹	蟹	蟹	異體	《虫部》蟹	672 上
975	猴類野獸	玃	蠼	異體	《虫部》蠼	673 上

續表

序號	義項	古字	今字	字際關係	所屬《説文》條目	《段注》頁碼
976	寄生在人畜身上吸食血液的小蟲	幾	蟣	假後	《虫部》蟲	674 下
977	寄生在人畜身上吸食血液的小蟲	瑟	蝨	假後	《虫部》蟲	674 下
978	蜂蜜	䖩	蜜	異體	《虫部》䖩	675 上
979	吃草根的蟲子	蟊	螽	本通	《蟲部》蟊	676 上
980	飛翔	蟲	飛	假後	《蟲部》蟲	676 下
981	生活在水中似蜥蜴的大型動物	鼉	鼉	假後	《黽部》鼉	679 下
982	早晨；姓	黿	朝	假後	《黽部》黿	680 上
983	長久	長	常	本通	《二部》恒	681 上
984	牧野，地名，位於朝歌之南七十里	坶	牧	本通	《土部》坶	683 上
985	平均；普遍	旬	均	同義	《土部》均	683 上
986	平均；普遍	鈞	均	假後	《土部》均	683 上
					《金部》鈞	708 下
987	堅固	确	確	通通	《土部》墒	683 下
988	黑色	旅	黸	假後	《土部》墟	683 下
989	勝任	戡	堪	假後	《土部》堪	685 下
990	勝任	戜	堪	假後	《土部》堪	685 下
991	門兩側的房間	埶	墊	假後	《土部》垛	686 上
992	坐	坒	坐	異體	《土部》坒	687 上
993	陳舊	塵	陳	假假	《土部》填	687 下
994	城墻	庸	墉	假後	《土部》墉	688 下

序號	義項	古字	今字	字際關係	所屬《說文》條目	《段注》頁碼
995	城墻上低矮的女墻	壔	堞	異體	《土部》壔	688 下
996	增益，增加	附	坿	假後	《土部》坿	689 下
997	柔軟虛浮的土	壤	場	同義	《土部》坦	692 上
998	成群，結黨	堋	朋	假後	《土部》堋	692 下
999	祭壇四周土墻以內的地方；祭壇；邊界	肇	垗	假後	《土部》垗	693 上
1000	耕種	艱	壂	古重	《土部》艱	694 上
1001	同類，相等	疇	儔	本通	《田部》疇（疇）	695 上
1002	零數，零頭	畸	奇	本通	《田部》畸	695 下
1003	殘餘	殈	殘	本通	《田部》畸	695 下
1004	田界，邊境	介	界	古重	《田部》界	696 下
1005	田間小路	百	陌	假後	《田部》畎	696 下
1006	田界，疆界	易	場	假後	《田部》畛	696 下
1007	種田的人，農民	萌	甿	假後	《田部》甿	697 下
1008	好，善	畜	好	假後	《田部》畜	697 下
1009	暢通，茂盛	暢	暢	異體	《田部》暢	698 上
1010	疆界	畺	疆	異體	《畕部》畺	698 上
1011	身份或輩分更高的	大	太	源分	《男部》舅	698 下
1012	強迫	勠	強	本通	《力部》勠	699 下
1013	強迫	勥	彊	同義	《力部》勥	699 下
1014	強迫	勥	強	本通	《力部》勥	699 下

續表

序號	義項	古字	今字	字際關係	所屬《說文》條目	《段注》頁碼
1015	強迫	勥	彊	同義	《力部》勥	699下
1016	徭役	繇	傜	本通	《力部》勨	700上
1017	疲勞	券	倦	同義	《力部》券	700下
1018	脅迫，劫持	脅	劫	假後	《力部》劫	701上
1019	農具，刺土之器	銚	鏨	異體	《金部》銚	704下
1020	農具，刺土之器	梟	鏨	假後	《金部》銚	704下
1021	尖銳	鑯	尖	同義	《金部》鑯	705上
1022	縫綴衣服的工具	鍼	針	異體	《金部》鍼	706上
1023	刺土的農具；鋒利	櫌	銛	異體	《金部》銛	706下
1024	刺土的農具；鋒利	欣	銛	異體	《金部》銛	706下
1025	尖銳	夆	鋒	假後	《金部》銳	707下
1026	尖銳	芒	鋩	同義	《金部》銳	707下
1027	秤，衡量輕重的器具	稱	秤	異體	《金部》銓	707下
1028	秤砣	壺	錘	同義	《金部》錘	708下
1029	小矛	鏦	欀	異體	《金部》鏦	711上
1030	小矛	穳	欀	異體	《金部》鏦	711上
1031	箭的頭部	鍉	鏑	異體	《金部》鏑	711下
1032	防釾，馬頭上防止衝撞、網羅攔阻的裝飾物	方	防	假後	《金部》釾	712上
1033	馬的頭飾	鐊	鍚	異體	《金部》鐊	712下
1034	地支的第十位	丣	酉	異體	《金部》銪	714上

續表

序號	義項	古字	今字	字際關係	所屬《説文》條目	《段注》頁碼
1035	不鋒利	頓	鈍	假後	《金部》鈍	714 下
1036	不正，歪斜	錗	歪	異體	《金部》錗	715 上
1037	給予	与	與	本通	《勹部》与	715 上
1038	倚靠	馮	凭	假後	《几部》凭	715 下
1039	停止；處所	処	處	異體	《几部》処	716 上
1040	坐下時倚靠的小矮桌	丌	几	異體	《且部》且	716 上
1041	飲酒器名	棧	琖	假後	《斗部》斝	717 下
1042	反復考慮來下決定	勺	酌	同義	《斗部》斟	718 下
1043	容量爲半斗的量器	半	料	源分	《斗部》料	718 下
1044	向上，登高	升	登	假後	《斗部》升	719 上
					《自部》陞	736 上
1045	向上，登高	升	陞	假後	《斗部》升	719 上
1046	憐憫，憐惜	矜	憐	假後	《矛部》矜	719 下
1047	矛的柄	矜	㩜	異體	《矛部》矜	719 下
1048	戰陣，軍陣	敶	陣	本通	《車部》轈	721 上
1049	車前橫木下掩蔽車厢的木板	軓	軝	異體	《車部》軝	721 下
1050	車前用作扶手的橫木	式	軾	假後	《車部》軾	722 上
1051	車厢兩旁輢板上彎曲的銅鈎	較	較	異體	《車部》較	722 上
1052	美善，美好	霝	令	假假	《車部》輪	723 上
1053	美善，美好	靈	令	假假	《車部》輪	723 上

續表

序號	義項	古字	今字	字際關係	所屬《説文》條目	《段注》頁碼
1054	雨落，降雨	霝	零	本通	《車部》輅	723上
1055	卷耳，植物名	蕾	苓	異體	《車部》輅	723上
1056	車輪如網的外框	网	輞	源分	《車部》輮	724上
1057	輔助	俌	輔	同義	《車部》輔	726下
1058	面頰	酺	輔	本通	《車部》輔	726下
1059	車輪的軌迹，踪迹	從	輗	同義	《車部》輗	728下
1060	群車行駛的聲音	轟	輷	異體	《車部》轟	730下
1061	群車行駛的聲音	輷	輷	異體	《車部》轟	730下
1062	土堆；堆積	追	堆	假後	《𨸏部》自	730下
1063	天陰，雲遮日	霠	陰	同義	《𨸏部》陰	731上
1064	天陰，雲遮日	侌	霠	異體	《𨸏部》陰	731上
1065	險阻	且	阻	假後	《𨸏部》阻	732上
1066	高峭，陡而高	洒	陖	假後	《𨸏部》陖	732上
1067	降服	降	夅	假後	《𨸏部》降	732下
1068	崩壞，毁壞	褫	阤	假後	《𨸏部》阤	733上
1069	崩壞，毁壞	阤	陊	同義	《𨸏部》阤	733上
					《𨸏部》陊	733下
1070	墜落	陊	墮	同義	《𨸏部》陊	733下
1071	增益；相近	坿	附	本通	《𨸏部》附	734上
1072	鄭國地名	隖	鄢	異體	《𨸏部》隖	735下
1073	農具，刺土之器	𨼲	鍤	本通	《𨸏部》陲	735下
1074	陷落	圇	淪	同義	《𨸏部》圇	736下

序號	義項	古字	今字	字際關係	所屬《説文》條目	《段注》頁碼
1075	磚塊，磚頭	專	塼	假後	《厽部》垒	737下
1076	辨別，分別	辨	辧	本通	《宁部》宁	737下
1077	抵押	綴	贅	假後	《叕部》綴	738上
1078	牲畜	嘼	畜	同義	《嘼部》嘼	739下
1079	琵琶，樂器	搋	琵	源分	《巴部》祀	741下
1080	琵琶，樂器	祀	琶	源分	《巴部》祀	741下
1081	罪行，犯法	皋	罪	本通	《辛部》皋	741下
1082	相似，相仿	放	仿	假後	《子部》孞	743下
1083	嬰兒，幼兒	孚	子	異體	《厷部》厷	744上
1084	猪	帀	豕	異體	《巳部》巳	745下
1085	用，拿，把	㠯	以	異體	《巳部》㠯	746上
1086	含蓄，不外露	醖	蘊	同義	《酉部》醖	747下
1087	薄酒，淡酒	醨	漓	本通	《酉部》醨	751上
1088	醋	醶	釅	異體	《酉部》醶	751上
1089	醋	酢	醋	本通	《酉部》酢	751上
1090	酬酢	醋	酢	本通	《酉部》酢	751上
1091	肉醬	酱	醬	異體	《酉部》酱	751上

參考文獻

一　著作類（按作者音序排列，下同）

（一）古籍類

[1] 清·段玉裁 . 說文解字注 [M]. 上海古籍出版社 .1988.

[2] 清·段玉裁 . 經韵樓集 [M]. 上海古籍出版社 .2008.

[3] 清·桂馥 . 說文解字義證 [M]. 中華書局 .1987.

[4] 清·王筠 . 說文解字句讀 [M]. 中華書局 .1988.

[5] 清·王筠 . 說文釋例 [M]. 中華書局 .1987.

[6] 清·徐灝 . 說文解字注箋 [M]. 國際文化出版公司 .1993.

[7] 漢·許慎 . 說文解字 [M]. 中華書局 .1963.

[8] 清·朱駿聲 . 說文通訓定聲 [M]. 中華書局 .1984.

（二）專著類

[9]　丁福保 . 說文解字詁林 [M]. 中華書局 .1988.

[10] 范進軍、曾鋼城、劉德輝 . 古代漢語 [M]. 湖南大學出版社 .2003.

[11] 郭在貽 . 訓詁叢稿 [M]. 上海古籍出版社 .1985.

[12] 郭錫良 . 漢字古音手册 [M]. 北京大學出版社 .1986.

[13] 洪成玉 . 古今字 [M]. 語文出版社 .1995.

[14] 洪文濤、華昌泗、洪兆敏 . 說文八種單字索引 [M]. 中華書局 .1996.

[15] 胡安順、郭芹納 . 古代漢語（第三版）[M] 中華書局 .2014.

[16] 黄侃 . 文字聲韻訓詁筆記 [M]. 上海古籍出版社 .1983.

[17] 黄侃 . 説文箋識 [M]. 中華書局 .2006.

[18] 賈延柱 . 常用古今字通假字字典 [M]. 遼寧人民出版社 .1988.

[19] 蔣禮鴻、任銘善 . 古漢語通論 [M]. 浙江教育出版社 .1984.

[20] 蔣紹愚 . 古漢語詞彙綱要 [M]. 北京大學出版社 .1989.

[21] 經本植 . 古漢語文字學知識 [M]. 四川教育出版社 .1984.

[22] 李運富 . 漢字漢語論稿 [M]. 學苑出版社， 2008.

[23] 李運富 . 漢字學新論 [M]. 北京師範大學出版社 .2012.

[24] 陸宗達、王寧 . 訓詁與訓詁學 [M]. 山西教育出版社 .1994.

[25] 濮之珍 . 中國語言學史 [M]. 上海古籍出版社 .1987.

[26] 裘錫圭 . 文字學概要 [M]. 商務印書館 .1988.

[27] 湯可敬 . 説文解字今釋 [M]. 岳麓書社 .1997.

[28] 王力 . 古代漢語（校訂重排版）[M]. 中華書局 .1999.

[29] 王力 . 同源字典 [M]. 商務印書館 .1982.

[30] 王力 . 王力古漢語字典 [M]. 中華書局 .2000.

[31] 王力 . 中國語言學史 [M]. 山西人民出版社 .1987.

[32] 王寧 . 漢字學概要 [M]. 北京師範大學出版社 .2001.

[33] 王寧 . 訓詁學原理 [M]. 中國國際廣播出版社 .1996.

[34] 王寧、林銀生、周之朗、秦永龍、謝紀鋒 . 古代漢語通論 [M]. 北京師範大學出版社 .1996.

[35] 魏清源 . 古代漢語教程 [M]. 河南大學出版社 .1996.

[36] 殷寄明 . 語源學概論 [M]. 上海教育出版社 .2000.

[37] 詹鄞鑫 . 漢字説略 [M]. 遼寧教育出版社 .1991.

[37] 張振宇 . 古今字小字典 [M]. 湖南人民出版社 .1988.

[39] 張世禄、嚴修 . 古代漢語教程 [M]. 復旦大學出版社 .1991.

[40] 趙振鐸 . 訓詁學綱要 [M]. 巴蜀書社 .1987.

[41] 朱振家 . 古代漢語（修訂版）[M]. 高等教育出版社 .1994.

二 論文類

（一）學位論文

[1] 杜秀雲 . 段玉裁《説文解字注》中的假借研究 [D]. 陝西師範大學碩士學位論文 .2007.

[2] 傅鈺 . 從古今字看相應時段的漢字字形發展趨勢 [D]. 安徽大學碩士學位論文 .2014.

[3] 韓霞 .《説文解字注》假借字研究 [D]. 浙江大學碩士學位論文 .2008.

[4] 何玉蘭 . 顏師古《漢書注》古今字研究 [D]. 暨南大學碩士學位論文 .2007.

[5] 李占平 . 段注俗字研究 [D]. 陝西師範大學碩士學位論文 .2000.

[6] 潘志剛 . 古今字研究 [D]. 廣西師範大學碩士學位論文 .2004.

[7] 亓瑶 .《説文解字注》行廢字研究 [D]. 浙江大學碩士學位論文 .2007.

[8] 宋麗娟 .《文源》所列古今字研究 [D]. 福建師範大學碩士學位論文 .2014.

[9] 王曉嵐 . 鄭玄注古今字研究 [D]. 河南大學碩士學位論文 .2011.

[10] 楊懷源 .《段注》"廢、行字"研究——試探古漢語單音節詞書寫形式的更替 [D]. 廣西師範大學碩士學位論文 .2003.

[11] 張娟 .《段注》"通行字"與"廢棄字"研究 [D]. 福建師範大學碩士學位論文 .2009.

[12] 張銘 . 段注古今字研究 [D]. 新疆師範大學碩士學位論文 .2003.

[13] 張燕 . 宋元明"古今字"研究學術史 [D]. 中央民族大學博士學位論文 .2017.

[14] 張志麗 .《五音集韵》古今字研究 [D]. 天津師範大學碩士學位論文 .2017.

（二）報刊及論文集中的論文

[15] 安甲甲 . 古今字研究綜述 [J]. 太原師範學院學報（社會科學版）.

2013 年第 4 期.

[16] 班基慶. 段注古今字理論的歷史貢獻 [J]. 揚州大學學報（人文社會科學版）.2007 年第 2 期.

[17] 曹國安. 論古今字的意義是否相等 [J]. 惠州大學學報.2000 年第 3 期.

[18] 陳麗. 古今字中古字與今字的形音義關係分析 [J]. 東南大學學報（哲學社會科學版）.2009 年第 S1 期.

[19] 陳擁軍. 從古今字看漢字的構形理據 [J]. 東北農業大學學報（社會科學版）.2013 年第 1 期.

[20] 崔棠華. 也談古今字 [J]. 遼寧大學學報（哲學社會科學版）.1983 年第 6 期.

[21] 鄧敏. 古今字研究概述 [J]. 南昌高專學報.2010 年第 2 期.

[22] 丁漢浩. 通假字、古今字和異體字 [J]. 語文知識.2004 年第 12 期.

[23] 董雅瑋. 古今字小議 [J]. 青年文學家.2015 年第 6 期.

[24] 杜芳琴、劉光賢、翟忠賢. 假借字、通假字、古今字新辨——兼與盛九疇、祝敏徹同志商榷 [J]. 語文研究.1982 年第 2 期.

[25] 馮瑞生. 文化史和古今字 [J]. 中國文化.1995 年第 1 期.

[26] 甘勇.《説文解字注》的同源字系統 [J]. 現代語文（語言研究版）.2010 年第 1 期.

[27] 龔承義. 趣講古今字 [J]. 語文教學與研究.1988 年第 5 期.

[28] 龔嘉鎮. 古今字説 [A]. 文字學論叢（第一輯）. 吉林文史出版社.2001.

[29] 郭飛. 論古今字中今字產生的一種特殊途徑 [J]. 語文學刊.2010 年第 16 期.

[30] 郭敏厚. 古今字、通假字的區分與標注 [J]. 商洛師範專科學校學報.1997 年第 1 期.

[31] 韓偉. 古今字與通假字比較 [J]. 河南師範大學學報（哲學社會科學版）.1996 年第 1 期.

[32] 韓偉 . 段玉裁《説文解字注》與字形文化研究 [J]. 語文知識 .2008
年第 4 期 .

[33] 何書 .《説文解字注》的同源詞研究 [J]. 南通師範學院學報（哲學
社會科學版）.2004 年第 2 期 .

[34] 何占濤 . 段玉裁《説文解字注》中的古今字淺析 [J]. 現代語文（語
言研究版）.2008 年第 1 期 .

[35] 何忠信 . 略説通假字、古今字、異體字 [J]. 重慶師範學報（哲學社
會科學版）.1987 年第 4 期 .

[36] 洪成玉 . 古今字概述 [J]. 首都師範大學學報（社會科學版）.1992
年第 3 期 .

[37] 洪成玉 . 古今字辨正 [J]. 首都師範大學學報（社會科學版）.2009
年第 3 期 .

[38] 胡廣文 . 古代漢語教材中的古今字 [J]. 邯鄲學院學報 .2005 年第 2 期 .

[39] 胡培俊 . 古今字的範圍和特點 [J]. 湖北大學學報（哲學社會科學
版）.1988 年第 1 期 .

[40] 黄樹先 .《説文解字》研究（古今字）[J]. 語言研究 .1999 年增刊 .

[41] 黄文龍 . 也談古今字與通假字之辨別 [J]. 河南師範大學學報（哲學
社會科學版）.1998 年第 6 期 .

[42] 黄圓 . 段玉裁《説文解字注》中有關古今字論述的考察 [J]. 安順師
範高等專科學校學報 .2005 年第 2 期 .

[43] 賈延柱 .《常用古今字通假字字典》補遺（一）[J]. 丹東師專學報 .
1994 年第 4 期 .

[44] 蔣書紅 . 重審通假字與古今字 [J]. 廣州大學學報（社會科學版）.
2000 年第 10 期 .

[45] 蔣志遠 . 論王筠的"古今字"觀念 [J]. 大慶師範學院學報 .2010 年
第 2 期 .

[46] 蔣志遠 . 論王筠"古今字"觀念的歷史繼承性 [J]. 求索 .2013 年第

2 期．

[47] 蔣志遠．章太炎古今字觀念正析 [J].民俗典籍文字研究.2016 年第
二輯．

[48] 康健．對漢字古今字的再界定 [J].貴州師範大學學報（社會科學
版）.2002 年第 1 期．

[49] 康泰．試論段玉裁對古今字的開創性研究 [J].語文應用與研究.1996
年第 4 期．

[50] 李放、郝洪濤．古今字和通假字性質上的區別 [J].漢字文化.2018
年第 13 期．

[51] 李清桓．亦論古今字 [J].海南師範大學學報（社會科學版）.2018
年第 6 期．

[52] 李曉紅．異體字·古今字 [J].現代語文（語言研究版）.2006 年第
2 期．

[53] 李欣豐．通假字與古今字辨 [J].語文世界.1999 年第 11 期．

[54] 李玉平．論“古今字”觀念的産生時代 [J].天津大學學報（社會科
學版）.2015 年第 5 期．

[55] 李運富．論漢語字詞形義關係的表達 [J].湖北民族學院學報（社會
科學版）.1997 年第 4 期．

[56] 李運富．論漢字職能的變化 [J].古漢語研究.2001 年第 4 期．

[57] 李運富．論漢字的字際關係 [A].語言（第三輯）.首都師範大學出
版社 .2002.

[58] 李運富．論漢字的記錄職能 [J].徐州師範大學學報（哲學社會科學
版）.2003 年 1 月第 1 期．

[59] 李運富．早期有關“古今字”的表述用語及材料辨析 [J].勵耘學刊
（語言卷）.2007 年第 2 期．

[60] 李運富．“余予古今字”考辨 [J].古漢語研究.2008 年第 4 期．

[61] 李運富、蔣志遠．從“分別文”“累增字”與“古今字”的關係

看後人對這些術語的誤解 [J]. 蘇州大學學報（哲學社會科學版）.
2013 年第 3 期.

[62] 李運富. "古今字"研究需厘清概念 [N]. 中國社會科學報.2017 年
9 月 5 日第 3 版.

[63] 廖燕. 再説古今字和通假字 [J]. 赤子.2015 年第 8 期.

[64] 林樂騰、丁貞渠. 第一講 古今字 異體字 繁簡字 通假字 [J]. 山東師
範大學學報（人文社會科學版）.1978 年第 6 期.

[65] 劉漢英. 古今字産生的原因和途徑 [J]. 中國校外教育.2014 年第
31 期.

[66] 劉裴德. 古今字、通假字辨——古漢語詞彙教學的再認識 [J]. 婁底
師專學報.1992 年第 3 期.

[67] 劉仁江. 試論古今字和通假字的區别 [J]. 湘潭師範學院學報（社會
科學版）.2000 年第 2 期.

[68] 劉偉唯. 論分别文同同源字、假借字、古今字、異體字的關係 [J].
中國科教創新導刊.2011 年第 25 期.

[69] 劉新春. 古今字再論 [J]. 語言研究.2003 年第 4 期.

[70] 劉又辛. 談談假借字、異體字、古今字和本字 [J]. 西南師範大學學
報（人文社會科學版）.1984 年第 2 期.

[71] 劉志剛.《説文》段注古今字考 [J]. 江西社會科學.2008 年第 5 期.

[72] 劉忠華. 談古今字與通假字的劃界原則與方法 [J]. 吉林師範大學學
報（人文社會科學版）.2003 年第 1 期.

[73] 劉忠華、余奎. 古今字與通假字的劃界問題及劃界困難的原因探析
[J]. 安康師專學報.2004 年第 1 期.

[74] 柳方宏. 略論古今字與通假字的區别——兼談中學語文教材古今
字、通假字注釋的規範化 [J]. 徐州教育學院學報.2000 年第 1 期.

[75] 盧烈紅. 古今字與同源字、假借字、通假字、異體字的關係 [J]. 語
文知識.2007 年第 1 期.

[76] 陸錫興.談古今字 [J].中國語文.1981 年第 5 期.

[77] 羅薇."古今字"問題研究綜述 [J].佳木斯教育學院學報.2014 年第 6 期.

[78] 馬百計.談談古今字與通假字的區分問題——兼與中學語文編寫組商榷 [J].忻州師範學院學報.2004 年第 3 期.

[79] 馬君花.解析古今字與通假字的區別 [J].文教資料.2010 年第 31 期.

[80] 馬立春.段玉裁《説文解字注》古今字類析 [J].貴州教育學院學報.2008 年第 8 期.

[81] 馬英新.淺析古今字、異體字、通假字的定義及區分 [J].語文學刊.2008 年第 18 期.

[82] 馬臻榮.談古今字的孳乳關係 [J].運城學院學報.1995 年第 3 期.

[83] 聶中慶.郭店楚簡《老子》古今字、同源字研究 [J].陰山學刊.2003 年第 6 期.

[84] 牛慧芳.古今字"兑""説""悦""敓"歷時考察 [J].漢字漢語研究.2018 年第 3 期.

[85] 潘志剛.古今字形成原因試析 [J].青海師專學報.2006 年第 1 期.

[86] 龐玉奇.古今字淺議 [J].内蒙古電大學刊.1990 年第 8 期.

[87] 祁永敏.淺談異體字與繁簡字、古今字、通假字的分野 [J].2007 年第 4 期.

[88] 喬魁生.談通假字和古今字 [J].遼寧大學學報（哲學社會科學版）.1989 年第 5 期.

[89] 饒尚寬.段氏《説文解字注》訓詁説略 [J].新疆大學學報（哲學人文社會科學版）.1986 年第 2 期.

[90] 饒增陽、張獻.試論古今字 [J].綿陽師範學院學報.2004 年第 3 期.

[91] 鋭聲.古今字的文化史内涵及其在辭書中的處理問題 [J].辭書研究.1992 年第 5 期.

[92] 申慧萍.從漢字流變規律分析"假借字""通假字"和"古今字"

的異同 [J].阜陽師範學院學報（社會科學版）.2018 年第 2 期.

[93] 申曉輝.古今字和通假字的區分 [J].焦作師範高等專科學校學報.
2005 年第 3 期.

[94] 孫宏吉.古今字略論——兼談古漢語文字教學 [J].山西大同大學學
報（社會科學版）.2008 年第 6 期.

[95] 孫啓榮.也談段玉裁的古今字觀 [J].承德民族師專學報.2007 年第
3 期.

[96] 孫曉玄.《論語》古今字小考 [J].語文學刊.2011 年第 15 期.

[97] 孫雍長.“古今字”研究平議——兼談字典詞書中對“古今字”的
處理 [J].五邑大學學報（社會科學版）.1994 年第 5 期.

[98] 孫雍長.論“古今字”暨辭書對古今字的處理 [J].辭書研究.2006
年第 2 期.

[99] 田穗.古今字同詞異字管窺 [J].新鄉學院學報（社會科學版）.2010
年第 4 期.

[100] 王今錚.從“假借”談通假字、古今字 [J].內蒙古民族大學學報
（社會科學版）.1989 年第 2 期.

[101] 王宏宇.淺説古今字 [J].牡丹江師範學院學報（哲學社會科學版）.
2008 年第 4 期.

[102] 王三格、徐璐璐.段玉裁與王筠文字學思想之對比 [J].大慶師範
學院學報.2008 年第 6 期.

[103] 王小莘.從《説文解字注》看段玉裁在語言研究上的歷史觀點 [J].
廣西大學學報（哲學社會科學版）.1984 年第 1 期.

[104] 王婭維、翟傳鵬.論《徐箋》補正《段注》説解字形的成就 [J].
寧夏大學學報（人文社會科學版）.2012 年第 1 期.

[105] 温敏.黄侃的“古今字”和“後出字”[J].勵耘語言學刊.2016 年
12 月.

[106] 吳琦幸.談談詞典中的古今字 [J].辭書研究.1982 年第 5 期.

[107] 吳義江 . 古今字誤爲通假字現象探析 [J]. 安慶師範學院學報（社會科學版）.2004 年第 3 期 .

[108] 肖金雲 . 古今字淺説 [J]. 現代語文（語言研究版）.2011 年第 12 期 .

[109] 謝俊濤 . 關於 "古今字" 的定義與判定方法的認識與思考 [J]. 延安大學學報（社會科學版）.2017 年第 38 期 .

[110] 謝禕明 . 論王筠的 "分別文" 及其與古今字的區別 [J]. 文教資料 . 2012 年第 23 期 .

[111] 謝永玲 . 古今字與通假字、異體字 [J]. 北京印刷學院學報 .2000 年第 3 期 .

[112] 熊慶年 . 古今字、通假字、異體文書處理疑義 [J]. 九江師專學報 . 1989 年第 2、3 期合刊 .

[113] 徐安基 . 假借字·古今字·通假字·異體字 [J]. 教育科學論壇 . 1998 年第 7 期 .

[114] 徐鳳 . "古今字" 與 "同源字" [J]. 内蒙古民族大學學報（社會科學版）.1989 年第 2 期 .

[115] 徐莉莉 . 論《馬王堆漢墓帛書》（肆）的聲符替代現象及其與 "古今字" 的關係 [J]. 華東師範大學學報（哲學社會科學版）.1997 年第 4 期 .

[116] 徐天興 . 古今字概説 [J]. 采寫編 .2017 年第 3 期 .

[117] 徐豔 . 古今字與通假字、異體字的關係 [J]. 殷都學刊 .2003 年第 2 期 .

[118] 徐正考、馬建民 . 古今字研究的困境與出路——基於改革開放 40 年來的古今字研究 [J]. 山東社會科學 .2018 年第 8 期 .

[119] 許華 . 試論古今字與通假字的易混原因及區分方法 [J]. 吉林省教育學院學報 .2007 年第 11 期 .

[120] 許俊芳 . 古今字産生的原因和途徑 [J]. 語文建設 .2014 年第 35 期 .

[121] 許匡一 . 郭本《古代漢語》古今字注釋用語異議 [J]. 固原師專學

報 .1989 年第 1 期 .

[122] 許徵 . 論古今字與通假字之關係 [J]. 新疆教育學院學報 . 2009 年第 3 期 .

[123] 閆崇東 . 古今字與通假字 [J]. 内蒙古師範大學學報（哲學社會科學版）.1985 年第 4 期 .

[124] 晏麗 . 淺析古今字和通假字 [J]. 文學界（理論版）.2011 年第 3 期 .

[125] 楊懷源 .《段注》廢、行字研究——試析古漢語單音節詞書寫形式的更替 [J]. 長江學術 .2014 年第 3 期 .

[126] 陽名强 . 論古今字與同源字的關係 [J]. 天水師範學院學報 .2011 年第 1 期 .

[127] 楊潤陸 . 論古今字 [A]. 訓詁研究（第一輯）. 北京師範大學出版社 . 1981.

[128] 楊潤陸 . 論古今字的定稱與定義 [J]. 古漢語研究 .1999 年第 1 期 .

[129] 楊毅華 . 通假字與古今字、假借字關係説略 [J]. 赤峰學院學報（漢文哲學社會科學版）.2013 年第 6 期 .

[130] 楊永明、宋振琪 . 關於通假字、古今字鑒別問題的思考 [J]. 安徽教育 .1990 年第 4 期 .

[131] 楊運庚、周海霞 . 古今字與通假字之辨析 [J]. 安康師專學報 .2004 年第 3 期 .

[132] 羊子葉 . 古今字類型例釋 [J]. 西華師範大學學報（哲學社會科學版）.1987 年第 4 期 .

[133] 姚小林 . 通假字、假借字、古今字的聯繫與區别 [J]. 河北廣播電視大學學報 .2005 年第 2 期 .

[134] 葉正渤 .《説文解字·叙》段注所謂的古字考 [J]. 徐州師範大學學報（哲學社會科學版）.2007 年第 1 期 .

[135] 于景斌 . 古漢語文字古今通假異同辨 [J]. 綏化學院學報 .1990 年第 3 期 .

[136] 俞紹宏 . 古今字考辨叢札 [J]. 漢字漢語研究 .2018 年第 3 期 .

[137] 余淑榮. 古漢語中容易混淆的用字現象——通假字、古今字與異體字新辨 [J]. 阿壩師範高等專科學校學報. 2009 年第 4 期.

[138] 袁慶德. 古今字與古文字本義的考釋 [J]. 大連教育學院學報. 2002 年第 1 期.

[139] 張弛. 也談古今字的歸屬問題 [J]. 寶雞文理學院學報（社會科學版）. 1989 年第 1 期.

[140] 張道俊. 段玉裁的聯綿詞理論 [J]. 湖北社會科學. 2014 年第 2 期.

[141] 張漢興. 古漢語古今字字表——兼談識別古今字的依據 [J]. 黄石教育學院學報. 1996 年第 1 期.

[142] 張金霞. 簡論古今字 [J]. 漢字文化. 2008 年第 3 期.

[143] 張勁秋. 古今字淺談 [J]. 安徽教育學院學報. 1986 年第 1 期.

[144] 張勁秋. 古今字四題 [J]. 安徽教育學院學報. 1993 年第 2 期.

[145] 張勁秋. 從古今字看漢字的特點和規範 [J]. 語言文字應用. 1999 年第 3 期.

[146] 張勁秋. 再說古今字 [J]. 安徽教育學院學報. 1999 年第 4 期.

[147] 張靖華. 從 "回" "迴" 看古今字的應用 [J]. 語文學刊. 2005 年第 5 期.

[148] 張慶利. 古今字臆說 [J]. 綏化學院學報. 1986 年第 2 期.

[149] 張蓉. 古今字淺議 [J]. 大同職業技術學院學報. 1998 年第 2 期.

[150] 張曉英. 古今字與通假字淺議 [J]. 吉林省教育學院學報. 2008 年第 6 期.

[151] 張秀成. 古今字，古今文字的金橋——論古今字的幾個問題 [J]. 四川大學學報（哲學社會科學版）. 1999 年第 5 期.

[152] 章也. 古今字淺談 [J]. 語言學刊. 1985 年第 6 期.

[153] 章也. 論古今字 [J]. 陰山學刊. 1998 年第 3 期.

[154] 張竹梅. 段注類比字在《說文》研究中的作用 [J]. 南京曉莊學院學報. 2014 年第 5 期.

[155] 張竹梅、張治東.趙撝謙《六書本義》"古今字"探釋 [J].渤海大學學報（哲學社會科學版）.2016 年第 5 期.

[156] 趙海燕.段玉裁對古今字的開創性研究 [J].廣西社會科學.2005 年第 9 期.

[157] 趙鴻君.略析通假字 古今字 異體字的異同 [J].遼寧中醫學院學報.2001 年第 3 期.

[158] 趙學清.古漢語辭書對古今字、通假字的處理 [J].辭書研究.2002 年第 5 期.

[159] 趙岩.論簡帛文獻對於古今字研究的價值 [J].廣西社會科學.2013 年第 1 期.

[160] 鄭學初.關於古今字同通假字的界限問題 [J].語言教學與研究.1982 年第 10 期.

[161] 鐘華、王之廉.談 "通假字" 與 "古今字" [J].開封教育學院學報.1987 年第 1 期.

[162] 鍾韵.《段注》"古今字" 的字用學思想淺析 [J].勵耘語言學刊.2015 年第 2 期.

[163] 周蓬華.古漢語中容易混淆的用字現象——古今字、通假字、異體字辨 [J].邢臺師範高專學報.2002 年第 3 期.

[164] 朱金美.談古今字與通假字 [J].語文與翻譯.1992 年第 1 期.

[165] 朱峻之.古今字和通假字的關係 [J].廣西民族學院學報（哲學社會科學版）.1984 年第 2 期.

[166] 祝鴻熹、芮東莉.從古今字看漢語形體演變與本義的推求 [J].寧夏大學學報（人文社會科學版）.2003 年第 5 期.

[167] 卓婷.段玉裁對古今字的運用及開創性意義探究 [J].蘭台世界.2015 年第 22 期.

[168] 鄒時高.古今字與通假字的本質區別 [J].語文教學與研究.1989 年第 8 期.

圖書在版編目（CIP）數據

段玉裁《説文解字注》"古今字"研究 / 劉琳著 . -- 北京：社會科學文獻出版社，2023.4（2024.2 重印）
（"古今字"學術史叢書）
ISBN 978-7-5228-0966-3

Ⅰ . ①段… Ⅱ . ①劉… Ⅲ . ①《説文》－研究②漢字－古文字－研究 Ⅳ . ① H161

中國版本圖書館 CIP 數據核字（2022）第 195953 號

"古今字"學術史叢書
段玉裁《説文解字注》"古今字"研究

著　　者 / 劉　琳

出 版 人 / 冀祥德
組稿編輯 / 宋月華
責任編輯 / 胡百濤
責任印製 / 王京美

出　　版 / 社會科學文獻出版社 · 人文分社（010）59367215
　　　　　　地址：北京市北三環中路甲 29 號院華龍大廈　　郵編：100029
　　　　　　網址：www.ssap.com.cn
發　　行 / 社會科學文獻出版社（010）59367028
印　　裝 / 北京虎彩文化傳播有限公司

規　　格 / 開　本：787mm×1092mm　1/16
　　　　　　印　張：20.75　字　數：278 千字
版　　次 / 2023 年 4 月第 1 版　2024 年 2 月第 2 次印刷
書　　號 / ISBN 978-7-5228-0966-3
定　　價 / 168.00 圓

讀者服務電話：4008918866